Unter schallendem Lachen

Verlag C. M. Fliß
Lütt Kollau 17, D-2000 Hamburg 61

1. Auflage 1984

Originaltitel: Under Running Laughter
Übersetzung: Leslie Richford, Zeven
Umschlag: Litera, Wiesbaden
Gesamtherstellung: Schönbach-Druck GmbH, 6106 Erzhausen bei Darmstadt

ISBN 3-922349-14-5

Ich floh vor Ihm des Nachts
und auch am Tage;
ich floh vor Ihm durchs Gewölbe der Jahre;
ich floh vor Ihm durch den Irrgarten
meines eigenen Verstandes;
und im Tränennebel versteckte
ich mich vor Ihm und
UNTER SCHALLENDEM LACHEN.

Aus: „Der himmlische Jäger"
von Francis Thompson

Inhalt

Vorwort

Es steht für mich ganz außer Frage, daß ich mich zum Schluß umgebracht hätte.

Als ich in Hollywood ankam, glaubte ich, meßbare Erfolge in der Filmindustrie könnten mich irgendwie in meinem Menschsein bestätigen, eine gewisse innere Leere ausfüllen und mich als bewährt und annehmbar ausweisen — wobei ich nicht wußte, für wen oder was. Es wurde mir bald klar, daß ich das Wohlwollen einer kompletten „Industrie“ suchte, einer Mischung von Produzenten, Studiochefs, Schauspielern und Regisseuren, die zusammen den Sockel bildeten, auf dem die mythische Göttin Hollywood in prekärer Lage ruhte.

Und ich brauchte unbedingt Bestätigung — nicht in erster Linie Geld oder Ruhm, sondern irgendeine Beifallsdroge, die einerseits die erschreckenden Gefühle der Minderwertigkeit und der Deprimiertheit abtöten und andererseits meine Selbstsucht und meinen Egoismus rechtfertigen könnte. Das Filmgeschäft ließ ein großes Ego und noch größere Begierden zu, schien sie geradezu zu fördern. Ganz gewiß, niemand konnte sich minderwertig fühlen, der einmal „Star“ geworden war! Wer sieht, wie dort oben in herrlichem Technicolor sein Gesicht 20 Meter breit wird, dem rückt doch sicherlich etwas Unvergängliches, Vollkommenes, Unsterbliches in greifbare Nähe.

Dieser Glaube, wenngleich unausgesprochen, entwickelte sich in meinem Geist, noch bevor ich an der Westküste angekommen war. Er festigte sich während der Jahre im Schmelztiegel, als ich krampfhaft nach Rollen und nach Anerkennung griff; und dann fing er seltsamerweise gerade zu der Zeit zu zerbröckeln an, als einige frühe Bestandteile des Erfolges sichtbar wurden. Mein Unglücklich-Sein ließ sich so lange erklären, wie ich hungrig und erfolglos war, aber warum war ich immer noch deprimiert, als alles rosig erschien?

Dies ist die Geschichte einer Verwandlung. Aus einer vollkommen hoffnungslosen und verzweifelten Person wurde ein Mensch, der reich ist an unerklärbarem Frieden, an Erfüllung und an immerwährender Freude. Es handelt sich nicht um eine Rezitation von Geschichten über berühmte Persönlichkeiten, obwohl einige gelegentlich erwähnt werden; es wird ebenfalls nicht in allen Einzelheiten beschrieben, wie ein Junge aus Alabama in der Großstadt zu Geld kam.

Es geht in erster Linie um ein elendes Innenleben, das allen Versuchen trotzte, es zu entwirren; und dann wird gezeigt, wie es aus lauter Verzweiflung dem erlag, was H. L. Mencken „die Zuflucht der Unfähigen, der Hilflosen und der Elenden" nannte, was aber der Krieger und König David als seine „Burg" und seinen „Fels" bezeichnete.

Daß ich die Erfüllung fand, war nicht das Ergebnis einer gut durchdachten und allumfassenden Suche nach der Wahrheit. Es war die Folge eines Schmerzes, der so tief ging, daß ich gezwungen war, die Antwort zu suchen und zu finden — oder zu sterben.

Dean Jones
im April 1982

Leben ist nur ein wandelnd Schattenbild;
Ein armer Komödiant, der spreizt und knirscht
Sein Stündchen auf der Bühn' und dann nicht mehr
Vernommen wird; ein Märchen ist's, erzählt
Von einem Dummkopf, voller Klang und Wut,
Das nichts bedeutet.

William Shakespeare
aus „Macbeth" 5. Aufzug, 5. Szene

Kapitel 1

Lunch mit Walt

Ich saß mit Walt Disney an seinem Lieblingsecktisch in einem völlig verglasten Speiseraum in der Hauptkantine des Studios. Ein neuer Film war im Begriff zu entstehen; und wie immer war es ungeheuer aufregend, etwas zu erschaffen, das vorher nicht existierte. Aber diesmal gab es einen zusätzlichen Reiz: Ein beinahe tödlich ausgegangener Unfall mit dem Motorrad in Mexiko hatte mich dafür dankbar gemacht, daß ich noch am Leben war.

Warum, fragte ich mich, mußte ich beinahe sterben, bevor ich einige Zufriedenheit darüber empfinden konnte, daß ich lebte? Ich, der ich eine bildhübsche Frau und zwei gesunde Töchter und ein Haus mit Ausblick auf das San-Fernando-Tal hatte; ich, der ich eine Reihe von Filmen hinter mir hatte, die, wenn Kasseneinnahmen als Maßstab gelten durften, nur noch als „Schlager" bezeichnet werden konnten: Welchen Grund hatte ich, deprimiert zu sein?

„Heute gibt es einen Cherry Cobbler, Walt", sagte die Kellnerin, Walt Disney mit dem Vornamen ansprechend. Jeder sprach Walt Disney mit dem Vornamen an.

„Geben Sie mir nur noch 'ne Tasse Kaffee, Shirley", sagte Walt.

„Dean?" fragte sie und hielt mir das riesige Tablett voller Desserts schräg entgegen.

„Ich nehme die Southern-Pecan-Pie."

Von den fünf Einwänden, die ich gegen das Drehbuch erhoben hatte, ließ Walt die drei gelten, von denen ich gemeint hatte, sie ließen sich am schwierigsten durchsetzen; und bei den weniger wichtigen zeigte er sich unnachgiebig.

„Dieser Scherz war 1923 lustig und wird auch heute seine Wirkung nicht verfehlen", sagte er. „Er wird in diesem Film mit das größte Gelächter hervorrufen."

„Ich will nicht behaupten, daß er nicht lustig ist, Walt, aber er schadet der Szene", entgegnete ich. „Wir bitten die Zuschauer zu akzeptieren, daß ich durch einige Zauberworte das Gespenst von Blackbeard heraufbeschworen habe. Laßt uns ihnen doch nicht so bald wieder etwas Unwahrscheinliches zumuten."

Er lehnte sich auf seinem Stuhl zurück.

„Wissen Sie, wenn Sie so viele Einwände gegen diesen Film haben, sollten Sie vielleicht gar nicht darin erscheinen. Vielleicht sollte ich mir einen anderen Schauspieler engagieren."

Wir schauten uns einen Augenblick gegenseitig an. Die eiserne Faust ballte sich in Walts Samthandschuh, und ich wußte, daß ich schnell reden mußte.

„Schauen Sie, Walt — Sie wissen wohl, daß ich in diesem Film erscheinen möchte. Dieser Film ist wichtig. Sind sie doch alle."

Walt hatte einmal gesagt, ich würde perfekt zu seinen Filmen passen, weil ich ein so guter Familienvater sei. Was er nicht wußte, und was er, so hoffte ich, nie herausbekommen sollte, war die Tatsache, daß ich bald jede zweite Nacht, wenn ich nach Hause kam, nach einem Parfum duftete, das meine eigene Frau nie benutzte. Konnte ich mir jetzt durch mein Reden einen Platz in seinem netten, sauberen Film sichern, dann wußte er bestimmt nichts davon.

„Es hat seit Charlie Chaplin keine Reihe von Filmen mit der historischen Bedeutung Ihrer Komödien gegeben", sagte ich. „Ich würde nötigenfalls die Studiotore abbrechen, nur, um in »Käpt'n Blackbeards Spuk-Kaschemme« zu erscheinen."

„So, tatsächlich?"

„Jawohl", antwortete ich entschieden.

Walt lächelte. Er wußte, daß ich ihm etwas vormachte. Vielleicht bewunderte er sogar die Art, in der ich es tat. Es machte ihm ebenfalls Spaß, zuzusehen, wie ich mich wand.

„In diesen chaotischen Zeiten ist das Lachen wichtig, Walt", fuhr ich fort.

Das hörte sich doch richtig an, oder? Stimmte es denn nicht? Oder fand ich diese Filme nur deswegen so wertvoll, weil ich in ihnen erschien und damit Geld verdiente? Wenn ich in Filmen erschienen wäre, die voller Geschmacklosigkeiten und Gewalt steckten, hätte ich mich nicht auch dann selbst überzeugt, daß sie einen Wert hätten?

Oder vielleicht glaubte ich tatsächlich an das, was ich sagte. Vielleicht hatte ich die Menschen schon so lange betrogen, daß ich den Punkt erreicht hatte, wo ich nicht einmal dann die Wahrheit erkannte, wenn ich sie sagte.

Stimmte es denn nicht, daß mit der möglichen Ausnahme von Chaplin kein anderer Filmproduzent über so lange Zeit hinweg derart beliebte Filme produzierte, wie Disney es tat? Chaplin verfeinerte weit über alle seine Zeitgenossen hinaus die Kunst, Charaktere auf die Leinwand zu projizieren; aber es blieb Walt Disney überlassen, das gleiche mit der ganzen Produktion eines Studios zu bewirken, und zwar über noch längere Zeit hinweg.

Und noch etwas Wichtigeres: Was mich an Walt stets beeindruckte, war seine geniale Fähigkeit, er selbst zu bleiben. Das Problem damit war, daß diese Fähigkeit, jedesmal wenn ich bei ihm war, die Frage aufkommen ließ: „Wer bin ich?"

Schließlich ließ mich Walt gewähren und fing an, über die für den nächsten Tag geplante Ankunft von Peter Ustinov zu reden.

„Können Sie mit uns zusammen zu Mittag essen?"

„Nur wenn ich noch im Film drin bin." Ich lächelte. Walt stand vom Tisch auf, und ich folgte ihm nach draußen.

„Was ist denn mit Ihnen passiert dort unten in Mexiko?"

Ich log ihn an und erzählte, wie ich mit dem Motorrad gegen einen Kojoten gerast sei. Die Geschichte war schon so oft erzählt worden, daß ich praktisch selbst daran glaubte. Vor einem Mann, der mir um meines Gedächtnisses willen ein Gehalt zahlte, wollte ich auf keinen Fall zugeben, daß ich mich nicht mehr daran erinnern konnte, wie ich mir einen dreizehnfachen Beckenbruch zugezogen hatte. Außerdem konnte das, was wirklich geschehen war, nicht halb so interessant sein wie die Geschichte mit dem blutigen Kojoten.

„Sie haben Glück, daß Sie noch am Leben sind", sagte Walt. Und damit hatte er recht.

Wir gingen die Mickey-Mouse-Straße in Richtung auf sein Büro hinunter und blieben vor dem Verwaltungsgebäude stehen.

„Sehen Sie, Walt", sagte ich und haßte es aus irgendeinem Grund, ihn gehen zu lassen, „ein Unfall bringt einen sehr zum Nachdenken."

Er schaute mich an. Mit meinem Blick erforschte ich sein Gesicht. Was wollte ich ihn sagen hören? Was sagte ich denn selbst? Ich bewunderte diesen Mann, liebte ihn vielleicht sogar. Aber was erwartete ich jetzt von ihm?

„Im Krankenhaus", fuhr ich fort, „dachte ich mindestens zehnmal über jede Begebenheit meines Lebens nach."

Walt stand einfach da. Konnte ich es nicht sagen? Wovor hatte ich Angst?

„Sehen Sie“, ich platzte schließlich damit heraus, „ich hätte dort unten in Baja bald meine letzte Reise angetreten, und das ließ mich zum Schluß kommen, daß es im Leben vielleicht etwas mehr geben könnte, als Filmstar zu sein oder gar ein Studio zu bauen.“

Aber Walt wollte es nicht hören. Er tippte mich mit einem Finger an: „Bleiben Sie bloß vom Motorrad weg.“ Und dann mit einem Zwinkern: „Wenigstens so lange, bis wir mit diesem Film zu Ende sind.“

Ich schaute zu, während er die niedrigen Betonstufen hinaufstieg, und hatte dabei das vage Gefühl, enttäuscht zu sein. Oben auf dem Gelände angekommen, drehte er sich um und sagte fast beiläufig: „Die letzte Szene, über die wir uns unterhalten haben: Wir machen sie so, wie Sie es möchten.“ Dann wurde seine Stimme härter: „Aber wehe, Sie haben nicht recht!“

Als ich langsam auf mein Ankleidezimmer zubummelte, fragte ich mich, ob Walt Disney wirklich neben seiner Arbeit eine Weltanschauung hatte. Vielleicht war er der Meinung, das gehe mich nichts an. Vielleicht hatte er keine Antwort. Oder vielleicht glaubte er als Chef eines Filmstudios gar nichts über das Leben oder den Tod, weil er kein Bedürfnis danach hatte. Er war ja von einer Welt umgeben, in der er selbst der große Schöpfer, der Lebensspender, der Anfänger und der Vollender von Glauben war.

Walt sollte den Rest jenes sonnigen Nachmittags im nordöstlichen Winkel der dritten Etage verbringen, in dem Raum mit dem Stutzflügel, wo die Wände mit Andenken früherer Triumphe bedeckt waren. Und in weniger als zwei Monaten sollte er tot sein.

Kapitel 2

Der himmlische Jäger

Ich hatte Walt versprochen, Motorrädern fernzubleiben, doch hatte keiner von uns Automobile erwähnt.

Bei den jetzt vor mir liegenden gewundenen Kurven schmiegte sich der kraftvolle und perfekt konstruierte Ferrari an die Straße, als wäre er an einer Schiene befestigt. Der mit Felsbrocken übersäte Berg wurde grüner, während ich immer höher hinauf fuhr; und ganz oben wurde die Straße gerade, während die Bäume und Sträucher höher wuchsen.

Kurz darauf raste ich mit über 160 km/h durch einen Tannenwald, wobei der 12-Zylinder-Motor ein Geräusch machte, als würde ein Stück hochwertige Seide gewaltsam entzweigerissen. Es war hypnoseähnlich. Und vielleicht brauchte ich die Hypnose. Normalerweise befiel mich die tiefe Niedergeschlagenheit erst dann, wenn ich mit einem Film fertig war, aber diesmal waren die Dämonen früher gekommen.

Als ich mit leichtem Druck das Gaspedal noch weiter durchtrat, fühlte sich die Maschine gut an — jetzt wie ein Teil meines Körpers, wie eine Einheit von Mensch und Maschine. Eine Tausendstelsekunde lang blickte ich auf den Tacho. Bei 201 km/h entstand im Wagen ein leichtes, „harmonisches" Vibrieren, das abzustellen unmöglich war — davon hatten mich wenigstens die Vertreter der italienischen Fabrik überzeugen können. Statt mich jedoch darüber zu ärgern, empfand ich das leichte Beben als annehmbaren und vertrauten Fehler an einem alten Freund.

Ich entschloß mich, einen großen Bogen durch die Hügel zu machen, bevor ich zu der Stelle zurückkehrte, wo ich mehrere Jahre zuvor ein unerschlossenes Grundstück gekauft und eine einspurige Asphaltstraße am unebenen Berghang hinauf hatte bauen lassen.

„Wohin genau soll denn die Straße führen, Herr Jones?" fragte der Straßenbauvorarbeiter lässig und schaute aus einem großen, gelben Bulldozer auf mich herab.

„Dort oben hin", sagte ich und zeigte mit dem Finger auf die zackige Spitze des Felsengipfels.

Der Vorarbeiter grinste und brachte das große Kettenfahrzeug unter Geknirsche in Gang. „Das hatte ich befürchtet!" brüllte er.

Oben grenzte das Grundstück an den San-Bernadino-Nationalforst, und es war eine genügend große Fläche gerodet worden, um eine Hütte hinzustellen, aber sie war nie gebaut worden. Mir reichte es aus, ein- oder zweimal im Jahr hinaufzufahren und mich eine Stunde an diesem spektakulären Adlerhorst festzuklammern, von wo aus ich einen Ausblick über Hunderte von Meilen in die Jacinto-Berge sowie über das untenliegende Palm Springs und die Wüstenlandschaft genoß. Dort oben fühlte ich mich geborgen. Abgeschieden. Ich konnte meine innere Leere zeigen, ohne daß sie jemand sah.

Dieser kalifornische Berg hatte den Kirschbaum ersetzt, auf den ich als Junge in Alabama zu klettern pflegte.

Während einer sich lang hinziehenden Kurve ließ ich den Tacho auf 165 km/h zurückfallen und schnitt eine Grimasse, als aus der anderen Richtung ein Wagen der kalifornischen Autobahnpolizei um die Kurve kam. In der Lage, Geschwindigkeiten schnell zu beurteilen, schaltete der Beamte sein rotes Blinklicht an, noch bevor ich an ihm vorbeiraste.

Jetzt war es zu spät. Heftig trat ich das Gaspedal bis zum Anschlag durch, und die Maschine schoß vorwärts. Einen Augenblick, bevor der Streifenwagen aus meinem Rückspiegel verschwand, wirbelte er am rechten Straßenrand Staub hoch, wahrscheinlich weil er schnellstens wendete, um mir nachzujagen.

Der Ferrari erreichte sprunghaft und mit kaum einem Beben 200 km/h und fuhr wieder ruhig weiter; und dann nahm das seelenlose Geräusch die herzzerreißende Eigenschaft des Schreiens einer Frau an.

Der Tacho zeigte nämlich plötzlich 225 km/h an, und in der sich zusammenziehenden Abenddämmerung wurde es zunehmend schwierig, die Straße zu erkennen. Der Tag hatte jene blasse Trennlinie erreicht, an der die Sonne verblichen war, aber künstliche Beleuchtung nichts helfen konnte.

Was wäre, wenn ich in einer Kurve die Kontrolle über den Wagen verliere und unten in einer dieser Schluchten sterbe? dachte ich. *Kein großer Verlust. Ich werde nicht darauf abzielen, aber wenn es passiert — egal.*

235 km/h.

In jenem Augenblick platzte mit erschütternder Klarheit eine Vision von meinem Motorradunfall in Mexiko in mein Gedächtnis herein. In einem einzigen, unvergeßlichen Augenblick war sie da, ein Negativ, das darauf wartete, mit 235 km/h entwickelt zu werden: In der flachen Wüste, über die schnell rasende Maschine vornübergebeugt, weinte ich und schrie zornig dem Winde zu, ohne jegliche Möglichkeit anzuhalten. Das Unvermeidliche war im Begriff zu geschehen.

Wir drei waren in Los Angeles gestartet und fuhren in den Süden in Richtung auf die weite mexikanische Wüste. Nach einer Zeit segelten wir mit 130, 150 Stundenkilometern über die ausgedörrte, rissige Leere von Lake Chamala. Unter uns schoß der Boden wie ein aus der Kontrolle geratenes Fließband an uns vorbei, während die drei Motorräder in heulender Harmonie auf die in der Ferne vor uns aufragenden Berge zujagten. Hinter uns wogte eine Staubwolke, die ausgereicht hätte, um ein Kriegsschiff der US-Marine zu verbergen.

Es gab keine gepflasterten Straßen, und wir hätten sie nicht benutzt, wenn es sie gegeben hätte, denn wir zogen es vor, festzustellen, wie viele Hügel und Felsen unsere Motorräder überwinden konnten, bevor wir am Ziel ankamen. Wir fuhren kreuz und quer durch die rauhe Baja-Halbinsel, an dem einen Tag gingen wir im Pazifik schwimmen, am anderen in der Kalifornien-Bucht angeln.

Uns in den Süden schlängelnd, fegten wir mit Leichtigkeit durch die Wüstenwälder aus Ocotillo, Candlenuß- und Yuccabäumen. Wo immer die Salbeisträucher hoch genug waren, hatte der Wind Sandhaufen zusammengeweht, die für unsere Maschinen Startrampen abgaben. Zum Hinüberfahren suchten wir uns die höchsten Stellen aus, hoben dann von der Erde ab und hingen frei und vollkommen ausbalanciert am Himmel, der Schwerkraft lange genug trotzend, um zwei oder drei Meter weit über die Wüste zu fliegen.

Unsere Reise hatte sich nach einem sehr ungenauen Fahrplan gerichtet, bis wir uns nur 20 Meilen von Scammon's Lagoon entfernt befanden. Als wir an einer baufälligen Bauernhütte Halt machten, um Wasser zu holen, sammelten sich mehrere Kinder um uns. Unsere auffälligen, orangefarbenen Motorradanzüge, unsere bis zu den Waden reichenden Stiefel und unsere weißen Sturzhelme waren mit

Öl und Staub bedeckt. Wir hatten uns seit sieben Tagen nicht mehr rasiert und unsere Motorräder sahen aus, als hätten wir die halbe Bucht mit angeschleppt.

Die Kinder starrten uns nur an. Ein alter Mann war gerade dabei, unsere Feldflaschen zu füllen, und in einem dunklen Eingang bewegten sich hinter einem verdreckten schwarzen Vorhang noch andere Menschen. Aber die Kinder sahen seltsamerweise einsam aus. Insbesondere ein kleines, sechs- oder siebenjähriges Mädchen, winzig und still, mit großen, braunen Augen, das langsam auf uns zukam.

Und dann sah ich die Geschwüre — und die Fliegen. Ihr Gesichtchen war davon bedeckt. Die dunklen Insekten labten sich am triefenden Grind. Beinahe wäre ich einen Schritt rückwärts gegangen, aber ich konnte meinen Blick nicht abwenden. Das unschuldige, arme, kleine Mädchen wimmelte vor Fäulnis, doch machte sie sich keine Mühe, die Fliegen wegzujagen. Ihr abgestorbener Blick bestätigte, daß sie sich nicht mehr darum kümmerte. Mit sechs Jahren hatte sie schon die Hoffnung aufgegeben!

Leidenschaftliches Erbarmen verwandelte sich in einen plötzlichen Grimm ob der Sinnlosigkeit des Lebens. Ich riß dem alten Mexikaner die halbgefüllte Flasche aus der Hand.

„Gracias, senor", fauchte ich und schritt auf mein Motorrad zu. Den Motor mit dem Kickstarter zum Leben erweckend und mich davor fürchtend, auf das kleine Mädchen zurückzublicken, fuhr ich in Richtung auf die wellenförmigen Sanddünen los, die sich, mehrere Meilen entfernt, an die Pazifikküste schmiegten.

Jetzt war es nicht mehr nötig, daß wir drei zusammenblieben. Wir waren der Lagune nahe und würden uns, da wir mit Walkie-Talkies ausgestattet waren, vor Einbruch der Nacht wiederfinden. Ich gab Vollgas, und das Vorderrad des kraftvollen Motorrades hob sich in die Luft bei seinem brausenden Versuch, dem gerecht zu werden. Nach nur wenigen Sekunden jagte ich mit 95 km/h wie wild über den gekerbten Boden.

Was war mit mir nicht in Ordnung? Warum hatte sich mir das Gesicht des winzigen Mädchens so unauslöschlich in das Gedächtnis geätzt? Als ich über die wartende Wüste raste, wurde mein Blick unscharf, so daß ich das vor mir liegende Terrain kaum noch beurteilen konnte. Wütend schüttelte ich den Kopf und verfluchte mich selbst dafür, daß ich es diesem Kind erlaubt hatte, einen derart tiefen Eindruck auf mich zu hinterlassen. Dann lästerte ich Gott, den Gott meiner Jugend, den Gott der Sonntagsschule in Alabama, der „alle Kinder in der Welt" liebte.

,,Warum, wenn Du so liebevoll bist, läßt Du es zu, daß jenes Kind im Elend lebt?" schrie ich in die an mir vorüberrasende Öde hinein. ,,Du bist grausam, wenn Du existierst, Gott! Sonst würdest Du uns hier unten auf diesem stinkenden, verkommenen Planeten helfen!"

Plötzlich tauchte es ohne Warnung direkt vor mir auf, und schon war es zu spät. Die Baja konnte unvorsichtigen Eindringlingen gegenüber auf brutale und bleibende Art unversöhnlich sein.

Der Graben sah so aus, als wäre er von einer der plötzlichen Überschwemmungen herausgeschnitten worden, die in der mexikanischen Wüste so häufig vorkommen. Als ich, ohne jegliche Möglichkeit anzuhalten, darauf zuraste, lief mein Verstand auf höchsten Touren. Würde ich eine Vollbremsung vornehmen und das Kraftrad auf die Seite legen, so würde ich mit voller Wucht gegen die gegenüberliegende Böschung prallen. Aber es gab eine geringe Chance, daß ich darüber springen könnte, wenn ich auf die Tube drückte, das Vorderrad hochhob und durch irgendein Wunder eine Erhebung fand.

Mein letzter Gedanke lautete: ,,Zieh das Vorderrad höher, Junge", dann wurde alles schwarz.

Langsam kam ich wieder zu Bewußtsein. Jemand war da. Seine Stimme drang aus einem Nebel zu mir, vertraut zwar, aber weit entfernt. ,,Dean?"

,,Wie ist mein Gesicht?" murmelte ich.

Gary starrte mich an. ,,Wie?"

,,Mein Gesicht. Ist mein Gesicht in Ordnung?"

Gary Grate, mein Freund und Stuntman-Double, beugte sich vor und drückte mir mit der Faust fest auf die Hüfte. ,,Dein Gesicht sieht wesentlich besser aus als der Rest von dir. Kannst du die Beine bewegen?"

Ich konnte nur unscharf sehen, aber in der Dämmerung erkannte ich, daß ich am Boden lag.

,,Wo bin ich?"

,,Wir sind etwa 20 Meilen von Scammon's Lagoon entfernt und vielleicht 12 oder 15 von Guerrera Negro", sagte Gary.

,,Scammon's Lagoon?" wiederholte ich und versuchte, den Namen einzuordnen.

,,Du bist vom Motorrad gefallen, Freundchen. Ich fuhr etwa drei

Minuten hinter dir her und sah, wie eine Staubwolke hochflog. Zuerst wollte ich um dich herumfahren, da ich meinte, du würdest schwindeln wie letztes Jahr in Palm Springs. Dann sah ich, wie dir das Blut aus der Hüfte spritzte."

Es wollte mir nicht einleuchten.

„Wie ist mein Gesicht, Gary?" fragte ich wieder. Meine Worte klangen so, als wäre ich betrunken.

„Ich habe dir schon zwanzigmal über dein Gesicht Bescheid gesagt! Du bist ziemlich zermanscht, Dean. Versuch' jetzt, deine Beine zu bewegen!"

„In fünf Wochen muß ich mit einem Film anfangen. Kann ich mit meinem Gesicht arbeiten?"

Rod McKeen, mein anderer Begleiter bei der Fahrt, trat ins Blickfeld.

„Wie schnell bist du gefahren?"

„Ich weiß es nicht mehr."

„So wie der Boden zwischen hier und dem seichten Graben dort aussieht, mußt du radgeschlagen sein, um in diese Lage zu kommen. Wie fühlst du dich?"

„Hervorragend", sagte ich und versuchte, aufzustehen.

„Halt!" befahl Gary. „Lehne dich zurück und entspann dich, okay, Dean?" Die Hüfte hatte wieder zu bluten angefangen.

Dann hörte ich, wie er Rod zuflüsterte: „Wir müssen ihn sofort in ein Krankenhaus bringen."

„Bis La Paz sind es 500 Meilen nach Süden, bis Tijuana 500 nach Norden", antwortete Rod kopfschüttelnd. „Das ist alles problematisch."

„Schaut her, ich fühle mich gut. Ich denke, ich kann hier wegfahren, wenn ihr meine Maschine in Gang bekommen könnt."

Rod schüttelte wieder den Kopf. „Angeblich gibt es in Guerrera Negro ein Salzbergwerk", sagte er. „Die müssen doch irgendeine Möglichkeit haben, sich mit der Zivilisation in Verbindung zu setzen."

„Das dauert nicht lange. Ich fahre hin und versuche Hilfe zu holen", sagte Gary.

Es war beinahe dunkel, als er wiederkam, sorgfältig seinen Weg zwischen Kakteen und Manzinella suchend. Ihm folgte ein schäbiger alter Ford-Kastenwagen.

„Dies ist Jesus Martinez", sagte Gary. „Er wird dich zum Flugplatz zurückfahren."

Ich beobachtete Jesus Martinez' Gesicht, während er half, erst die Motorräder, dann mich auf den Wagen zu laden. Ich war überrascht, daß er überhaupt gekommen war. In Mexiko sind die Unfallhilfegesetze so streng, daß Unbeteiligte von Zusammenstößen wie Diebe davonlaufen. Aber dieser untersetzte Mexikaner mit seinem steifen, weißen Cowboy-Hut war bei Einbruch der Nacht einem vollkommen fremden Menschen in die Wüste gefolgt, um jemanden aus einer Lage zu retten, über die er nur sehr wenig gewußt haben muß, da Gary nur ein paar Brocken Spanisch konnte.

Wir waren gerade erst losgefahren, als die schwere mexikanische Nacht wie eine Woge über uns hereinbrach. Und tausend funkelnde Sterne leuchteten auf, als hätten sie das Stichwort gehört.

Dies ist wunderschön, dachte ich. *Wunderschön.*

Gary sagte, der Unfall habe sich erst kurz nach Mittag ereignet, doch kam es mir vor wie vor einer halben Stunde. In meiner Hüfte hatte ich kein Gefühl mehr, meine Gedanken waren unkonzentriert und durcheinander; aber es gab keine Schmerzen. Ich versuchte, mich daran zu erinnern, was den Unfall verursacht hatte.

„Sag der Presse, du seist gegen einen Kojoten gefahren — das ergibt eine gute Geschichte", meinte Rod mit einem Lachen.

Wir seien in Mexiko, um die grauen Wale in Scammon's Lagoon zu fotografieren. Das hätte ich wohl nicht vergessen, oder? Nein, warte, das hatte mir Gary erzählt. Er sagte, wir seien schon über eine Woche auf der Halbinsel. Was hatten wir die ganze Zeit gemacht?

Mein angegriffenes Gehirn weigerte sich, darauf einzugehen, und kam immer wieder auf die Schönheit des nächtlichen Himmels zurück — nahtloser schwarzer Samt, mit vielfach facettierten Kristallen behangen. *Es ist zu prächtig und zu persönlich,* dachte ich. *Ein Himmel wie dieser kann sich nicht halten.*

„Wunderschön", wiederholte ich laut vor mich hin. Dann, wie ein tollwütiger Hund in meine Träumerei hineinrasend, erfaßte mich das von Geschwüren bedeckte Gesicht des kleinen Mädchens. Erschrocken und auf undefinierbare Weise entsetzt, erkannte ich ihr kindliches Gesicht. Aber wer — und wo?

Das Mitleid, das ich aufgrund ihres winzigen Gesichts, ihres abgetöteten Blickes, ihrer Geschwüre empfunden hatte, alles kam wieder. Aber diesmal fehlten die feindseligen Gefühle und der Zorn. Ihre erbarmungswürdigen, traurigen kleinen Gesichtszüge verschmolzen mit der Schönheit des gestirnten Himmels, mischten sich mit ihm zu einer bittersüßen Gemeinschaft, zu einer Spracheinheit, die mein

Herz zwar undeutlich vernehmen konnte, die aber zu verstehen es nicht bereit war.

Die Mischung wurde noch mehr durch den Text eines alten Gedichts angereichert: „Des Nachts und auch am Tage, durchs Gewölbe der Jahre"? Nein, ganz stimmte das nicht.

> Ich *floh* vor Ihm des Nachts und auch am Tage;
> Ich floh vor Ihm durchs Gewölbe der Jahre;

Weitere Brocken des Textes kamen mir ins Gedächtnis.

> Ich floh vor Ihm durch den Irrgarten meines eigenen Verstandes; und im Tränennebel versteckte ich mich vor Ihm und unter schallendem Lachen...

Wie hieß es denn bloß? Der Leiter des Sprechunterrichts bei MGM hatte mir ein Exemplar geschenkt, als ich dort vertraglich verpflichtet war.

> Ich suchte nicht mehr das, wonach ich Verirrter strebte,
> Im Antlitz eines Mannes, einer Magd,
> Und dennoch in den Augen kleiner Kinder...

In den Augen kleiner Kinder! Irgendetwas in den Augen kleiner Kinder hatte diesen Dichter, der von Gott sprach, angesprochen. Erst viel später erkannte ich, wie seltsam es war, daß ich im eigenen Blut dalag, mich an Gedichte über die Jagd Gottes nach den Menschen erinnerte und gleichzeitig von einem Mann namens Jesus durch das unebenste Ödland des amerikanischen Festlands gefahren wurde.

Kapitel 3

Große Männer und kleine Mädchen

„Darf ich Ihren Führerschein sehen?“ sagte der Polizist mit hartem Gesichtsausdruck, als er sich in Fensternähe vorbeugte.

Die Erinnerungen an Mexiko und an den Beckenbruch schwanden, während ich in meiner Brieftasche fummelte. Ich spürte, wie er mich mit seinem Blick erforschte, aber als er den Führerschein sah, ging ein breites Grinsen über sein Gesicht.

„Sie sind Dean Jones! Das habe ich mir gedacht. Toll, das muß ich aber meinem Jungen erzählen! Die Filme, in denen Sie erscheinen, sieht er unwahrscheinlich gern.“

„Sagen Sie ihm nicht, daß ich zu schnell gefahren bin.“

„Keine Angst. Sie sind aber gerast. Wie schnell sind Sie denn gefahren?“

„Über 160.“

„Mindestens! Was machen Sie denn hier, so weit draußen?“

„Ich — ich fahre einfach. Ich besitze ein Grundstück etwas weiter die Straße hinauf.“

„Ich kann es kaum fassen! Das muß ich aber meinem Jungen erzählen! Drehen Sie noch mehr Filme?“

„Ja, ich arbeite zur Zeit an einem Film mit dem Titel *Käpt'n Blackbeards Spuk-Kaschemme.*“

Er lachte. *„Käpt'n Blackbeards Spuk-Kaschemme* — das hört sich schon lustig an! Hören Sie mal, tun Sie mir einen Gefallen? Geben Sie mir Ihr Autogramm für meinen Jungen?“

„Aber sicher.“

„Hier, da haben Sie einen Kugelschreiber. Augenblick, ich bin sofort wieder da.“

Der Polizist eilte auf das rote Blinklicht seines Straßenkreuzers zu und kam, nachdem er ein wenig herumgetastet hatte, wieder, in der Hand eine Speisekarte aus einem Rancho-Mirage-Restaurant.

„Hier, schreiben Sie hier drauf. Das wird ihm eine große Freude machen. Schreiben Sie einfach: »Für Tommy« und unterschreiben Sie. Ach, fügen Sie noch darunter hinzu: »Blackbeards Ghost«."

„Nun, ich spiele wirklich nicht das Gespenst."

„Macht nichts. Er wird es schon verstehen, wenn er den Film sieht. Er wird das unwahrscheinlich schätzen!"

Ich unterschrieb auf der Speisekarte: „Für Tommy, mit herzlichen Grüßen, Dean Jones. »Blackbeards Ghost«."

„Das ist großartig, Dean. Danke! Ohne dies Autogramm hätte er mir nicht geglaubt!"

„Gern geschehen."

„Hoffentlich machen Sie noch eine Menge Filme. Machen Sie weiterhin solche Filme, zu denen ich mein Kind mitnehmen kann. Wir brauchen mehr davon!"

„Okay, danke."

„Und hören Sie, Dean, fahren Sie langsamer, ja? Es würde meinem Jungen schrecklich leid tun, Sie zu verlieren."

„Okay. Kommt nicht wieder vor."

„Schönen Abend noch", sagte er.

„Adieu."

Das Surren des Motors des Streifenwagens verklang in der Ferne, aber ich blieb untätig, starrte nur vor mich hin auf den dunklen Streifen, der die Autostraße war. Ich konnte mich wieder an den Motorradunfall erinnern, aber in keinerlei anderer Hinsicht waren meine Gedanken klar. Mein Geist war ein Schlachtfeld voller Lärm und Wut — was hatten sie aber zu bedeuten?

> Ich floh vor Ihm des Nachts
> und auch am Tage...
> durchs Gewölbe der Jahre...
> Versteckte ich mich vor Ihm unter schallendem Lachen...

Ich wußte, wer der himmlische Jäger war. Meine Eltern hatten ihre Liebe zu Ihm bekannt, mein Großvater hatte über Ihn gepredigt, und noch länger zurück hatten zwei Großonkel für John Wesley eine Reise durch Georgia arrangiert, damit er Ihn dort verkündigte. Der „himmlische Jäger" war Jesus Christus.

Als Junge hatte ich geschwankt zwischen Perioden des Glaubens an Gott und der Scham über die naive Leichtgläubigkeit meiner Eltern. Hatte Jesus wirklich jemals gelebt? Ich nahm es an, denn sogar die weltlichen Geschichtsschreiber erwähnten Ihn; aber der Rest war doch sicherlich eine von der notvollen Einbildungskraft verlorener und einsamer Menschen ausgebrütete Legende.

Am Montagmorgen filmten wir weiter an *Käpt'n Blackbeard*. Auf Bühne Nummer 2 machte der Aufnahmedirektor Belichtungsmessungen, während hoch oben auf den Laufstegen Elektriker die Lampen neu einstellten. Zwei Kostümdesigner zeigten dem Regisseur Robert Stevenson einige umgeänderte Kleider, während Dekorateure, Maler und Tischler hin und her eilten und letzte Änderungen am Bühnenbild vornahmen.

Es war ein faszinierendes altes Hotel aus New England. Mit schweren Balken, Ausstattungsgegenständen aus Messing und Gaslampen entworfen, sah es aus, als wäre es aus Teilen alter Segelschiffe zusammengebaut worden. Man konnte beinahe die salzhaltige Luft riechen. Die Winkel und Spalten zumindest waren geheimnisvolle Durchgänge, die zum Meer hinabführten — alles unecht natürlich, aber gut gemacht.

Mitten zwischen den Lichtern und den Kabeln und dem allgemeinen Durcheinander maß ein Hilfskameramann noch ein letztes Mal mit einem Zentimetermaß die Entfernung zwischen Gary Grates Nase und der Linse der Kamera aus. Einen Augenblick später rief ein Regieassistent: „Erstes Team." Ich schritt an die Stelle, die Gary inzwischen geräumt hatte, und Robert Stevenson rief: *„Action."*

Ich spielte die Rolle eines College Sporttrainers, der das Gespenst vom Piraten Blackbeard heraufbeschwört und es dann nicht mehr loswerden kann. Das Gespenst — diese Rolle spielte Peter Ustinov — sollte allen außer mir unsichtbar sein, eine Tatsache, die bei Suzanne Pleshette einige echte Zweifel an meiner geistigen Gesundheit aufkommen ließ. Die Geschichte paßte insofern gut zum Bühnenbild — sie war unecht, aber gut gemeint.

Wir hatten mit der Szene kaum angefangen, als genau über meinem Kopf eine Glühbirne ausfiel und Stevenson rief: *„Cut!"*

Ich drehte mich um und entdeckte, daß mich Walt Disney direkt hinter der Kamera anstarrte. Sein Aussehen schockierte mich. Sein Gesicht war abgehärmt und bleich, und er hatte große Ringe unter den Augen. Aber jeder wußte, daß er zwei Wochen lang auf der anderen Straßenseite im St.-Joseph's-Hospital gewesen war, um sich einer ungefährlichen Operation an einem Nackenwirbel zu unterziehen.

Sein Anzug hing lose an ihm herab, sechs Größen zu weit, und er muß meinen erstaunten Blick registriert haben. Er hob einen dürren Finger und zeigte, daß ich herüberkommen sollte.

„Walt", sagte ich mit einem Lächeln und versuchte, mich zu erholen. „Schön, Sie wiederzusehen!"

Normalerweise duldete er keine Pausen bei einem Gespräch, diesmal aber ging er nicht auf meine Worte ein.

„Ich weiß, Sie freuen sich, nicht mehr im Krankenhaus zu liegen. Können Sie sich nicht etwas Urlaub gönnen?"

„Doch", murmelte er teilnahmslos. „Ich fahre nach Palm Springs."

„Großartig. Sie können sich in die Sonne legen, sich bräunen."

Er starrte mich einfach nur an.

„Der Film läuft großartig, Walt", fuhr ich mit geheucheltem Frohsinn fort. „Daß Sie Suzanne für die Rolle des Mädchens aussuchten, war genau richtig."

Aus einer Entfernung von einigen Metern rief ein Regieassistent: „Wir sind für die Wiederholung fertig, Dean."

Ich fragte mich, was die Ärzte in Walts Nacken angerichtet hatten, daß er so erschöpft aussah. „Ihr Nacken ist jetzt in Ordnung, Walt?"

„Nacken, zur Hölle damit!" Er spuckte vor Abscheu, flüsterte dann: „Sie haben mir die linke Lunge herausgenommen."

Mein Verstand hörte auf zu funktionieren. „Ihre Lunge..." begann ich. Das würde bedeuten: Er hatte Krebs!

Er nickte langsam voller Abscheu mit dem Kopf und starrte trotzig, aber ohne etwas wahrzunehmen, auf das Bühnenbild.

„Wir sind fertig für die Aufnahme, Dean", rief der Assistent. Unfreiwillig schaute ich auf die Kamera, überrascht, daß die Arbeit nach dem, was Walt eben gesagt hatte, weiterging. Auf der Bühne summte es noch vor Lärm, und die Kameraleute standen bereit zu filmen. Alles war normal, nur — Walt Disney war todkrank.

Der Assistent schrie grob: „Ruhe, alle!"

Dann, als er sich daran erinnerte, daß Walt da war, schrie er genauso laut: „Seien Sie doch bitte alle leise!"

Mehrere Kameraleute lachten anerkennend.

„Walt, es tut mir leid. Ich — ich weiß nicht, was ich sagen soll."

„Es gibt auch nichts, was Sie sagen könnten", erwiderte er verbittert.

Einen Augenblick lang standen wir verlegen da. Etwas mußte unbedingt gesagt werden, aber ich wußte genauso wenig, was es war, wie damals, als ich dort unten in Baja in die Augen des kleinen mexikanischen Mädchens geschaut hatte. Schmerzen und Qualen beschränkten sich nicht auf barfüßige Kinder in der Wüste. Welch verdammte Ungerechtigkeit, daß der Tod diesen schöpferischen Riesen zu einer Zeit hinwegraffen mußte, in der er und die Ziele, für die er lebte, auf dem Gipfel ihrer Macht standen.

„Walt", sagte ich, „können Sie hierbleiben, während wir diese Szene aufnehmen?"

Er antwortete nicht.

„Sie ist sehr kurz — dauert nur 'ne Minute, okay?"

Er nickte mit dem Kopf.

Robert Stevenson ließ die Kamera rollen, und ich versuchte, mich zu konzentrieren. Um welche Szene handelte es sich noch? Wie sollte der Text lauten? Walt war todkrank, und ich sollte Späße machen. „Das Lachen ist in unserer Zeit wichtig", hatte ich ihm, so erinnerte ich mich, bei unserem letzten gemeinsamen Lunch mitgeteilt. Welch ein Unsinn! Wie sollte man mit nur einer Lunge lachen?

Mir mißlang die Szene. *Reiß dich zusammen, Jones,* dachte ich. *Du bist ein Profi. Geh einfach auf die Linie zu und vergiß deine Rolle nicht.*

Die zweite Szenenaufnahme wurde so schlimm, daß ich mitten drin kopfschüttelnd aufhörte. Beim dritten Versuch war Robert zufrieden, und ich ging zurück zu der Stelle, wo Walt gestanden hatte. Aber er war weg. Dies war sein letzter Besuch an der irdischen Stätte, die er am meisten liebte. Zwei Tage später schickte man vom Studio aus einen Wagen nach Palm Springs, um ihn zum St.-Joseph's-Hospital zurückzubringen, und in weniger als zwei Wochen war er tot.

Wir machten Feierabend, und ich fuhr, über die Endgültigkeit des Todes entsetzt, nach Hause. Es war schwer, sich die Disney Studios ohne Walt vorzustellen. Ich erinnerte mich, wie Walt mich einmal bei einer Party für die Besetzung von *„Alles für die Katz"* getadelt hatte, weil ich für Geschenke für die Kameraleute so viel Geld ausgegeben hätte.

„Du solltest lieber dein Geld sparen, Dean", hatte er gesagt. „Du weißt nie, wann dir das Leben sauer werden könnte."

Ich kletterte auf einen Barhocker in meiner Lieblingskneipe, bestellte einen Scotch und legte einen Hundert-Dollar-Schein auf den Tresen.

„Ich kaufe für alle, Jerry", sagte ich. „Sag' Bescheid, wenn das alle ist."

Kapitel 4

Beziehungen

Mein Weg nach Hollywood war recht unpassend. Ich erinnere mich, wie ich mit 13 Jahren bei Tante Nell im Wohnzimmer an einem kleinen Tisch Kerzen anzündete und meine A-cappella-Version des damaligen Schlagers „Goldene Ohrringe“ dramatisierte. Dies war das erste Mal, daß jemand aus meiner Familie ein Interesse für das Showgeschäft bekundet hatte.

Ich fuhr so lange fort, mit dem Gedanken zu liebäugeln, bis ein Klavierspieler aus dem Ort und ich regelmäßig am Sanatorium für Tuberkulosekranke bei Decatur in Alabama ein Unterhaltungsprogramm durchführten. Unentgeltlich, versteht sich, und die Patienten waren nicht gerade die begeistertsten Zuhörer, aber wir bekamen dadurch die Möglichkeit, neue Lieder auszuprobieren. Und es überzeugte mich, daß ich aufhören sollte, von der Straße Zigarettenstummel aufzulesen.

Ich fing an, das Singen ernst zu nehmen, als mir der Manager eines örtlichen Rundfunksenders eine eigene, 15-minütige Show anbot. Nachdem das Programm jedoch vier Wochen hintereinander gesendet worden war, traf mich die Entmutigung wie ein Hammer, als ich eine Tonbandaufnahme meiner eigenen Stimme hörte. Es gab einen himmelweiten Unterschied zwischen dem Klang in meinem Kopf und dem schwachen, amateurhaften Lärm, der bei den Zuhörern ankam. Ich mußte noch viel lernen.

Nachdem ich ein Jahr lang am Asbury College Sprechunterricht bekommen hatte, brach der Koreakrieg aus, und ich schloß mich dem Marineflugkorps an. Bei der Marine versprach man, mich zu einem Flugtraining nach Pensacola, Florida, zu schicken, aber stattdessen begann ich, zwei Meilen nördlich von Tijuana, Mexiko, in Ream Field, Kalifornien, Hellcat-Kampfflugzeuge zu warten.

Aber das Showgeschäft war nicht weit weg. Eines Tages rief mich der COMUTWINGPAC (Abkürzung für: *Com*mander *Ut*ility *Wing Pac*ific Fleet, etwa Kommandeur des Versorgungsgeschwaders der Pazifikflotte) zu sich ins Büro. „Jones", sagte er, „Sie sind doch der Mann, der im Old-Globe-Theater und im örtlichen Fernsehen auftritt, nicht wahr?"

„Jawohl."

„Ich lasse Sie in die Abteilung für Wehrbetreuung versetzen. Sie werden Unterhaltungsprogramme gestalten, damit diese Männer hier auf dem Flugplatz bleiben, statt nach Tijuana in die Bordelle zu fahren. Ream Field hat die höchste Quote an Geschlechtskrankheiten in der US-Marine, und ab heute mache ich Sie persönlich dafür verantwortlich."

So unglaublich, wie es klingt — nach 18 Monaten mit Country-Gruppen und Bauchrednern, mit den Bonnie-Jean-Ensembletänzerinnen und meiner eigenen Wiedergabe von „Birth of the Blues" war die Geschlechtskrankheitenquote am Marinestützpunkt Ream um 28 Prozent zurückgegangen. Das war mein erster großer Erfolg im Showgeschäft. Jetzt fing ich an, darin aufzugehen. Die Hollywood-Wettbewerbe für Amateure, die damals noch sehr beliebt waren, fanden ein kurzes Stück die Pacific Coast Highway hinauf statt. Als ich bei der „Peter Potter Show" gewann, bestand der Preis aus zwei Kisten mit Shontex-Formel-9-Shampoon und einem Fußkissen aus rotem, gelbem, purpurfarbenem und grünem Kunststoff. Nachdem ich bis Mitternacht an der Ecke von Sunset und Vine Shampoon an die Passanten verteilt hatte — 1953 war es nicht leicht, auf Sunset oder Vine überhaupt etwas zu verschenken —, begab ich mich zurück auf den Weg nach San Diego. Irgendwo unterwegs rollte ein rot-gelb-purpurfarben-grünes Fußkissen aus dem Kofferraum meines alten Ford und verschwand im Nebel. Als ich in Ream Field ankam, hatte ich von meinem siegreichen Auftritt nichts mehr vorzuweisen außer der Erkenntnis, daß ich die Bastionen von Hollywood, dem Thron des Showgeschäfts, gestürmt hatte und mit einer Krone nach Hause gefahren war. Oder zumindest mit einem Fußkissen. Anfänglich waren die phantastischen Preise nicht so wichtig.

Am 10. Juli 1954 fuhr ich, meinen Marineentlassungssold von $ 254 in der Tasche, wieder in den Norden, nicht wissend, wie sehr die Chancen gegen mich standen. Als ich in Hollywood ankam, entschloß ich mich ganz naiv, dort zu bleiben. Ein Kumpel aus der Marine, der später in der „Ozzie and Harriet Show" Wally spielte, war mein einziger wirklicher Kontakt zum Showgeschäft. Zwei Monate vor mit entlassen, hatte Skip Young in einem altmodischen Melodrama als Komiker Arbeit gefunden, das in Knott's Berry Farm aufgeführt wurde. Zusammen lungerten wir in den Agenturen herum, bewarben uns um alle möglichen Stellen und gingen sofort in jedes Gebäude, wo ein Schild ankündigte, daß Singproben abgehalten würden — und schrieben eine dürftige Martin-und-Lewis-Nummer, die wir in Larry Potters Supper Club in Studio City ausprobierten. Das Schweigen war ohrenbetäubend.

Aber es gibt nichts wie übermäßig laute Hurra- und Buhrufe, um den Kontakt zum Publikum wiederherzustellen, und davon gab es genug, als Knotts Melodrama seinen „Helden" verlor und ich zu einem Wochenlohn von 30 Dollar engagiert wurde.

Dank dieser Goldgrube konnte ich die Frau unterhalten, die ich sechs Monate zuvor geheiratet hatte. Nachdem wir zusammen beim Pasadena-Rosenumzug als „Ramona und ihr legendärer indianischer Geliebter Allesandro" durch die Stadt gefahren waren, brannten wir miteinander durch. Und im März 1955 wurde ein kleines Mädchen geboren. Bis dahin hatte ich einen persönlichen Manager, einen Agenten, einen Public-Relation-Menschen und einen „texanischen Ölmagnaten", der mir das Geld für den Sprechunterricht zuschoß. „Wenn du noch jemanden findest, der an deiner Karriere Prozente verdienen will", scherzte Skip Young, „wärst du besser dran, wenn du überhaupt nicht mehr arbeitetest!" Aber schließlich zahlte es sich aus. Mein Manager überzeugte Frank Loesser, der gerade mit der Filmversion seines erfolgreichen Broadway-Stückes „Guys and Dolls" fertig war, zu Knott's herunterzufahren, um sich eine der vier täglichen Vorführungen anzuschauen, die wir der Touristen wegen zustande brachten. Frank bat mich, „If I Loved You" zu singen, dann arrangierte er ein Probesingen vor Dore Schary, dem Präsidenten der MGM. Ich muß an jenem Tag gut bei Stimme gewesen sein, denn bei Beendigung des Probesingens wollte mich Metro für das Filmmusical „The Boy Friend" engagieren, während Frank Loesser fragte, ob ich in seiner neuen Broadway-Show auftreten wolle.

Von 30 Dollar die Woche bei Knott's auf 700 Dollar die Woche bei MGM — das war nicht nur ein finanzielles, sondern auch ein kulturelles Schockerlebnis. Es stieg mir regelrecht in den Kopf, als Bing Crosby auf dem Flur an mir vorüberging und sagte: „Machen Sie mit den hohen Tönen weiter, Dean!"

Drei Jahre später war ich in mehreren Filmen erschienen, darunter „Imitation General“, „Torpedo los“ und „Barfuß in die Ewigkeit“, doch hatte ich weder auf der Bühne noch auf der Leinwand einen einzigen hohen Ton erreicht. Und seltsamerweise hatte ich es nicht vermißt. Mir gefiel so ziemlich das „zornige“ Image, das aus meinem letzten Film „Handle With Care“ erwuchs.

Auch im wirklichen Leben wurde ich immer zorniger. Schon von Anfang an war das Niveau der Verständigung in meiner Ehe äußerst niedrig. Jetzt wurden wir bitter und unbeugsam. Zu Hause und auch im Studio liefen alle Kräfte zusammen und ließen es als vollkommen vernünftig erscheinen, daß aus mir ein zorniger Mann werden sollte.

Da ich keine Methode kannte, mein Innenleben vor den Gefühlen der von mir dargestellten Personen zu schützen, gewann meine „instinktive“ Schauspielkunst eine ungeheure Macht über meine Persönlichkeit. Man ist die Rolle, die man spielt. Als mich britische Kritiker „einen neuen Rebellen, einen neuen Dean“ nannten — sie verglichen mich mit dem verstorbenen Schauspieler James Dean —, ergötzte ich mich so recht daran.

Wenn ich so gut bin, wie diese Leute sagen, dachte ich, sollte ich vielleicht die Film- und Theaterwelt ernst nehmen und mich regelrecht ausbilden lassen. Aber alles bewegte sich so schnell.

Außer in meiner Ehe. Wir trennten uns, dann versöhnten wir uns wieder wegen unserer Töchter Carol und Deanna.

Nichts war bleibend, auch nicht bei MGM. In den vier Jahren, die ich dort arbeitete, führten drei verschiedene Gruppen die Regie, und die goldenen Tage gingen zu Ende, als sich die Gesellschaft stur weigerte, sich am neuen Massenmedium — dem Fernsehen — zu beteiligen. Ein Produzent wurde tatsächlich gefeuert, als man bei ihm im Büro einen Fernseher entdeckte.

Als sich die neue Betriebsführung endlich dazu durchrang, Filme für die Fernsehsender zu produzieren, überreichten sie mir das Drehbuch für eine Serie, die ich aber ablehnte, weil sie sich, so sagte ich, keine 13 Wochen halten werde. Daraufhin engagierten sie Richard Chamberlain, der die Rolle von „Dr. Kildare“ übernahm, und entschlossen sich, meinen Vertrag nicht zu erneuern.

Dann lud mich Josh Logan nach New York ein, um in meinem ersten Broadway-Stück aufzutreten. Auch für Jane Fonda war es das erste Broadway-Stück. Als nach der Uraufführung der Vorhang herunterkam, drückte sie mir den Arm. „Ich glaube, wir haben Probleme“, sagte sie. „Vielleicht werden wir nie wieder Arbeit bekommen.“

Beinahe hätte sie recht gehabt. Die Show hielt sich drei Wochen. Und während der nächsten acht Monate dachte ich, ich würde tatsächlich nie wieder Arbeit finden. Bis heute ruft bei mir die Erinnerung an den Hamburger-Geruch aus den White-Tower-Restaurants in New York Fluten von Speichel und tiefe, gurgelnde Geräusche im Magen hervor.

Dann, im Frühjahr 1961, engagierte mich Freddie Brisson für das Stück „Ein Ehebett zur Probe" und brachte somit eine ganz neue Karriere für mich in Gang — als Schauspieler bei Komödien und Possen. Als in New Haven das Publikum zum ersten Mal bei meinem Auftreten lachte, wandte ich mich ihm zu, um erkennen zu können, was nicht stimmte. Dieses gemeinsame Lachen hätte ja ein bevorstehendes Desaster anzeigen können — vielleicht war sogar ein Teil des Theaterdaches eingestürzt.

Aber bald war ich vom Gelächter eines großen Publikums abhängig. Das Lachen war eine Befreiung: unmittelbar, intensiv. Es log fast nie. Lachen bedeutete Beifall, vielleicht sogar Bewunderung, und nach einem Jahr bei „Ein Ehebett zur Probe" konnte ich es wie eine Geige spielen. Es war Musik. Aber meistens war es eine Sache des Timings. Der Rhythmus bei einer Schwankszene wurde so notwendig und so wichtig wie der Takt bei einem Walzer oder einer Ballade oder einer Rockmelodie.

Wieder einmal in Kalifornien, drehte ich die Fernsehserie „Ensign O'Toole" für NBC. Dann kam die Filmversion von „Ein Ehebett zur Probe", wobei Jack Lemmon die Rolle von Gig Young übernahm. Als Walt Disney eine Probe meiner Arbeit sehen wollte, bestellte er diesen Streifen. In der darauffolgenden Woche wurde ich eingeladen, im ersten meiner zehn Disney-Filme mitzuwirken. Während der Dreharbeiten für „Alles für die Katz" entdeckte ich, wie Walt auf mich aufmerksam wurde.

„Sie hatten in der Sendereihe »Ensign O'Toole« einige gute Schlußszenen", sagte Walt merkwürdigerweise. Erst später wurde mir klar, daß er, um seine Show „Wonderful World of Disney" — die auf NBC sofort auf „O'Toole" folgte — zu sehen, seinen Fernseher rechtzeitig genug eingeschaltet haben muß, um die Schlußszenen meiner Show mitzubekommen.

Nach Walts Tod übernahm sein Schwiegersohn Ron Miller seine Stellung als Produktionsleiter der Studios und lud mich ein, weiterhin bei ihnen mitzuarbeiten. Während der nächsten paar Jahre trat ich auch in Streifen von Warner Brothers und Columbia auf.

Ironischerweise wurde das Geld, da ich jetzt einiges davon besaß, zum ersten Mal in meinem Leben zum erstrebenswerten Ziel. Ich setzte mir Ziele von zwei-, drei- und vierhunderttausend Dollar und erreichte sie, ohne allerdings das Gefühl zu haben, etwas Bleibendes erreicht zu haben. Nichts konnte mich befriedigen. Das große weiße Traumhaus mit Ausblick über das San-Fernando-Tal wurde wieder einmal umgebaut, aber gleich, wieviel Geld ich dafür ausgab, um es „genau richtig" hinzubekommen — irgendetwas fehlte immer.

Es war mir, als wäre ich meiner Erfolge zum Trotz der Philosophie der Lieder zum Opfer gefallen, die ich auf der Oberschule und im College gesungen hatte und in denen es um „unmögliche Träume" und „verlorene Liebe" gegangen war.

„Geboren, um zu verlieren, vergeblich habe ich gelebt", hatte Ray Charles intoniert. Konnte ich der Lüge geglaubt haben, die besagte, es sei wünschenswert, sich mit tragischer Hoffnung auf „irgend etwas" „irgendwo dort draußen" zu freuen, das unmöglich in Erfüllung gehen konnte?

Der süßeste Klang, den ich jemals gehört,
ist immer noch im eigenen Kopf.
Und das Wunder, das die ganze Welt ist,
wartet irgendwo auf mich.

Irgendwo. Irgendwann. Es war eine bittersüße Erkenntnis, daß das Wunder nie geschehen würde, nicht einmal irgendwo jenseits des Regenbogens.

Während jener Jahre floß ein endloser Strom von Mannequins, Schauspielerinnen und Tänzerinnen an meinem Leben vorüber. Wenn die Befriedigung in der Arbeit oder im Geld nicht zu finden war, dann vielleicht in den Augen jener Schönheit „auf der anderen Seite eines überfüllten Raumes".

Aber die meisten von ihnen schienen die gleiche Wohnung in Hollywood gemietet zu haben, eingerichtet vom gleichen Dekorateur, der das gleiche Bett und den gleichen Fernseher eingebaut hatte. Manchmal kamen sie mir alle wie ein und dasselbe Mädchen vor. Von Zeit zu Zeit stach eines von ihnen unter den anderen hervor, und dann verliebte ich mich hoffnungslos, so daß ich total zerschlagen war, wenn die Affäre vorbei war. Aber meistens gingen die Verhältnisse elendig zu Bruch.

In Italien oder England oder Frankreich war der Unterschied

auch nicht allzu groß. Eines Abends, spät, nachdem ich in Rom eine Dame verlassen hatte, die als eine der schönsten Frauen der Welt galt, saß ich in einem gemieteten Auto am Straßenrand. Meine Existenz war eine einzige Fahrt mit der Achterbahn, der Verlauf vorherbestimmt: auf und ab, immer und immer wieder herum. Ich brauchte unbedingt die „Kontrolle", denn ich fühlte mich in allen gesellschaftlichen Situationen unwohl, in denen ich nicht selbst das Sagen hatte.

Als ich aber um drei Uhr morgens dort in dieser Straße in Rom saß, kam mir der Gedanke, daß nicht ich es war, der über mein Leben bestimmte. Ich war ein Sklave, an Händen und Füßen durch die eigenen Begierden gefesselt.

1968, kurz bevor die Nordvietnamesen ihre Tet-Offensive einleiteten, flog ich mit einer Gruppe von Schauspielern und Sängern nach Südostasien, um die amerikanischen Truppen zu unterhalten. Ich bat das USO, uns dorthin zu schicken, wo Bob Hope noch nicht gewesen war.

Und das taten sie auch. Wir wurden unter leichten Beschuß genommen, als wir nahe am 17. Breitengrad in einem Hauptlager landeten; und vielerorts war das Lager selbst das einzige von der Regierung kontrollierte Territorium im ganzen Umkreis. In einem der Lager schloß ich mich, obwohl es für Nicht-Soldaten illegal war, einer südvietnamesischen Artillerieeinheit an, während diese angreifende Vietcong-Kämpfer bombardierte.

Es war für die US-Armee kein Problem, uns mit einheimischen Mädchen zu beliefern; aber Mickey Shaughnessy, der große, liebenswürdige Komiker, ließ bei mir Gewissensbisse aufkommen, als ihm eine der Frauen, die in unsere Unterkunft gebracht wurden, angeboten wurde. „Das möchte ich meiner Ehefrau nicht antun", sagte Mickey.

Viele der Männer, die eben von der Front gekommen waren, waren über den Konflikt verunsichert. Ein Feldwebel, Berater der Montagnards, sagte: „Dies ist kein Krieg für Amerikaner", und wiederholte ständig, wie er sich einem ritualistischen Bluttrinken hatte anschließen müssen, nachdem Stammesangehörige ihre Gefangenen getötet hatten.

Für mich war das Elend der Kinder das Schlimmste an Vietnam. Eine Woche vor unserer Ankunft war ein römisch-katholisches Waisenheim mit Mörsern beschossen worden. Die verdrehten, verstümmelten kleinen Leichname sprachen überzeugender von der gräßlichen Verkommenheit des Menschen als der beredteste zynische Philosoph.

Beim Rückflug machten wir in Honolulu eine Zwischenlandung, wo Frank Sinatra zustieg.

„Wie geht es dir, Dean?" fragte Frank.

„Ich kann es dir noch nicht sagen, Frank. Wir haben eben erst Saigon verlassen."

Saigon hatte gar keine Ähnlichkeit mit dem MGM-Hinterhof, wo wir zusammen den Film „Barfuß in die Ewigkeit" gedreht hatten. Der gefährlichste Teil jenes Films über das vom Krieg heimgesuchte Birma bestand darin, den Schwärmern auszuweichen, die die Schauspieler zwischen den Szenen aufeinander warfen.

Nachdem jemand — ich habe schon längst vergessen, wer — während einer Probe eine Kirschbombe in meiner Gesäßtasche in die Luft gehen ließ, fuhren Steve McQueen und ich nach Tijuana hinunter und kauften eine Ladung Knallkörper, die wir, sobald es ging, heimlich in Sinatras Wohnwagen versteckten, wobei wir die Zündschnüre durch die Fensterrahmen nach draußen schoben.

Peter Lawford rief Sinatra, ich hielt die Tür zu, und Steve lief herum und zündete die Knallkörper an. Als es drinnen so hell wie das Tageslicht explodierte, schauten wir uns entsetzt an und dachten, wir hätten ihn vielleicht ernsthaft verletzt. Aber wenige Augenblicke später schrie Sinatra, der wie gehetzt zwischen einer Salve nach der anderen hopste, nur halb im Scherz durchs Fenster: „Ich bringe euch dafür um!"

Im Januar 1969 begannen wir mit den Dreharbeiten für *Ein toller Käfer*, einen Film, der sich, bis *Der Pate* und *Der weiße Hai* erschienen, als einer der größten Kassenschlager aller Zeiten erwies. Welch ein Vergnügen, ihn auf der gleichen Liste wie *Vom Winde verweht* stehen zu sehen!

Bei den Dreharbeiten für einen Film werden die einzelnen Szenen natürlich nicht in der endgültigen Reihenfolge aufgenommen. Die erste Szene, die wir für *Ein toller Käfer* filmten, war eine Nahaufnahme von mir, während ich einen Volkswagen namens Herbie anflehte, sich nicht dadurch umzubringen, daß er von der Golden-Gate-Brücke sprang. An einem Montagmorgen war es schwierig, das Lachen zu unterdrücken.

Aber Regisseur Robert Stevenson war sehr geduldig.

„Herbie liebt Sie sehr", erklärte er mit seinem nachdenklichen britischen Akzent. „Da es ihm sehr weh tut, daß Sie sich in Michelle Lee verliebt haben, versucht er, sich umzubringen."

„Verstanden, Robert", sagte ich und löste mich wieder in Gelächter auf.

Später im gleichen Jahr zerbröckelte meine in Verfall geratene Ehe endgültig.

Da ich meinen beiden Töchtern nahe bleiben wollte, kaufte ich ein kleines Haus im Ranch-Stil, das nur fünf Minuten vom großen Haus auf dem Hügel entfernt lag. Doch schien jegliche sinnvolle Verständigung kaputtzugehen. Ich hätte alles getan, um meine Kinder vor den Werten meiner leeren und unsicheren Welt zu schützen, war aber blind gegen meine Inkonsequenz, als ich Ratschläge austeilte und das Gegenteil vorlebte. Carol, die inzwischen 15, und Deanna, die 13 war, sollten in die festen Fußtapfen ihres Vaters treten, die zur Rebellion und zur Selbstsucht führten.

Als ich während der Scheidung um ein paar Möbelstücke bat, sagte Carol: „Du hast es nicht verdient, überhaupt etwas zu bekommen, Vati."

„Warum denkst du denn so?" fragte ich. „Ich habe doch eurer Mutter das Haus gegeben und alles, was sie haben wollte."

„Weil du all die besten Sachen nehmen würdest", erwiderte sie.

Ihre schockierende Aussage machte auf mich einen schmerzlichen Eindruck. Carol hörte nicht auf das, was ich sagte, sondern auf den selbstsüchtigen Menschen, der ich war.

Im Frühjahr 1970 flog ich in den Osten, um im Broadway-Musical *Company* aufzutreten. Oberflächlich gesehen war die Show heiter und scharfsinnig ausgeklügelt, aber die ihr zugrundeliegende Botschaft verkündigte, daß die Ehe bestenfalls ein schaler Kompromiß, unauflöslich und letztendlich zerstörerisch sei.

Da ich inzwischen selbst an diese Botschaft glaubte — nicht nur in bezug auf die Ehe, sondern im Hinblick auf das ganze Leben —, frage ich mich, warum ich die Show nach weniger als fünf Monaten verließ. Es war alles nicht so einfach, wie Joyce Haber von der Los Angeles Times berichtete, als sie schrieb: „Dean Jones warf sein Mickey-Mouse-Handtuch."

Es war schwer, jeden Abend beim Dialog auf der Bühne das vertraute Echo fehlgeschlagener Beziehungen zu verkraften. Aber der Hauptgrund, warum ich ausstieg, war die entsetzliche Niedergeschlagenheit, die dadurch herbeigeführt wurde, daß ich wieder einmal eines meiner Ziele erreicht hatte — ich gastierte ja in der Hauptrolle eines erfolgreichen Broadway-Musicals —, ohne irgendwelche Freude zu empfinden, ohne ausgefüllt zu sein.

In der Tat bestätigte der Mangel an Befriedigung nur die Leere. Er stempelte meine Lebensanschauung mit den Worten ab: „Wahr.

Nichts klappt." Aber vergebliche und leere Philosophien sind nicht allein das Produkt der New Yorker Bühne.

Bald nachdem ich nach Los Angeles zurückgekehrt war, nannte mir ein alter Kamerad seine neuentdeckte Lösung für das Problem des Lebens. Schon früh am Abend fuhren Kelly Gordon, ein wenig betrunkener als sonst, und ich, ein wenig deprimierter als sonst, in der Nähe von Whisky-a-Go-Go den Sunset-Boulevard hinunter.

1971 war es leicht, auf dem Sunset-Strip deprimiert zu werden. Dort war das Sammelbecken amerikanischer Freizügigkeit. Tausende von jungen Menschen aus dem ganzen Land kamen dort zusammen, flippten aus mit LSD oder wurden von härterem Stoff abhängig, während Macho-Motorradfahrer mit fliegenden Klubfahnen, die beweisen sollten, daß sie jemandem gehörten, in der funkelnden Finsternis unter Getöse vorbeifuhren.

Einige von zu Hause fortgelaufene Jugendliche, sowohl Jungen als Mädchen, verkauften an den Straßenecken ihren Körper, um ihre Sucht zu finanzieren; und die älteren jungen Leute, die verblichenen Blumenkinder der Nation, waren bemitleidenswert. Sie waren der Kunststoffwelt von Vater und Mutter entflohen, hatten sich jedoch ein eigenes, noch hoffnungsloseres und trostloseres Universum geschaffen.

Kelly Gordon war am Steuer, während ich die sich ständig im Kreis bewegenden Grüppchen entlang dem Bürgersteig beobachtete.

„Es sollte inzwischen anders sein", sagte ich. „Wir haben alles, was wir bekommen wollten. Wir haben Kies. Wir sind nicht verheiratet."

Kelly und ich kannten uns schon seit den Tagen in der Marine in San Diego, und wir waren beide etwa zur gleichen Zeit nach Hollywood gekommen. Er hatte im Showgeschäft so ziemlich alles ausprobiert, aber ohne Erfolg — bis er ein Lied dichtete.

Als ich es hörte, sagte ich zu ihm, es tauge nichts; er solle wieder anfangen, Schränke zu bauen, damit er seine Familie unterstützen könne. Aber am nächsten Tag überreichte er das Lied Frank Sinatra, und „That's Life" wurde zum Schlager. So gut waren meine musikalischen Ratschläge!

Kelly produzierte als nächstes eine Schallplatte mit dem Titel „Ode to Billie Joe", besungen von einer unbekannten Sängerin namens Bobbie Gentry, und danach hat er nicht wieder aufgehört, Schlager zu komponieren.

Ein Grund, warum unsere Freundschaft so viele Jahre angehalten hatte, war der, daß wir beide gern tranken. Aber in jener Zeit haben wir es mit dem Alkohol echt übertrieben.

„Schau dich an, du Hippie-Produzent!" lachte ich. „Du hast Haare, die dir bis zu den Fußgelenken reichen, und hast dir das Fell irgendeines Tieres um den Körper gehängt. Außerdem, was ist das für ein Vieh? Es stinkt! Und darunter bist du immer noch der gleiche, elende Kauz, der du schon immer warst." Ich sagte es nur halb im Scherz.

„Mensch, ich bin kein Kauz, Jones", protestierte Kelly. „Ich habe endlich entdeckt, worum es wirklich im Leben geht."

„Worum denn? Wann kommen wir dort an, wohin wir eigentlich wollten, als wir uns auf den Weg begaben, wir beide — zwei dumme Matrosen, die im USO sangen?"

Kelly hielt an einer Ampel an.

„Nun, sag's mir, Guru", wiederholte ich, dann fügte ich etwas leiser hinzu: „Und ich mach keine Späße, Kel. Ich brauch' unbedingt ein paar Antworten."

„Denk' nicht darüber nach, konsumiere einfach!" sagte Kelly. „Wenn es überhaupt eine Antwort gibt, dann die: Konsumiere, konsumiere!"

Ich starrte ihn verblüfft an. „Konsumiere? Das wäre also deine tapfere neue Philosophie — der Konsum? Das ist doch keine Antwort. Wenn es eine wäre, wäre ich doch der glücklichste Mensch auf Erden. Und schau dir einmal jene Säureköpfe dort drüben an. Das sind auch Konsumenten, oder? Sehen sie denn glücklich aus?"

Nach der Kreuzung fuhr Kelly in westlicher Richtung weiter auf Sunset.

„Nun, mehr gibt es nicht, Mann. Was kann man sonst machen? Entweder verbringt man sein Leben damit, zu konsumieren, oder man findet eine Sache, die man lernt, besser zu machen als jeder andere auf der Welt."

Niedergeschlagen schüttelte ich den Kopf. „Es ist gut, daß wir am Anfang nicht wissen, daß wir auch dann nicht weiterkommen, wenn wir angekommen sind."

„Was hast du am Erfolg auszusetzen?" fragte Kelly gereizt. „Du hast eben dem größten Showerfolg auf Broadway den Rücken gekehrt, obwohl du schon immer in so einer Show auftreten wolltest. Warum bist du dort weggegangen?"

„Kelly, weil", sagte ich bedächtig, „weil nichts, aber nichts halb so gut ist, wie man eigentlich erwartet."

„So ist das Leben eben", sagte Kelly und lachte vergnügt.

„Ja, richtig, und es geht weiter. Möchtest du eine traurige Geschichte hören? An dem Tag, als ich bei *Company* aufhörte, wartete ich im Hotelzimmer auf den Pagen, der mein Gepäck abholen sollte. Ich dachte darüber nach, was für eine dumme Enttäuschung die ganze Sache gewesen war — all das Schwitzen bei den Proben, dann vier Wochen lang noch mehr Proben in Boston. Dann, nach der Uraufführung in New York, erhielt ich in einem Restaurant eine Ovation, aber ich war zu deprimiert, als daß ich mich hätte darüber freuen können."

Als Kelly keine Reaktion zeigte, fuhr ich fort: „Nachdem ich Hal Prince gesagt hatte, daß ich gehen würde, saß ich dort in diesem Hotelzimmer und wartete auf den Pagen. Von irgendwoher — es hörte sich zuerst wie aus einem Radio an — fing eine Stimme an, »Being Alive« zu singen. Meine letzte Nummer aus dem letzten Akt, weißt du noch? Ich dachte, ich spinne. Ich mach' das Fenster auf, und im Gebäude nebenan, ein Stockwerk tiefer, da gibt dieser Junge mit allem, was er hat, eine Singprobe vor fünf oder sechs Burschen auf Stühlen mit hohen Rückenlehnen — und hofft, daß er eines Tages dorthin kommt, wo ich jetzt weggehe — und tut es mit meiner Schlußnummer! Unglaublich!"

„So ist eben das Leben", wiederholte Kelly.

„Sondheim schrieb »Being Alive«, um auszusagen, daß es besser ist, eine kaputte Beziehung zu haben, als allein zu bleiben und sich innerlich tot zu fühlen. Nun, ich saß da auf der Fensterbank und hörte zu, wie dieser Junge sang. Entweder würde er es nicht schaffen, wobei er dann immer der Meinung sein würde, der Erfolg hätte ihn glücklich gemacht, oder aber er würde 20 Jahre lang arbeiten und zum Star werden, aber nur um zu entdecken, daß alles Quatsch ist. Als der Page kam, um das Gepäck zu holen, blieb ich einfach auf der Fensterbank sitzen, bis dieser dynamische Junge mit »Being Alive« zu Ende war. Mann, er hat mir echt leid getan."

Kelly fuhr stillschweigend weiter. Als er endlich auf meine Worte einging, hatte ich beinahe vergessen, was das alles hervorgerufen hatte.

„Vielleicht ist es doch kein Quatsch, Mann", sagte er. „Vielleicht ist das keine traurige Geschichte." Dann sagte er: „Jones, laß uns doch ein paar junge Bienen finden."

Kapitel 5

Die Zitadelle

Schon früh in meiner Karriere war es so, daß ein Lichtfunke meinen Geist erhellte, wenn irgendeine großartige wissenschaftliche Leistung bekanntgegeben wurde oder wenn ich manchmal in die Augen meiner Tochter schaute und fühlte, wie ein warmer Hoffnungsstrahl mein Herz berührte.

Inzwischen aber waren solche Augenblicke rar geworden. Ich war zu der Überzeugung gelangt, die Wissenschaft sei kaum mehr als ein tröstlicher und beschwichtigender Ausdruck unseres Unwissens. Und Gott, wenn er in den Augen meiner Kinder oder auch sonst irgendwo lebte, war für mich ein großer, kosmischer Clown, der sich einen üblen Scherz erlaubt hatte, als er die Menschheit erschuf.

Der Schmerz meiner sehr persönlichen Hölle wuchs beständig; Erleichterung verschaffte mir nur momentan ein einträgliches Filmgeschäft oder eine neue Romanze.

Meine Stimmung war düster an dem Abend, als ich in einem mexikanischen Restaurant in Palm Springs Lory Patrick kennenlernte.

Lory war eine der schönsten Frauen, die ich jemals gesehen hatte. Während unserer Jahre in Hollywood waren wir uns zwei- oder dreimal flüchtig begegnet. Aber alles, was ich über sie wußte, war, daß sie ihre Karriere als Mannequin und Schauspielerin begonnen hatte und später dazu übergegangen war, Drehbücher für Fernsehprogramme und zuletzt auch für Filme zu schreiben.

An jenem Abend in Palm Springs entdeckte ich, daß sie eine starke Lebenskraft, eine entschiedene Meinung zu den meisten Themen und gleichzeitig eine Empfindsamkeit hatte, aufgrund derer sie sich schnell mit anderen identifizieren konnte. Neben unserer Karriere hatten wir noch etwas gemeinsam: in die Brüche gegangene Ehen. Lory hatte einen Sohn Michael, der die Vorschule besuchte.

In der Vergangenheit waren meine Romanzen nach einem ziemlich vorhersagbaren Schema abgelaufen, aber bei Lory gab es nichts, was man hätte vorhersagen können. Sie faszinierte mich; und in den kommenden Monaten wurden wir unzertrennlich. Wir machten gemeinsame Reisen in mehrere Teile der Welt.

Bei einer Reise durch Haiti trug sich eine Begebenheit zu, die ich, so sehr ich es auch versuchte, logisch nicht einordnen konnte und die über Jahre hinaus mein Denken beeinflußte. Jetzt, wenn ich daran zurückdenke, sehe ich sie als eine Art Anfang.

Wir mieteten in Port-au-Prince ein Auto mit Fahrer und fuhren nach Cap Haitien. Eines Morgens stiegen wir auf kleine, zum Klettern geeignete Maultiere, die Nachfahren von denen, die 150 Jahre zuvor von Napoleons Armee herübergebracht wurden. Von einem einheimischen Reiseleiter begleitet, nahmen wir den einen halben Tag in Anspruch nehmenden Aufstieg zur „Zitadelle" in Angriff, d. h. zu der Burg, die der erste schwarze König von Haiti, Henri Christophe, oben auf einem Berg gebaut hatte.

Nachdem er 1811 die Soldaten Napoleons niedergemetzelt und ihre Leichen ins Meer geworfen hatte, bekam Henri Christophe eine derart verzweifelte Angst vor den Vergeltungsmaßnahmen, die Bonaparte vielleicht ergreifen würde, daß er die erbeuteten französischen Kanonen — ganze 365 — nahm und sie in einer unmöglich einzunehmenden Burg oben auf einem der höchsten Gipfel Haitis aufstellte. Dann, zu einem Zeitpunkt, als er sich hätte dank seiner Zitadelle sicher und aller Gefahren entledigt fühlen sollen, jagte sich König Christophe ironischerweise eine silberne Kugel durch den Kopf.

Als wir auf dem Pfad um eine leichte Kurve ritten, fing der ganze Dschungel plötzlich zu singen an. Zehn, zwölf, vielleicht fünfzehn Flöten spielten, wobei sie alle durch einen tiefen, lauttönenden Zwei-Ton-Rhythmus vorangetrieben wurden. Trotz der Harmonie verursachten die Klänge, die wie etwas Lebendiges um uns herumschwirrten, ein Gefühl des Unbehagens.

Als ich an einer breiten Stelle des Weges anhielt und Lory bedeutete, sie solle neben mir anhalten, wurde plötzlich, gleichsam auf magische Weise, ein kleiner schwarzer Junge sichtbar, der nicht mehr als ein Meter groß gewesen sein kann. Dann noch einer und noch einer, bis wir von winzigen Flötenspielern umgeben waren, von denen der älteste kaum älter als 13 gewesen sein kann.

Die Musik hörte abrupt auf. Die Kinder warteten mit starrem Blick. Ich griff in meine Tasche, und sie schritten murmelnd vor, sich nach den Zehn-, Fünf- und 25-Cent-Stücken ausstreckend, dann traten sie zurück und begannen mit dem letzten Satz ihres Zauberspiels.

„Wo wohnen sie denn?“ fragte ich unseren Reiseleiter.

Er winkte mit der Hand. „Im Forst.“

Ich lehnte mich zu Lory hinüber und flüsterte: „Wahrscheinlich sind sie Leibeigene der Flötistengewerkschaft von Cap Haitien.“

„Ja“, sagte sie mit einem Lachen. „Sie fahren sie jeden Morgen in einem Bus hierher.“

Eine nach der anderen blieben die Flöten hinter uns zurück, bis nur ein einziges Trillern in hoher Tonlage blieb, eine einsame Begleitung beim steilsten Abschnitt des Aufstiegs. Der Berg ragte jetzt abrupt empor, und unsere Maultiere setzten ihre Hufe nur vorsichtig auf, auf eine Nische oder eine Rille hoffend, womit sie unser und das eigene Gewicht einen weiteren Fuß nach oben stemmen könnten.

Unsere Stimmung wurde ernst, als der Pfad enger wurde und schließlich nur noch einige Fuß breit war, so daß wir auf der einen Seite von der felsigen Böschung, auf der anderen Seite von unversöhnlicher Leere eingeschlossen waren. Und ein Felsbrocken, der dummerweise über den Rand rollte, ließ mehrere Sekunden lang nichts von sich hören, bis er weit unten leise auf einen anderen Teil des Berges stieß.

Es war beinahe Mittag, als der Pfad einen lang hingezogenen Bogen nach rechts machte und wir zum ersten Mal unser Ziel erblickten. Aus der Ferne sah die Zitadelle harmlos aus, da die Umrisse von Laub und von einer gelegentlichen Wolkendecke weicher gemacht wurden.

Als wir aber näher rückten, so daß der riesige Schatten auf uns fiel, ragte das Gebäude, ominös wegen seiner Form und seines arroganten Mauerwerks, 100 Fuß über uns in die Höhe, und sein wahrer Charakter wurde offenbar. Es war zum Töten entworfen. Nachdem es Tausende von Männern, die am Bau gearbeitet hatten, vernichtet hatte, wäre es bereit gewesen, jede Armee aus dem 19. Jahrhundert hinzumorden, die sich, ein Soldat hinter dem anderen, gegen seinen massiven Bug geworfen hätte.

Die Burg war wie ein großes, verdrehtes Schiff gebaut, wobei der aus dem Felsen gehauene Bug sich dem einzigen Pfad, der am schroffen Abgrund hinaufführte, entgegenstreckte.

Wir banden die Maultiere fest und betraten, unser Picknick-Mittagessen fest umklammert, durch eine kleine, verwitterte Eichentür die Burg. Innerhalb des dicken Gemäuers war alles stockdunkel.

Wir stiegen über eine breite, steinerne Rampe nach oben und wandelten durch ein Labyrinth von Gängen und triefenden Kammern, wobei nur gelegentlich etwas Licht von irgendeinem Innenhof durchschimmerte. Als wir die Etage erreichten, wo die Kanonen aufgestellt waren, fanden wir sie mit Ketten und Rost und mit schweren hölzernen Einfassungen vor; am steinernen Fußboden waren mit Bolzen eiserne Gleitbahnen befestigt, damit die Geschütze durch enge Öffnungen geführt werden konnten. Überall standen die verzierten französischen Kanonen. Lory wies mit dem Finger auf die in Bronze gegossene Gestalt eines grotesken Ogers, dessen knurrender Mund offen war, um das schwarze Zündpulver und die Fackel, mit der es angezündet werden mußte, aufzunehmen.

Wir überquerten eine kleine Holzbrücke und bestiegen eine enge Hängetreppe in der Hoffnung, einen hohen Punkt zu erreichen, von wo aus wir den ganzen Bau überblicken könnten. Wir klammerten uns dabei an die schräge Innenseite einer hohen, mit Wein umrankten Brüstung, bis wir endlich oben ankamen und in die Luft und das Licht der Sonne hervorbrachen. Von hier aus bot sich uns ein Ausblick über Hunderte von Meilen von üppigem, grünem Dschungel.

Dort fing der Tag wirklich an. Wir vergaßen die tragische Geschichte von Henri Christophe und picknickten oben auf dem dicken Gemäuer, zur einen Seite hin das dem Wetter ausgesetzte Innere der Zitadelle, zur anderen Seite hin der mehrere hundert Fuß steil abfallende Berghang. Wir lachten. Ich konnte Lorys munteren Optimismus nicht ergründen, aber es kam mir wie ein Tag vor, an dem, wohin ich mich auch wandte, ein Bild gemalt und jedes Wort, das ich hörte, aufgeschrieben werden müßte.

Vielleicht existierte doch noch etwas Edles und Vorurteilsfreies auf der Welt.

Lorys Gelächter hallte über die Mauern und Türme und trotzte der finsteren Burg des schwarzen Königs.

Ich schaute ihre Hände an. Nicht einmal ihre Arthritis konnte ihre gute Laune dämpfen. Früher an jenem Morgen hatte ich ihre angeschwollenen, unbiegsamen Finger massiert, aber jetzt hatten sich die Schmerzen auf ihren rechten Ellbogen und ihre rechte Schulter ausgedehnt. Ich wußte, daß sie Schmerzen hatte, obwohl sie jeden Tag 20 bis 30 Aspirintabletten einnahm, und bewunderte ihren trotzigen, widerstandsfähigen Geist.

Wir beendeten unser Mittagessen und standen auf.

Während wir dort entlanggingen, erkannten wir, wie die Psychose des Königs auf allen Seiten für Schutz gesorgt hatte. Zu unserer Linken, innerhalb des unbeweglichen Schiffes, befand sich Christophes Allerheiligstes — von einem Burggraben umgeben und mit einer Zugbrücke versehen, an allen Ecken mit Brustwehren für seine besonderen Schildwachen.

Dieser Mann starb nicht durch eine silberne Kugel", sagte ich. „Er starb vor Furcht."

Das massive Gemäuer, auf dem wir jetzt gingen, war unglaublich breit: Es hätten zwölf Männer nebeneinander Platz zum Marschieren gehabt. Und flach und präzise gebaut bis zum Rand, von wo aus es Hunderte von Fuß jäh abfiel bis zum dichten Dschungel darunter.

Wir blieben stehen, um den Ausblick auf die in der Ferne emporragenden, schimmernden Berggipfel zu genießen, waren jedoch schockiert, als wir plötzlich von einer feuchten, grauen Wolke ganz umhüllt wurden, die uns von hinten überraschte. Sie erdrosselte die Sonne und ließ uns außer dem festen Gestein unter unseren Füßen keinen Orientierungspunkt mehr übrig.

„Wir sollten uns hier oben nicht mehr bewegen, bis sich dieser Nebel lichtet", sagte ich ein wenig beunruhigt.

Aber die Wolke wurde dichter. Die scharfe Grenzlinie, der Rand der Mauer, war nicht mehr sichtbar, der Dunst ließ die grauen Steine und das weit unten liegende grüne Laub ineinander übergehen. Jetzt verschwand das Innere des Schlosses ganz und gar.

„Hoffentlich dauert das nicht lange", sagte ich. „Wenn wir den Weg zurückfinden wollen . . ."

Aber Lory, die einen Augenblick vorher unweit meiner rechten Schulter gestanden hatte, war verschwunden!

„Lory, wo bist du?" rief ich mit plötzlicher Angst. „Bewege dich hier oben nicht. Es ist zu gefährlich."

Es gab keine Antwort.

Da ich dort, wo die Mauer in den Dschungel abfiel, einen undeutlichen Umriß erkannte, sagte ich: „Lory, bewege dich wieder in diese Richtung!" Nur ein Schritt in die andere Richtung — das war alles, was sie von einem Sturz aus 200 Fuß Höhe und dem sicheren Tod trennte.

Ich ging schnell auf sie zu, während sie in die Wolke hinabstarrte, und legte ihr einen Arm um die Taille. Mit einer einzigen Bewegung drehte sie sich plötzlich von der Kante weg und fiel mir zitternd an die Brust.

,,Ich kann es nicht glauben", murmelte sie atemlos, als hätte sie — wie Hamlet — im Nebel irgendein furchterregendes Gespenst gesehen.

,,Was ist los? Was ist passiert?"

Ein weiterer tiefer Schauder ergriff sie, und sie vergrub ihr Gesicht noch tiefer in meine Schulter, wie ein Kind, das einem Alptraum entfliehen will.

,,Was hat dir denn Angst gemacht?"

Sie antwortete verwirrt: ,,Ich fühlte — ich fühlte, wie mich etwas zum Rand hinzog!"

Spontan warf ich einen Blick auf den hinter ihr liegenden Rand. Er sah beinahe einladend aus, die verschiedenen Grautöne erstreckten sich bis in die bequeme Weichheit der Wolke hinein.

,,Ist dir schon einmal so etwas passiert?" fragte Lory eindringlich. ,,Es war unglaublich stark."

Indem ich etwas über die Beeinflußbarkeit unseres Geistes murmelte und mich gleichzeitig an eine Voodoo-Zeremonie erinnerte, die wir zwei Abende zuvor beobachtet hatten, versuchte ich, nüchtern zu klingen: ,,Mach dir keine Sorgen darüber, als ob du hier oben von irgendeinem Spuk erwischt werden könntest. Allerdings, es ist ein bißchen unheimlich hier. Geht es dir jetzt wieder gut?"

,,Ich habe Angst", sagte sie.

Ich legte meine Jacke um ihren zitternden Leib, und wir schmiegten uns in der Feuchtigkeit eng aneinander.

,,Nun, eins kann ich dir mit Sicherheit sagen", begann ich und erkannte, daß ich flüsterte.

,,Eins?" fragte Lory.

,,Ja", sagte ich laut. ,,Wir bewegen uns nicht von der Stelle, bis wir *sehen* können."

,,Schau!" Lory wies mit dem Finger auf einen Sonnenstrahl, der glänzend auf uns zugeschossen kam. Und plötzlich wurden wir in einen hellen Lichtstrahl getaucht, der erst düster wurde und dann immer heller, bis sich die Wolke beinahe so schnell, wie sie gekommen war, auflöste und verschwand.

,,Wenn wir in Hollywood besondere Effekte hätten wie diesen, könnten wir ein Vermögen verdienen", sagte ich, als die riesige Burg wie durch ein Wunder wieder zum Vorschein kam.

Unseren Reiseleiter Francois fanden wir auf der Etage wieder, wo die Kanonen aufgestellt waren, und er meinte, wir müßten sofort wieder den Berg hinabreiten, damit wir vor Einbruch der Dunkelheit unten ankämen.

„Wir sind fertig“, sagte ich, „aber ich möchte gern noch einige Minuten Zeit nehmen, um die bronzenen Reliefs auf einigen dieser alten Geschütze zu fotografieren.“

Francois blickte nicht sehr glücklich auf seine Armbanduhr, nickte aber mit dem Kopf.

Wir begaben uns durch verfaulendes Holz und feuchtes Moos und Rost von einer Brustwehr zur anderen. Überall gab es Fäulnis, nur bei den Kanonen nicht. Da sie aus Bronze gegossen waren, überlebten sie Pferde, die Streitwagen und die Kriegsgötter. Um das dicke Ende eines der Geschütze erstreckte sich ein groteskes Gesicht, eine Aufzugskette um die hervorgestreckte Zunge gewickelt, wobei die dichten Haare am Lauf hinunterflossen und verschwanden, aber nur um wieder hervorzubrechen als knurrender Drache, dessen bösartiges Maul die Laufmündung war.

Während wir gingen, begann unser Führer locker zu reden.

„Wissen Sie, was dort oben passiert ist, wo Sie die meiste Zeit verbrachten?“ fragte er. „Es steht in den Büchern geschrieben.“

„Was denn?“ fragte ich, während ich versuchte, für eine Nahaufnahme, bei der sowohl die Laufmündung als auch das Zündloch einer zwölf Fuß langen Kanone zu sehen sein sollten, die Bildschärfe einzustellen.

Eines Tages hatte König Christophe zwei deutsche Generäle zu Gast und wollte ihnen zeigen, wie gehorsam seine Truppen waren. Also befahl er einer Gruppe von Soldaten, dort oben auf das Gemäuer zu steigen, wo Sie jetzt waren.“

Ich machte die Aufnahme, und wir gingen weiter.

„König Christophe befehligte die Truppen persönlich“, sagte Francois, „und ließ sie am höchsten Punkt hin und her marschieren.“

Lory und ich fingen jetzt an, konzentriert zuzuhören, da uns die Vorstellung faszinierte, daß dort oben auf jenen prekären Höhen eine Truppe ein geschlossenes Exerzieren durchführen könnte.

„Dann“, fuhr Francois fort, „befahl ihnen der König, direkt auf den Rand der Mauer zuzumarschieren — an der Seite, die zum Dschungel hin abfällt — und erteilte ihnen keinen Befehl mehr zum Haltmachen. Sie marschierten über den Rand und fanden alle den Tod.“

Wir blieben stehen und starrten ihn ab.

„Sie fanden alle den Tod“, wiederholte er, als hätten wir ihn nicht verstanden. „Sie marschierten von der Mauer.“

Ich schritt zu Lory zurück und faßte sie an der Hand. „Ein bißchen schwer zu glauben", sagte ich und versuchte dabei, einen lässigen Ton anzuschlagen.

„Ich weiß es nicht", sagte Francois mit einem Achselzucken, „aber ich glaube daran. König Christophe war verrückt. Die einzige Frage ist: Warum würden die Männer von der Mauer marschieren, auch wenn es ihnen ein König befahl?"

„Es sei denn, etwas hätte sie über den Rand gezogen", sagte Lory beinahe im Flüsterton.

Francois schaute sie schnell an, dann wandte er seinen Blick ab und drehte sich in Richtung Treppe um.

„Kommen Sie, bitte", sagte er. „Wir müssen vor Einbruch der Nacht unten angekommen sein."

Kapitel 6

Ein zweiter Beweis

Während sich unsere Liebesaffäre entwickelte, erlebten Lory und ich in jedem Land, das wir gemeinsam besuchten, Spannendes. Und erst eine Woche nach unserem Besuch in Haiti ereignete sich ein zweiter, unerklärlicher Vorfall.

Uns wie normale Touristen verhaltend, mieteten wir für die halbstündige Fahrt zur Our Lady of Guadalupe-Kathedrale am äußeren Rand von Mexiko-Stadt ein Auto. Lory war abgefallene Katholikin, die sich jetzt mehr für die Astrologie interessierte, aber sie hatte ihren Wunsch, dieses alte Heiligtum aufzusuchen, nie vergessen.

Das eine Ende des Gebäudes war auf dem ausgetrockneten Grund eines Binnensees gebaut worden und sackte im Laufe der Jahrhunderte immer tiefer in den Lehmboden ab. Wir beobachteten, wie mehrere Pilger auf den Knien mühsam vorwärts und vorbei an einer Gruppe von Arbeitern rutschten, die — bisher mit wenig Erfolg — versuchten, die sinkenden Fundamente mit einer Strebe zu stützen.

Im Inneren hatte der Fußboden vom Altar weg eine starke Neigung, was die großartige Leistung des Architekten auf unnatürliche Weise verzerrte. Die Kathedrale war eindrucksvoll, aber trotz all ihrer Schönheit konnte ich nicht umhin, darüber nachzudenken, was für ein Denkmal des überwuchernden Aberglaubens der Menschheit sie sei.

Wir gingen langsam nach vorne und auf einen Priester zu, der für eine kleine Gruppe von Gottesdienstbesuchern eine Messe las, und blieben dann am Nebenaltar stehen, um zuzuhören. Nachdem er etwa fünf Minuten auf Spanisch gesprochen hatte, wechselte der Priester die Sprache und redete auf Englisch weiter.

„Wenn jemand eine Heilung braucht“, sagte er, „sollte er jetzt darum beten.“

Lory berührte meinen Arm. „Laß uns Gott bitten, meine Arthritis zu heilen."

Als sie an jenem Morgen aufgewacht war, waren ihre Hände besonders verknotet und unbeweglich gewesen. Ihr Arzt in Los Angeles hatte gesagt, er könne nichts anderes dagegen unternehmen, als schmerzlindernde Mittel zu verschreiben. Darum hatte Lory bisher keine andere Wahl gehabt, als immer mehr Aspirintabletten einzunehmen, während die Schmerzen immer schlimmer wurden.

„Sicher, laß uns beten", willigte ich ein. „Was können wir dabei verlieren?"

Ich versuchte, meine Skepsis vorübergehend auszuschalten, und neigte lange genug das Haupt, um in meinem Geist die Worte zu bilden: „Gott, heile bitte Lorys Arthritis."

Da Lory im Gebet vertieft blieb, schaute ich im höhlenartigen Innenraum der Kathedrale um mich und dachte daran, wie unwirksam der Raum ausgenutzt werde und wie unmöglich es sei, den Bau zu beheizen.

Als wir wieder draußen waren, sagte Lory: „Ich glaube, es ist da drinnen etwas geschehen."

„Wie meinst du das?"

„Ich weiß es nicht genau", sagte sie. „Ich fühle mich einfach anders. Etwas ist geschehen."

Großzügig drückte ich ihr die Schulter. „Das ist wunderbar, mein Schatz. Ich bin wirklich glücklich darüber." Wenn sie sich aufgrund eines Gebetes besser fühlte, dann war die Zeit nicht umsonst verbracht.

Aber jenes Gebet hatte eine großartigere und anhaltendere Wirkung, als ich es für möglich gehalten hätte. Drei Tage später waren Lorys Hände vollkommen biegsam und schmerzfrei.

Normalerweise hatte sie vormittags schlimmere Schmerzen. Da sie aber bis zur Mittagszeit keine Beschwerden hatte, untersuchte ich ihre Hände noch einmal. Sie sahen so aus wie sonst immer, nur waren vielleicht die Gelenke ein bißchen weniger angeschwollen und gerötet.

„Aber ich habe immer noch keine Schmerzen!" sagte Lory begeistert. „Gott hat unser Gebet erhört! "

Meine Reaktion schwankte zwischen ruhiger Anerkennung und vollkommenem Zweifeln. Ich nickte mit dem Kopf und murmelte Worte wie *unglaublich* und *phantastisch*, umarmte sie dann aber schnell, ehe sie in meinem Blick den Unglauben erkennen konnte.

Immerhin verging erst ein Tag, dann ein zweiter, dann ein dritter, ohne daß Lory ihre schmerzlindernden Tabletten einnehmen mußte. Erstaunlicherweise mußte ich am Ende der Woche, während wir draußen auf unserem Balkon saßen und die Clowns und die vorbeimarschierenden Kapellen des Cinco-de-Mayo-Umzugs in Mexiko-Stadt beobachteten, feststellen, daß ihre Knöchel normal geworden waren. Waren aber große Knöchel nicht das Ergebnis einer Kalkablagerung? Wie konnte so etwas einfach verschwinden?

Der menschliche Geist ist ein unglaubliches Werkzeug, dachte ich. Lory hat sich selber davon überzeugt, daß sie geheilt ist, und jetzt hat ihr Geist es tatsächlich geschafft.

Mehrmals jedoch, noch bevor wir Mexiko-Stadt verließen, begann ich *daran* zu zweifeln. Das heißt: Vielleicht handelte es sich doch um ein Wunder. Wenn Arthritis durch irgendeine Einstellung oder ein Gefühl wie Haß, Furcht oder Unversöhnlichkeit ausgelöst wird, dann ist es ein noch größeres Wunder, wenn jemand davon geheilt wird, denn psychosomatische Krankheiten sind bekanntlich schwieriger zu behandeln. Wenn etwas Lorys Einstellung verändert hätte, dann wäre das noch phantastischer, als wenn etwas ihre Hände verändert hätte!

Am Flughafen, während wir auf den Rückflug nach Los Angeles warteten, griff Lorys Hand nach der meinen.

„Sag's mir noch einmal", sagte ich. „Fühlten sich deine Hände sofort anders an, als wir dort in der Kirche beteten?"

„Nein", antwortete sie.

„Aber du sagtest, es sei dort etwas geschehen."

„Nichts Körperliches", erwiderte sie. „Es veränderte sich etwas in mir drin. Es war — wie ein Verstehen."

„In deinem Geist also", hob ich hervor. „In deinem Geist hast du *beschlossen*, daß sich etwas verändern sollte."

„Sozusagen ... nur hab' nicht *ich* es beschlossen. Ich habe es einfach gewußt."

Sie hat es einfach gewußt. Es spielte sich in ihrem Geist ab. Aber wo lag die Verbindung? Was hatte dieses „Wissen" verursacht?

Ich konnte keinesfalls annehmen, daß Lory wirklich „gebetet" hätte, auch nicht, daß ein Etwas außerhalb ihres eigenen Ichs, etwa Gott, ihre Bitte tatsächlich erhört und beschlossen hätte, in ihrem Fall auf alle Naturgesetze hinsichtlich von Arthritis befallener Hände zu verzichten und ihr ins Ohr zu flüstern: „Geht alles in Ordnung."

Vielleicht hätte ich es schon ganz gerne geglaubt. Als Kind hatte ich daran geglaubt, und der Gedanke war tröstlich. Hat sich die Menschheit nicht durch Äonen der Zeit hindurch danach gesehnt, einen Gott zu haben?

Nachdem wir an Bord des Flugzeugs gestiegen waren und es uns auf unseren Plätzen bequem gemacht hatten, entnahm ich einer Tüte ein Exemplar von Hermann Hesses *Das Glasperlenspiel.* Sein Held hatte geschrieben: ,,Nichts entzieht sich der Darstellung durch Worte so sehr und nichts ist doch notwendiger, den Menschen vor Augen zu stellen, als gewisse Dinge, deren Existenz weder beweisbar noch wahrscheinlich ist.''

Was sollte das bedeuten? fragte ich mich. Etwas, das nicht beweisbar sei, sei gleichzeitig ,,notwendig''? Es ist doch traurig, wenn wir etwas benötigen, das nicht existiert. Kann es sein, daß man in der Tatsache, daß wir Gott brauchen, einen Kleinstbeweis für seine Existenz finden könnte?

Ich dachte darüber nach.

Auf jeden Fall habe sich dort in jener mexikanischen Kathedrale etwas als real erwiesen, das mehr als nur ein Bedürfnis gewesen sei, sagte ich mir. Lory hat keine Schmerzen mehr. Und erst eine Woche zuvor hatte sich auch auf dem Mauerwerk von Henri Christophes Burg etwas zu erkennen gegeben. Es war ungesehen, unsichtbar — und dennoch eindeutig vorhanden. An einer Stelle, wo schon eimmal eine Truppe von Soldaten in den Tod gestürzt war, war Lory wie von einem Magneten einem sicheren Tod entgegengezogen worden.

Meine Gedanken rasten schneller als das Flugzeug. Das Buch fiel mir auf die Knie. Sogar Hermann Hesse, der der Meinung war, kein Mensch könne den moralischen Forderungen herkömmlicher Frömmigkeit gerecht werden, hatte erkannt, daß der Mensch durch Akte der Einbildungskraft in einen Bereich entfliehen kann, den er das ,,Land der Unsterblichen'' nannte — in den Bereich des Geistes also. Nur stellte Hesse jene Welt des Geistes als eine bloß herbeigesehnte Illusion dar.

Vielleicht hatte sich Lory Patrick danach gesehnt, ihre Hände geheilt zu bekommen, aber ich konnte keinen Augenblick daran glauben, daß sie sich danach gesehnt hätte, von der Mauer der Zitadelle zu springen. Das wäre ihrem ganzen Wesen fremd.

Davon ausgehend, daß etwas, das einen Menschen zu einem Sturz aus 200 Fuß Höhe und somit zum sicheren Tod verleiten könne, kein ,,guter'' Einfluß sei —; und da ein grundlegendes und universal gültiges Gesetz vorschrieb, daß ,,jeder Wirkung einer gleich starken und gegensätzlichen Gegenwirkung entspreche" —, dann müsse es notwendigerweise als Gegenpol zu dem, was Lory erlebt hatte, etwas Nicht-Böses geben. Es müsse eine gute geistliche Macht existieren. Ob aber diese gute geistliche Macht *Gott* sei? Ein Gott etwa, der arthritische Hände heilt?

Auf dem College hatte ich gesagt, Gott existiere nicht. Während ich jedoch älter wurde, hatte ich mich zunehmend über Ihn geärgert, weil Er die Welt aus meiner Sicht kaputt gemacht hatte. Ich konnte aber nicht gleichzeitig beide Standpunkte vertreten. Existierte Er nicht, dann müßte ich zusammen mit dem Rest der Menschheit meinen Teil der Verantwortung für diese Hölle auf Erden übernehmen — oder aber zu der gleichen schauderhaften Schlußfolgerung gelangen wie Baudelaire, der gesagt hatte: ,,Wenn Gott existiert, dann ist er der Teufel."

Wie konnte aber Gott gut sein und dennoch die Welt in ihrem gegenwärtigen Zustand belassen?

Ich hob das Buch wieder auf und versuchte, mich zu konzentrieren. Obwohl Thomas Mann in seinem Vorwort darauf hingewiesen hatte, daß Hermann Hesse, als er *Das Glasperlenspiel* verfaßt hatte, die ,,feierlich-ernsthafte Gesinnung des Gelehrten" nur parodierte, hatten die Menschen es nicht gewagt, darüber zu lachen. Stattdessen hatten sie ihn mit dem Nobelpreis ausgezeichnet.

Hesse brachte die erschreckende und mißliche Lage des modernen Menschen zum Ausdruck — er braucht ,,gewisse Dinge, deren Existenz nicht beweisbar ist". Da er aber an deren Existenz nicht vorbehaltlos glauben konnte, sah er sich gezwungen, alles, was mit dem geistlichen Bereich zu tun hatte, mit einem Kokon der Parodie und der Illusion zu umgeben, um seine intellektuelle Integrität zu bewahren.

Der arme Kerl. Seine Position war unhaltbar, und ich konnte unmöglich noch eine hoffnungslose Scharade akzeptieren. Ich lebte schon jetzt mit genug Illusionen.

Ich legte das Buch beiseite, ergriff Lorys Hand und küßte sie. Sie schmiegte sich an meine Schulter und flüsterte: ,,Ich liebe dich sehr."

,,Darüber bin ich froh", erwiderte ich, während ich auf ihre Hände herabschaute. ,,Denn ich liebe dich mehr, als du es überhaupt wissen kannst."

Als wir in Los Angeles landeten, hatte ich schon zwei Stunden geschlafen und wußte mit hundertprozentiger Gewißheit nur noch eins: Lory Patrick hatte keinerlei Schwierigkeiten mehr mit Arthritis.

Als wir mehrere Wochen danach ihren Arzt aufsuchten, zog er ungefähr die gleiche Schlußfolgerung.

„Ich weiß nicht, ob Gott es war, der Sie heilte, Lory", sagte er, „aber Sie hatten jedenfalls einen Arthritis-Befund, der anscheinend jetzt verschwunden ist. Es gibt einige Dinge, die wir Mediziner einfach nicht erklären können."

Wer sollte sie aber dann erklären?

Es gab nur eine Antwort auf meine Fragen: sie zu vergessen. Dieses Vorhaben, untätig zu bleiben, hatte mir im Laufe der Jahre gut gedient. Im Vergessen war ich zum Experten geworden. Als mich jemand einmal fragte, wie es möglich sei, bei Filmaufnahmen eine lange Rolle zu behalten, hatte ich erwidert: Es sei leicht, sich an alles zu erinnern; Hauptsache, man könne auch vergessen.

Kapitel 7

Psychoanalyse in Venedig

Sowohl Lorys Heilung wie auch der furchterregende Vorfall hoch oben auf der haitianischen Burg gingen nahtlos und ohne auch nur das leiseste Gemurre in das folgende Jahr über. Obwohl diese Begebenheiten unerklärlich und zutiefst miteinander unvereinbar waren, mußten wir sie irgendwie einordnen; und da Lorys Schmerzen nie wiederkamen, fing ich an, mich zu fragen, ob sie jemals in Wirklichkeit Arthritis gehabt habe.

Unsere Romanze trat jetzt in eine stürmische Phase, die bisweilen Zwischenfälle, zumeist Streitereien, hervorrief, die auf deprimierende Art und Weise vertraute Erinnerungen an meine Vergangenheit weckten. Einige unserer Streitigkeiten wurden ausgesprochen gefährlich. Eines Abends warf ich sie buchstäblich hinaus auf den Flur des Hotels, und einmal sprang sie auf die Haube des Autos, das ich gerade fuhr, und zerschmetterte mit ihrem Schuhabsatz die Windschutzscheibe. Die „schönen" Menschen sind nicht immer sehr hübsch.

Ironischerweise begannen viele unserer heftigsten Kämpfe damit, daß wir uns über psychologische Beweggründe und über „Dachschäden" — die sie bei mir vermutete — unterhielten. Lory war davon überzeugt, daß viele Menschen durch ihr „inwendiges Kind der Vergangenheit", d. h. durch die Einstellungen und Zwischenfälle der Kindheitsjahre, gefangengehalten werden; und daß ihre Fähigkeiten als Erwachsene wegen ungesunder Gewohnheiten und Verhaltensmuster begrenzt und weniger lohnenswert seien.

Das konnte ich natürlich akzeptieren. Schwer anzunehmen hingegen war Lorys offensichtliche Überzeugung, sie habe in diesem Leben die Berufung, meine Psyche tiefschürfend und ohne fremde Hilfe zu analysieren. Ihre eigene Kindheit in der Armut von West Virginia blieb dabei aus allen Gesprächen ausgeklammert, denn sie beherrschte vollkommen die Kunst, das Thema zu wechseln; aber mein Leben, vom Mutterleib an bis zur Pubertät, war ein weites Gelände, das sie mit Vorliebe erforschte.

Während wir einmal in einem altmodischen Café in Venedig zusammensaßen, brachte sie ihre Neugierde zum Ausdruck über die Art, in der mich meine Verwandten behandelt hätten, als ich ein Junge war.

Meine Mutter war eine sanftmütige und wunderbare Frau, die auf das 20. Jahrhundert überhaupt nicht eingestellt war. Als Tochter eines Landarztes im Norden Alabamas war sie im verzärtelnden Kleinstadtstil aufgewachsen und rechnete damit, ihren eigenen Sohn auf die gleiche Art erziehen zu können. Darin fühlte sie sich gerechtfertigt, denn nachdem sie bei meiner Geburt fast umgekommen war, hatten die Ärzte es ihr unmöglich gemacht, weitere Kinder zu bekommen. Ich war also ihre einzige Gelegenheit, und sie verwöhnte mich maßlos.

Das Problem wurde noch komplizierter durch neun zusammenhaltende, aber kinderlose Tanten und Onkels, die mich während ihrer Familientreffen in die Mitte stellten und erwarteten, daß ich wie ein junger Weiser auf alle Fragen Antwort geben sollte.

„Dean, was hast du über die Leuchtkäfer gesagt?“ fragte Tante Helen.

„Ich hab' einige gefangen.“

„Nein, weißt du es nicht mehr?“ flüsterte mir Tante Lois zu. „Du hast gestern abend auf der Veranda das Licht angemacht. Warum hast du das Licht angemacht?“

„Damit die Batterien der Leuchtkäfer nicht leer wurden“, erwiderte ich dann.

Alle lachten und gingen zu Deans nächster reizender Tat über. Dean tat dies. Dean tat das. Dean konnte nichts Unrechtes tun. Bis zu meinem sechsten Lebensjahr nannte ich mich sogar selbst „Dean“. („Dean möchte einen Keks“, oder „Dean möchte nach draußen gehen.“)

Dieses zerstörerische Verhalten richtete bei mir schon genug Schäden an; aber irgendwann im Verlauf der ganzen Entwicklung wurde meinem Vater bewußt, was für eine Bestie dadurch geschaffen wurde. Bei seinem Bemühen, den Schaden rückgängig zu machen, griff er auf übermäßige Strenge zurück. In Vatis Augen konnte ich nichts mehr richtig machen. Von ihm erfuhr ich scheinbar nur noch Tadel und Strafe.

Da ich also die Spannung zwischen den unnatürlichen Extremen der vorbehaltlosen Annahme einerseits und der kompromißlosen Disziplin andererseits aushalten mußte, wechselten sich bei mir eine gewaltige Arroganz und äußerst ungesunde Minderwertigkeitsgefühle gegenseitig ab.

Nach dem Abendessen spazierten Lory und ich durch die engen Straßen Venedigs und auf den Canale grande zu, wobei sie mich auf der Grundlage der neuen Eingangsinformationen mit einer weiteren skizzenhaften Darstellung meiner psychischen Probleme traktierte.

„Wenn einem Kind so viel Aufmerksamkeit gewidmet wird", sagte sie, „kann es eine verzerrte Sicht der Liebe bekommen."

Lory hatte mehrere Bekannte, die berühmte Psychiater waren, aber bei informellen Gesprächen glänzte sie eher mit ihren Instinkten als mit ihrer Ausbildung.

„Wenn ein Kind sieht, daß die Aufmerksamkeit, die ihm gewidmet wird, den Nöten dessen entspringt, der sie ihm widmet", fuhr sie fort, „ärgert es sich instinktiv darüber und fängt an, sie zu seinen eigenen Zwecken auszunutzen. Und wenn es dann beginnt, selbst Gefühle wie die Liebe zu empfinden, lehnt es sie aller Wahrscheinlichkeit nach ab, weil es sie sofort mit dem Manipuliert- oder Angelogenwerden in Verbindung bringt."

„Oder mit dem Gefangensein", fügte ich mit einem Lächeln hinzu.

„Oder mit dem Gefangensein", sagte sie. „Das Kind lernt nie, Liebe zu empfangen, ohne sich gleichzeitig durch sie gebunden zu fühlen."

Wir blieben auf einer Brücke über einem schmalen Kanal stehen, und ich küßte sie voll auf den Mund.

„Möchtest du denn, daß ich immerzu deine Liebe annehme, ohne mich auch nur ein bißchen für dich verantwortlich zu fühlen?" fragte ich.

Sie hielt inne und versuchte, meine Stimmung abzuschätzen.

„Nein", sagte sie dann und machte die Stimme eines kleinen Mädchens nach. „Wie der Fuchs zum Kleinen Prinzen sagte: »Ich möchte, daß du verantwortlich bist . . . für mich.«"

Während wir an jenem Abend weiter durch die engen Straßen und Gassen von Venedig spazierten, machten wir so oft Pausen, um uns alkoholische Getränke zu kaufen, daß wir um Mitternacht beide betrunken waren und uns heftig miteinander stritten — typische, liebenswürdige, laute, häßliche Amerikaner.

,,Ich weiß, daß ich einen Knacks weg habe", sagte ich, ,,aber du mußt mich so annehmen, wie ich bin, denn ich ändere mich nicht mehr!"

Meistens wird eine Kontroverse durch derartige Aussagen beendet; als aber Lory ihre Bemühungen fortsetzte, war ich erledigt. Ich fühlte mich bedroht und war gereizt, außerdem hatte ich mich mit Alkohol und Psychologie vollaufen lassen, und meine Stimme hallte von den alten Gebäuden wider.

,,Ich weiß doch über dieses Zeug Bescheid, Lory", explodierte ich. ,,Ich mußte im ersten College-Jahr eine Seminararbeit über Freuds Traumtheorie schreiben. Wenn du mit diesem Zeug weitermachen willst, dann laß uns nach Wien fahren!"

,,Nicht, daß sie daran Schuld hätten", erklärte sie, ,,aber kannst du nicht erkennen, wie die Nachgiebigkeit deiner Mutter und die Strenge deines Vaters zu deiner heutigen Ichsucht und zu deinen Minderwertigkeitsgefühlen beigetragen haben?"

,,Doch, ich erkenne es!" schrie ich aggressiv. ,,Was soll das aber? Zumal du überhaupt nichts daran ändern kannst! Hast du schon einmal die Statistik gelesen über die Leute, die ihr Oberstübchen durch eine psychotherapeutische Behandlung wieder in Ordnung bringen lassen wollen? Man könnte genauso gut damit rechnen, durch das Kauen von Juicy Fruit geheilt zu werden!"

Als wir endlich unser winziges Hotel erreichten, war sogar mein Lachen zum Gegenstand ihrer Erörterungen geworden. Lory meinte, ich könne überhaupt nicht lachen.

,,Du lachst doch gar nicht", verkündigte sie. ,,Was du von dir gibst, ist kein Gelächter, sondern nur ein Geräusch. Du bist ein wunderbarer Schauspieler; du müßtest also wissen, wie unecht dein Lachen wirkt. Seit ich deinen Stimmbildungslehrer kennenlernte, wußte ich, wo du es her hast. Es ist *sein* Lachen. Du machst es ihm nach. Du hast gar kein eigenes Lachen. Du bringst Millionen von anderen Menschen zum Lachen, aber selbst kannst du es überhaupt nicht."

Der Streit setzte sich fort, und um drei Uhr morgens hatten sich schon andere Hotelgäste um unsere Tür versammelt, um sich eine Szene anzuhören, die dabei war, in eine lächerliche Farce auszuarten.

Lory wollte nach Berlin, aber ich bestand darauf, daß wir nach Hause fahren sollten. Nachdem sie nach mir ausgeholt hatte und ich rückwärts auf einen Toilettentisch gefallen war, lief ich wütend aus dem Zimmer, die nicht allzu originellen Abschiedsworte ausrufend: ,,Ich will dich niemals wieder sehen!"

Lory kam in den Flur gerast, weinend und mich bittend, doch zu bleiben, während ich mich mühsam mit meinem Gepäck durch eine ansehnliche Ansammlung stirnrunzelnder Zuschauer hindurchkämpfte.

Eine winzige, grauhaarige Dame, die entschlossen war, mir jeden Fluchtweg zu sperren, sagte immer wieder: „No, no, per piacere, no, Signore, no.“

„Mi scusi, Signora, scusi“, gab ich wiederholt zur Antwort.

Wie wütend miteinander ringende Katzen in einem Zeichentrickfilm bewegten sich in einem unüberschaubaren Wirrwarr Lory und ich, die Gäste, das Gepäck und die kleine alte Dame den Flur hinunter und auf die Treppe zu. Als ich gerade anfing, die Treppe hinunterzugehen, blickte ich zurück und fotografierte im Geist das ganze Gruppenbild. Es war ein altes Daguerreotyp. Während Lory wie eine schwindsüchtige Camilla auf den marmornen Boden sank, bückte sich die alte grauhaarige Dame, ihre Arme um Lorys Schultern, ihre Mundwinkel nach unten gezogen, und starrte mich mit finsterem, vorwurfsvollem Blick unmittelbar an. Die anderen Hotelgäste standen bewegungslos da — sie sahen wie eine zum Lynchen zusammengeströmte Rotte aus, die enttäuscht zusehen mußte, wie Jesse James unbehelligt davonritt.

Unten am Canale grande warf ich das Gepäck in die anscheinend einzige um 3.30 Uhr in Venedig zur Verfügung stehende Gondel.

„Aeroporte“, knurrte ich.

Der Gondoliere stieß ab, und kaum waren wir bis zur Mitte des Kanals getrieben, als aus dem tragbaren Radiogerät des Gondoliere unser Lieblingslied, „Country Road“ von John Denver, über das Wasser erklang. Zwar war es Lory, die aus West Virginia stammte, doch war ich derjenige, der Heimweh hatte.

„Country Road, führ mich nach Haus’,
dorthin, wo ich hingehöre,
West Virginia, gebirgiges Land,
Führ mich nach Hause ..., Country Road.“

Wenn das in einem Film so vorgekommen wäre, hätte es lächerlich und sehr gekünstelt gewirkt. Morgens um drei Uhr, mich in Venedig auf dem Canale grande treiben lassend, allein in einer riesigen Gondel, verließ ich die große Liebe meines Lebens, während aus einem winzigen Radio unser Lieblingslied ertönte. Das war die schlimmste

Rolle, die ich jemals gespielt habe. Und die fünf Stunden, die ich danach auf einer Sitzbank aus Beton am Flughafen von Venedig zubringen mußte, machten sie kein bißchen angenehmer.

Nachdem ich über den Nordpol nach Los Angeles zurückgeflogen und eben erst zu Hause angekommen war, hatte ich ein Feuer im Kamin angezündet und meine Füße auf den Tisch gelegt, als es leicht an die Glastür klopfte.

Es war Lory! Ich riß schnell die Tür auf und zog sie wie wild ins Haus, und wir lachten und redeten beide zugleich.

„Wie kamst du denn hierher?" rief ich. „Ich liebe dich!"

„Ich liebe dich auch!", lachte sie. „Ich habe noch sechs Stunden in Venedig geschlafen, dann bin ich nach New York zurückgeflogen, wo ich perfekt Anschluß nach Los Angeles bekam."

„Wir sind wohl beide innerhalb von wenigen Minuten nacheinander angekommen!"

Immer noch lachend, schwang ich sie durch das Zimmer. Auf einem preußischen Läufer gerieten wir aus dem Gleichgewicht und fielen seitwärts auf die Couch.

Lory fing plötzlich an zu weinen, ohne zwischen dem Gelächter und den Tränen eine Pause einzulegen.

„Ach Schatz, es tut mir so leid", sagte sie. „Ich liebe dich so sehr. Gott möchte, daß wir zusammenbleiben."

Ich muß sie seltsam angeschaut haben. Welch eine eigenartige Aussage! Aber ich küßte sie zärtlich.

„Mir tut es auch leid, mein Schatz. Du bist die ganze Schönheit und Farbe meines Lebens."

Einen Augenblick später lachten wir wieder. Aber es hatte sich nichts geändert — das erwartete ich auch nicht. Tief in meinem Herzen fragte ich mich, wie lange es noch dauern werde, bevor mich Lory verlassen werde, um sich in einen Mann zu verlieben, der keine Angst davor hätte, sich zu ändern — in einen besonderen Menschen, der sich nicht von ihrer Liebe „gefangengehalten" gefühlt, sondern ihr etwas Bleibendes von sich selbst schenken würde.

Kapitel 8

Das Leben auf der bösen Bühne

Die Gage war bei den für den Sommer eingerichteten Theatern in der Provinz gut, aber meine Auftritte dienten auch dazu, mich über den aktuellen Stand zu informieren hinsichtlich dessen, was das Theaterpublikum lustig fand. Gerade bei Possen ist das Timing eines Schauspielers ungemein wichtig und dieses wird durch den Kontakt zum Publikum sozusagen gestimmt und geschliffen.

Einige Monate nach unserer Kapriole in Venedig flog ich nach Cherry Hill, New Jersey, um in der Rolle des John Adams in dem Stück 1776 zu proben. Lory blieb in Los Angeles, um die Produktion einer Krimi-Serie, an der sie gerade arbeitete, zu begleiten.

Am ersten Tag hatte ich, bevor die Probe mit der ganzen Besetzung begann, die Gelegenheit, meine musikalischen Nummern gemächlich durchzuüben, und konnte mich erneut mit dem als *theatre-in-the-round* bekannten Bastardmischling aus Bierzelt und Sportstadion vertraut machen.

Als ich an jenem ersten Tag vor Tausenden von leeren Plätzen auf die Bühne trat und im Geist gerade die Liste von Dingen abhakte, die notwendig wären, um die Arbeit gut auszuführen, schoß mir plötzlich der Gedanke in den Kopf: „Dies wird dich nie befriedigen."

Der vollendete Satz fuhr mir urplötzlich durch den Sinn, wie wenn jemand mit den Fingern geschnalzt hätte. *Dies wird dich nie befriedigen.*

Durch die Dunkelheit rief ich einem großen, breitschultrigen Mann zu, der im Theater auf dem halben Weg nach hinten saß: „Ted, geh und setz dich in die letzte Reihe neben Gang acht und stelle einmal fest, ob du während dieser Probe alles Gesagte verstehst."

Ted Christy griff nach der Rückenlehne des Sitzes unmittelbar vor sich und zog sich auf die Beine. „Okay, Deano."

Dies wird dich nie befriedigen.

Mit dem Unterbewußtsein hatte es nichts zu tun, und es war ganz einfach zu verstehen, was mit diesem „dies“ gemeint war: nicht nur das gegenwärtige Stück und die Begleitumstände, sondern alle wirklichen und potentiellen Umstände, die mit dem Leben eines „Stars“ verbunden waren. Jedes Jahr mußte man noch mehr Streicheleinheiten bekommen, um zum gleichen Maß an Befriedigung zu gelangen. Die Häuser und die Frauen und das Geld und ein Ferrari mit grauer Metallic-Lackierung. Der Taxifahrer, der in New York ausrief: „Hallo, Dean Jones, willkommen in der Stadt“, während ich am Broadway spazierenging.

Wogen der Furcht gingen durch mich. Konnte ich mir weiterhin einreden, jegliche in mir bestehende Leere werde mit zahlreicheren, größeren Portionen dessen ausgefüllt werden, was ich in der Vergangenheit verkonsumiert hatte? Und wenn das Trachten nach dem Ich mich nicht mehr zu Heldentaten schauspielerischer Leistung und des Ehrgeizes anspornen könnte, so dachte ich, was könnte mich dann in aller Welt — und in den sechs Städten in den Oststaaten, wo wir *1776* aufführen sollten — vorwärtsbringen?

Oberflächlich betrachtet lief alles planmäßig. Am nächsten Tag traf ich mit der tüchtigen Truppe von Schauspielern zusammen, die die Theaterleitung aus New York hergeholt hatten.

„Diese Rolle spielen Sie mit einer ungeheuren Energie, Dean“, sagte einer der Schauspieler.

Ist es möglich, daß niemand die ungeheure Unruhe wahrnimmt, die ich verspüre? dachte ich, während ich mich auf der Bühne umsah und die anderen Mitglieder der Besetzung beobachtete. Wieviel Schmerz lag dort unter der Oberfläche verborgen? Wenn die Realität innerer Gefühle auf einmal hervorbricht und an ihren Gesichtern offenbar werden sollte — wie viele der Gesichter würden die Maske des Kommödianten und wie viele die Maske des Tragöden widerspiegeln? Mein eigenes Gesicht, dessen war ich mir sicher, würde sich zu einem grotesken und wahnsinnigen Bild äußerster Hoffnungslosigkeit verzerren.

Es sei so albern und ironisch, dachte ich, in Filmen und Schauspielen aufzutreten, die die Menschen zum Lachen bringen sollten, wo doch für mich selber alles Lachen ein Schein sei. Lory hatte doch gesagt, ich benutze es nur, um die Menschen von meinem wahren Ich abzulenken. Und in jenem Gedicht, an das ich mich nach meinem Unfall mit dem Motorrad erinnert hatte, hieß es sogar, man könne sich hinter einer Fassade von Lachen vor Gott verstecken. Wenn das stimmte, dann dürfte es mir recht leichtfallen, mich zu verstecken — wenn nicht hinter dem eigenen Gelächter, dann wenigstens hinter dem Lachen anderer.

Als wir eine Mittagspause einlegten, ging ich durch den Gang bis zu der Stelle, wo Ted saß, und ließ mich eine Sitzreihe vor ihm nieder. „Lockere mir die Schultern, alter Junge, dann wollen wir uns ein Sandwich holen."

Teds schinkenähnliche Hände fingen an, die Spannung aus den Muskeln in meinem Nacken zu vertreiben. Gegen Ende der 30er Jahre war er mehrere Jahre lang Weltmeister im Ringen gewesen, und da er jetzt zum Ringen zu alt war, arbeitete er in Filmstudios als Statist oder reiste mit mir mit, wenn ich ihn brauchte.

„Ted, glaubst du, daß Menschen, die andere brauchen, die glücklichsten Menschen auf Erden sind?"

„Sicher, ich nehme es an, Deano."

„Nun, dann bin ich ein ziemlicher Glückspilz, denn ohne dich könnte ich diese Arbeit nicht verrichten."

„Du hast noch deine Gesundheit, Deano", sagte Ted. „Das ist die wichtigste Sache in der Welt, daß man seine Gesundheit hat. Du brauchst sie auch, um so eine Show wie diese mitzumachen."

Unrecht hatte er nicht. Ich hatte wie ein Athlet trainiert, während ich das Skript und die Partitur auswendig lernte und bevor ich die Westküste verließ. Was man für ein Singspiel am meisten benötigte, war körperliche Kraft. Sieben Wochen lang erlaubte ich mir zum Abendessen nur zwei Glas Wein, freute mich jedoch schon auf die letzte Woche der Aufführungsserie, bei der ich mich an drei der vier Abende betrinken würde.

„Man kann seine Gesundheit nicht kaufen, Deano", wiederholte Ted. „Darum passe ich auf mich selbst auf. Schau her", fügte er hinzu, während er in den Gang trat und angeberisch auf seinen flachen Bauch klopfte.

Ted hatte einen enormen Umfang, wobei alles an ihm scheinbar rechteckig gebaut war, aber da war keine einzige Unze Fett. Sein Kopf war so groß wie ein Kürbis.

„Du siehst großartig aus, Teddy", sagte ich zuvorkommend. „Du hast eine hervorragende Kondition."

Dann schaute ich mir seine Ohren an. Ted und ich, wir paßten perfekt zueinander, dachte ich spöttisch — er mit seinen Ringkämpferohren und ich mit meiner Boxernase. Ich war auch in genug Schlägereien verwickelt worden, aber sie hatten bei mir nicht so viele Narben hinterlassen wie bei Ted.

Meine Nase war an 15 Stellen gebrochen worden und diente als Denkmal des menschlichen Tastsinns, denn ich bog sie meistens dadurch wieder gerade, daß ich auf alle etwa vorstehenden Knorpelteile drückte. Diese Methode ließ mich nach außen hin einigermaßen präsentabel erscheinen, aber Jahre später wurde die Luftzufuhr durch beide Nasenlöcher durch den Druck der verkalkten Knochen auf ein derartiges Minimum reduziert, daß ein Hollywooder Arzt stumpfe Instrumente in jedes Nasenloch hineinzwingen und größere Öffnungen aufbrechen mußte, um die Atemwege zu befreien.

„An wieviel Profi-Kämpfen warst du beteiligt, Ted?“ fragte ich, als er mit seinen unermüdlichen Händen wieder zur Massage ansetzte.

„Ach, ich weiß es nicht mehr, Deano. Eine Menge. Ich konnte sie nicht mehr zählen.“

„Ein Glück, daß du als Kind nicht mager warst. Dann hättest du nämlich die meiste Zeit nicht um Geld, sondern um dein Leben gekämpft.“

Ich erinnerte mich an jene Jahre im Zweiten Weltkrieg, während derer mein Vater, um eine jener gut bezahlten Stellen auf dem Bau zu bekommen, in den Norden, sogar bis Washington, D. C., gereist war. Er installierte die Stromleitung für die Feuermelder vom Pentagon, bevor er nach Oak Ridge, Tennessee, hinunterzog, um dort am Bau der Fabrikanlage zur Herstellung der Atombombe mitzuhelfen. Ich mußte stets von einer scheinbar endlosen Reihe neuer Schulen zu Fuß nach Hause laufen, wobei ich jedesmal der verwundbare Neuling blieb, der gezwungen war, sich auf fremdem Revier selbst zu verteidigen.

„Weißt du“, erzählte ich Ted mit einem Lachen, „ich schauspielerte das erste Mal bei einer Schlägerei.“ Und ich malte ihm das Bild vor Augen.

Es geschah an einem feuchten Nachmittag im Sommer 1945 in der Nähe der Louisville- und Nashville-Abstellbahnhöfe in Birmingham, Alabama. Ich war etwa 13 Jahre alt. Vier ältere Jungs sprangen aus dem Gebüsch hervor und packten mich, als ich gerade dabei war, aus einer Waffel ein Vanilleeis zu essen. Ich bekam es wirklich mit der Angst zu tun, als ich erkannte, daß einer von ihnen ein dicker Bursche namens Eddie war, der, so hatte es mir jemand erzählt, eine pervertierte Art hatte, jünger Kinder „des Spaßes wegen“ zu foltern.

Ich hatte ihnen erst *einen* kräftigen Faustschlag versetzt, als der Junge, der hinter mir stand, mich mit einem Würgegriff lahmlegte, und ich erkannte, daß es zwecklos war, mich gegen ihr Gewicht und ihre Überzahl zu wehren. Eddie hob mein Eis aus dem Dreck auf, und sie schoben mich ein Stück weiter zwischen die Bäume.

„Genau hier", sagte Eddie und drehte sich um. „Ich glaube, er will sein Eis essen."

Auf beiden Seiten hielten mich die Jungen an den Armen fest. Dann, mit einer überraschend schnellen Bewegung, stürzte der dicke Junge auf mich los und schlug mich nach hinten um, wobei die volle Wucht seines stürzenden Körpers mich auf den Erdboden niederschmetterte.

„Mach den Mund auf!" schrie er gellend. Rittlings auf mir sitzend, die Waffel mit dem Eis hoch oben haltend, schlug er mir mit der anderen Hand über die Augen und vergrub seine dicken, kleinen Finger in meine beiden Nasenlöcher.

Da ich nicht atmen konnte, geriet ich in Panik und kämpfte mit jedem Muskel, um etwas Freiheit zurückzugewinnen. Die Lippen fest zusammengepreßt, wandt ich mich hin und her, bis die Jungen, die meine Arme festhielten, ihre Knie nach oben bewegten und so meinen Kopf von beiden Seiten einklemmten. Der vierte Junge saß auf meinen Beinen.

„Mach den Mund auf, du Idiot", frohlockte Eddie triumphierend. „Hast du denn keinen Hunger?"

Er wartete, bis ich den Atem nicht länger anhalten konnte, und in dem Augenblick, als ich versuchte, durch zusammengebissene Zähne etwas Sauerstoff einzusaugen, zerdrückte er das schmelzende Eis grausam über meinem Mund zu einer erstickenden Masse. „Iß, iß, iß!" schrie er.

Blitzstrahlen schossen mir durch das Gehirn, und ich würgte am vertrauten Geschmack des Blutes, das mir hinten im Rachen in Strömen hinunterlief. Stücke der zerschmetterten Waffel ließen mir die Luftröhre zucken, während meine ausgeleerten Lungen unter dem Angriff erstickten. Meine Panikstimmung wurde intensiver, bis ich beinahe glaubte, ich werde nicht überleben. Keine Luft. Kein Entrinnen. Die Qualen waren desto schlimmer, weil sie mir mit Absicht zugefügt wurden. Es kam mir fast normal vor, ohne Grund gehaßt zu werden; vielleicht hatte ich es verdient. Aber ich wagte nicht, den Glauben an ein Überleben aufzugeben.

„... wirst ihn umbringen, Eddie! Schau ihn an! Du wirst ihn

umbringen!" kam eine Stimme aus der Ferne, und ich würgte und hustete. Dann wurde alles still.

Seine Hände waren von meinem Gesicht fort, doch waren meine Augen immer noch voller unscharfer, glitzernder Finsternis. Als ich endlich einen klaren Blick nach oben richten konnte, hing ein großes Kügelchen Speichel, langsam baumelnd, von Eddies Lippen. Er versuchte gerade, es mir direkt ins Auge fallen zu lassen.

Der Boden und die Bäume und die Gesichter sprangen mir abrupt wieder ins Bewußtsein, und statt nach Eis und Blut roch auf einmal alles nach Schweiß und Dreck.

Sein Speichel verfehlte mein Auge um einen halben Zoll und fing an, leise an meiner rechten Wange hinunterzufließen. Auch die Furcht floß ab und wurde erst von einem schnellen Wutanfall, dann von eiskaltem Haß ersetzt.

Trotz der Größe dieses Schweines, dachte ich, *werde ich ihn eines Tages allein vorfinden und seine gemeine Visage zermanschen.*

Ich versuchte, ihn teilnahmslos anzustarren, um zu zeigen, daß ich zäh, unverletzt, unberührt war, aber sie hoben mich mit einem plötzlichen Ruck auf die Füße und zusammen jagten wir weiter den engen Pfad hinab bis in das dichte Unterholz.

„Was wollen wir mit ihm anfangen, Eddie?" fragte einer der Jungs.

„Ach, wir wollen nur etwas Spaß haben", sagte ein anderer, packte mich an den Haaren und zog meinen Kopf mit einem Ruck zu sich zurück. „Spaß magst du gern leiden, nicht wahr, Junge?"

„Hier unten liegt etwas frischer Hundedreck", sagte Eddie und schaute mit einem widerlichen Grinsen über seine Schulter zurück. „Laßt uns doch sein Gesicht da reinstecken!"

Sie hätten sich genauso gut über jemand anderen unterhalten können. Mein Geist beschäftigte sich jetzt eher mit dem Haß als mit der Furcht, während ich mit einem weiteren Teil meines Bewußtseins nach einem Fluchtweg Ausschau hielt. Doch war ich vollkommen wach für den dumpfen Ton der Schritte, für das Krachen brechender Zweige und für das Licht, das durch das Laub sickerte. In meinem Gehirn zündete ein winziger Funke vollkommener Geistesgegenwart.

Der Baseball-Schläger von den Louisville Sluggers, der bei mir zu Hause im Schrank lag, hätte den Kampf um ein Beträchtliches leichter gemacht, konnte mir aber jetzt nicht helfen. Ich könnte mich losreißen und weglaufen, aber sie waren schneller als ich und würden mich binnen einer Sekunde wieder einfangen. Aber wenn ich nur etwas Vorsprung bekommen könnte...

,,Tante Nell!" hörte ich mich laut rufen. ,,Ich bin hier!"

Die Jungen hielten erstaunt inne. Ich war genauso überrascht wie sie. Zwar hatte ich wirklich eine Tante namens Nell, aber sie machte gewiß gerade keinen Spaziergang auf dem Bürgersteig, den ich zu unserer Linken durch das Laub erspäht hatte.

,,Diese Burschen überfielen mich", schrie ich mit klagender Stimme und starrte dabei fest auf den Gehweg. ,,Und weißt du, was sie tun wollten?"

Verwirrt ließen die Jungs an beiden Seiten meine Arme los und wandten sich schnell ab in dem Versuch, unschuldig auszusehen. Eddie bückte sich hinter einem Busch nieder.

,,Sie sagten, sie wollten mein Gesicht in Hundedreck stecken!" schrie ich. Mich langsam von ihnen fort- und auf die Straße zubewegend, tat ich so, als hätte ich, da ich jetzt gerettet sei, überhaupt keinen Grund, mich zu beeilen.

,,Sie haben mich verletzt!" Ich übertrieb es schon. ,,Mein Gesicht in Hundedreck stecken! Ja, das haben sie gesagt! Hast du gesehen, wie sie aussahen? Ihre Gesichter darfst du nicht vergessen!"

Zu meiner Überraschung klappte es so gut mit der Scharade, daß ich den Gehweg erreichte. Aber schon nach einem einzigen Schritt auf dem Beton hörte ich Stimmen murmeln, die dann laut wurden und von hinten riefen: ,,Es ist niemand da! Er schauspielert nur! Es ist niemand da!"

Mit halsbrecherischer Geschwindigkeit raste ich davon, ohne erst auf das Geräusch splitternder Zweige zu warten, das anzeigte, wie sie durch das Gebüsch stürzten. Jetzt konnten sie mich bestimmt nicht mehr einfangen!

Ted lachte. ,,Das ist eine lustige Geschichte, Deano", sagte er. ,,Du hättest Ringkämpfer werden sollen. Schauspielern und dabei kämpfen, das ist *unsere* Arbeit!"

,,Das war meine erste große Vorführung", grunzte ich mit beißendem Spott.

,,Haben sie dich denn wieder eingeholt?"

,,Unmöglich!"

,,'ne höllische Art, das Theaterspielen zu lernen", meinte Ted.

Unter uns wurden auf der Bühne gerade die Lampen aufgestellt, und der Bühnenleiter ließ das Bühnenbild an die richtige Stelle rücken.

,,Wieder eine großartige Aufführung vor uns", sagte ich halb vor mich hin und starrte träge auf die Aktivität hinunter. Das ganze lebhafte Treiben wies auf jenen letzten — oder vielleicht tödlichen? — Augenblick hin, wenn das Orchester mit der Ouvertüre beginnen und ein weiteres herrliches, niemals zu vergessendes Kapitel Theatergeschichte geschrieben werden würde. Nur hatte ich keine Lust dabeizusein.

„Dies wird dich nie befriedigen", hallte es mir durch den Sinn.

Welch eine katastrophale Lage! dachte ich. Daß auf den Werbeplakaten mein Name über dem Titel des Stückes erschien, war nämlich ein sicherer Hinweis darauf, daß ich bei der Uraufführung unbedingt etwas vorweisen mußte!

Du mußt es wieder einmal schaffen, flüsterte mein Geist, *hol' es irgendwo aus deinem Inneren hervor, und wirf es mit ganzer Kraft gegen die letzte Reihe. Was wäre, wenn sie deine Furcht sehen könnten? Was passiert, wenn sie dich nicht mögen? Was ist, wenn du versagst? Laß sie bloß nicht die Wahrheit sehen, sondern mach dir jeden Abend drei Stunden lang — und das an sechs Abenden in der Woche — die Mühe, eine Faksimile herzustellen, dann geben sie dir Geld und Beifall, und vielleicht lernst du dabei etwas, das dir helfen könnte, das nächste Mal noch besser die Illusion vom Leben zu erschaffen. Aber wird dich das jemals befriedigen?*

Ich sackte plötzlich mit dem Kopf nach vorne, als Teds Finger sich noch tiefer in die angespannten Nerven vom oberen Teil meines Rückens hineinbohrten.

Welch eine unglückliche Zeit für die Entdeckung, daß es sich doch nicht auszahlt, eigene Wege zu gehen! Dies war ein Singspiel; damit alles klappte, brauchte ich Stimmung, Anspannung, Energie. Ich mußte glauben, daß dort unten in jenem kleinen Lichtkegel etwas Wichtiges geschah. Ich brauchte die Motivation des Ruhmes oder des Geldes oder irgend etwas anderes, das mich zwingen könnte, meine Furcht zu überwinden, damit ich jeden Abend auf die Bühne treten könnte, fest entschlossen, mich mit allem Mumm, mit allem Instinkt und mit allem Egoismus, den ich besaß, hindurchzuschlagen!

Warum nicht gehen? Lohnte sich denn dieser ganze Schmerz? Warum nicht einfach auf und davon? Warum trat ich überhaupt erst in diesem Sommerrepertoirestück auf? Vielleicht war ich mit meiner Karriere auf das Abstellgleis geraten. Wenn mir jetzt das Angebot einer Filmrolle vorläge, wäre ich mit Sicherheit nicht in Cherry Hill, New Jersey. Ich wäre dann in Kalifornien. Vielleicht ist es vorbei mit meiner Karriere als Filmschauspieler. Was soll's denn auch, wenn es tatsächlich mit ihr vorbei ist — dann kann ich wenigstens mit F. Scott

Fitzgerald sagen: „Wenn auch unbedeutend, so war ich doch ein origineller Mensch.“

„Soll ich dir einen Sandwich holen, Deano?“ fragte Ted und holte mit seiner Frage meine Gedanken in die Realität zurück.

„Nein, danke, Amigo. Ich glaube, ich werde mich hier eine Weile entspannen. Du kannst ruhig gehen.“ Als die Bühnenarbeiter zur Mittagspause abzogen und die riesige Anlage still wurde, vertiefte sich mein Geist in ein Nichts.

Ich wünschte, ich könnte verschwinden, dachte ich und verspürte dabei Abscheu über die Nichtigkeit, die ich fühlte. Die Hölle. Dort war ich — in der Hölle! Leer wie die Hölle! Sogar meine Hände sahen leblos aus, bläulich-grau, wie die eines Toten, hohl und abscheulich, nur tauglich zu nutzlosen Gesten, die nichts bedeuteten. Ich war ein erbärmliches Wesen, ein Mann, der Ruhm und Geld, Begabung und Gesundheit hatte, und ich war hoffnungslos verloren.

Verloren. Das Wort erinnerte mich an eine Zeit, in der ich „gerettet“ war. Ich war 15 Jahre alt, als ich mich am Altar einer Methodistenkirche hinkniete und ein Gebet der Lebensübergabe an Jesus Christus aussprach. Danach gab es eine Zeitlang ein Gefühl des Wohlbehagens, das aber bald abklang.

Mein Geist vollzog einen weiteren plötzlichen Gedankensprung, und ich hörte auf einmal, wie Lory sagte: „Gott heilte mich.“ Ich erinnerte mich an Mexiko und das Gebet und an die Art, wie die Schmerzen aus ihren Händen gewichen waren; aber sofern die Erinnerungen eine Hoffnung enthielten, wurde sie von den Jahren gewohnheitsmäßigen Unglaubens wieder verdrängt.

Irgendeines Tages bringe ich mich um, dachte ich. *Nicht heute abend, nicht nächste Woche, aber irgendwann stecke ich mir wie Hemingway eine Schrotflinte in den Mund und jage mein Hirn in die Luft.*

Kapitel 9

Ausblick von oben

Bei der Probe am dritten Tag blieb meine Fassade intakt.

„Probieren Sie diese Szene noch einmal, Dean", schrie der Regisseur gellend, „dann wird alles perfekt sein, meine ich. Diesmal klappt bestimmt alles."

Die Bühnenlichter wurden dunkel, und Spotlights durchschnitten die Finsternis und isolierten mich mitten auf der Bühne. Es war der Augenblick, in dem John Adams, entmutigt und verdrießlich wegen des ausbleibenden Sieges General Washingtons im Revolutionskrieg und wegen der Weigerung des Kongresses, die Unabhängigkeitserklärung in Kraft treten zu lassen, singt:

„Ist jemand da?

Interessiert sich jemand dafür?"

Die traurige Stimmung, die das Lied hervorruft, wächst immer mehr, bis John Adams trotzig seine Vision von der neugeborenen Nation proklamiert, eine Vision, die er seinem Empfinden nach als einziger versteht.

„Sieht jemand, was ich sehe?"

Die Musik endete, und ich hatte nur noch den Wunsch, von dort zu entfliehen. Wo war denn Ted? Mit einem plötzlich aufkommenden Gefühl des Zornes und der Feindseligkeit begann ich, den Gang hinaufzulaufen.

„Ted, Junge, wo bist du?" rief ich laut. „Laß uns abhauen."

„Dean", rief der Regisseur aufgeregt, „ich muß noch das Finale auf Zeitlänge prüfen. Dann können wir aufhören."

Ich explodierte ihm gegenüber, als hätte er mich gebeten, mich mit einer geringeren Gage zufriedenzugeben.

„Dafür brauchen Sie mich nicht!" schrie ich. „Was mache ich denn dabei? Ich laufe einfach nach vorne, unterschreibe den elenden

Papierfetzen und bleibe stehen! Lassen Sie mich doch von jemandem vertreten; dann können Sie mir morgen erzählen, wie großartig alles war!"

Langen Schrittes ging ich verärgert den Gang hinauf und ignorierte dabei das Starren der anderen Schauspieler im plötzlich stillgewordenen Theater.

Während Ted zu unserer Unterkunft fuhr, ließ ich meinen Ärger wachsen. Tatsächlich hatte mir mein arrogantes Verhalten einen Anlaß für meinen Zorn geliefert. Wie albern kann man nur sein! Während der ganzen nächsten Woche würde ich Stunden damit vergeuden müssen, die gekränkte Ehre anderer Schauspieler wiederherzustellen und das Vertrauen der Besetzung zurückzugewinnen.

Die Muskeln in meiner Schulter zogen sich — die Symptome waren vertraut — zusammen, und mein Nacken wurde steif. Ted war schon lange genug bei mir, um zu wissen, daß es die richtige Zeit war, den Mund zu halten, und wir fuhren, in Schweigen gehüllt, weiter.

Schon längst fürchtete ich mich vor den Möglichkeiten dieser Stimmung, aber dennoch *mochte* ich das Gefühl; es war bei mir irgendwie heimisch.

Als ich mich einst bei der Marine so gefühlt hatte — böse auf alles und jeden —, hatte ich mit drei Matrosen gleichzeitig gekämpft. Blutig und verwundet und mit zwei Zähnen weniger stand ich immer noch da, bereit, weiterzukämpfen, während sie abzogen. Ich hätte einen von ihnen umgebracht oder mich selbst erst umbringen lassen, ehe ich eine Niederlage hingenommen hätte.

War es meine Kraft, die mich unbesiegbar machte, oder etwa meine irrationale Furcht? Es hörte sich fast so an wie die Geschichte von Henri Christophe dort unten in Haiti: Sich eine silberne Kugel durch den Kopf zu jagen, war der Konfrontation mit der Furcht vor den Vergeltungsmaßnahmen Bonapartes vorzuziehen. Und einen Bruchteil einer Sekunde lang sah ich Lory oben auf der Mauer der Zitadelle, wie sie auf die grauen, weichen Wolken hinabschaute.

„Wie wäre es heute abend mit einem Drink, Teddy?" sagte ich dem großen, gutmütigen Kämpfer.

Ted hielt inne, dann grinste er. „Sicher, Deano, wohin?"

„Nun, warum versuchen wir es nicht mit der nächsten Kneipe, an der wir vorbeifahren?"

„Na klar, Deano, die sieht wie ein sehr angenehmes Lokal aus!"

Auf der linken Fahrseite lag eine ausgedehnte Großbaustelle, umgeben von mehreren riesigen Baggern. Verführerisch beeindruckend war der steile Hügel dahinter. Der ließe sich doch herrlich mit dem Motorrad erklimmen!

Anderthalb Kilometer weiter bog Ted nach rechts von der Straße ab und wendete schnell, da es eine Lücke im Verkehr gab. Aber er bog sofort wieder von der Straße ab und fuhr auf den unbefestigten Parkplatz eines schäbigen, rot-weiß angestrichenen Gebäudes, das „Zum ländlichen Zimmer" hieß. Drei unglaublich enge Stufen führten zu einer Tür hinauf, deren Breite nicht ausgereicht hätte, um Ted den Durchgang zu ermöglichen, wenn er geradeaus gegangen wäre.

Ich probierte den Türgriff, der aber klemmte. Als ich dann der Tür einen leichten Stoß versetzte, ging sie nach innen auf und ließ etwas Licht über das Ende eines Bartresens fallen, und zwar keinen Meter von der Stelle, wo wir standen.

Hinter dem Tresen tauchte plötzlich ein Kopf mit schielendem Blick auf. „Wir haben noch nicht auf."

„Wann machen Sie denn auf?" fragte ich.

„Um fünf Uhr." Und der Kopf verschwand wieder.

Ich schaute auf meine Armbanduhr, sprach dann mit gleichbleibender Stimme wieder. „Das sind noch vier Minuten. Was meinen Sie, ob mein Freund und ich vier Minuten lang still an Ihrer Bar sitzen könnten, bis wir etwas zu trinken bekommen dürfen?"

Die gleiche Reaktion hatte ich damals gezeigt, als ich für den Ferrari $ 23 000 in bar bezahlt hatte, weil der Verkäufer meine Blue Jeans und mein altes Hemd angeschaut und gesagt hatte: „Mit Ferraris machen wir keine Probefahrten."

Der schielende Blick tauchte wieder auf. „Schon okay, kommen Sie rein."

Warum erlaubte ich es dem Hochmut, mich zu zwingen, in einer Kneipe zu trinken, wo ich nicht gern gesehen war, oder ein Auto von einem Kerl zu kaufen, der mich für einen Landstreicher hielt?

Wir betraten das Zimmer und schauten uns um. Barhocker mit Sitzen aus schwarzem Kunststoff standen in einer ungleichmäßigen Linie vor dem Tresen, dessen Kurve sie an der hinteren Wand folgten. Neben einem türkisfarbenen, mit Kunststoff bezogenen Sofa, dessen Mittelteil mit einem schmutzigen Läufer bedeckt war, standen zwei große Milchkannen, die eine auf der anderen drauf. Und irgendwo miaute eine traurige Katze.

„Du hast dich diesmal selbst übertroffen, Ted, mein Junge", sagte ich und ahmte dabei W. C. Fields nach. „Heute abend zahle *ich* die Getränke!"

Drei Stunden später war ich betrunken, und mir war zum Erbrechen übel, und Ted kannte den Namen und die Geschichte von jedem Anwesenden in der vollgepfropften Kneipe.

„Hallo, Deano, Louise möchte runterkommen und die Show sehen. Sie sagt, ihre jüngere Schwester möchte ins Showgeschäft rein, und ob sie sie hinter die Bühne bringen darf?"

Ich versuchte, einen unklaren Blick auf die undeutliche Gestalt zu richten, die sich wie ein Mantel um meine Schulter hängte, aber meine Augen weigerten sich, für eine Nahaufnahme zu funktionieren.

„Louise", sagte ich schleppend, „wenn wir auf irgendeine Weise das Wohl einer Ihrer Schwestern fördern könnten, hätten wir etwas sehr Wichtiges geleistet. Teddy, bezahle die Rechnung und triff mich am Auto wieder."

In meinem Kopf drehte sich alles wie verrückt, als ich vom Barhocker rutschte. Die Tür war nur zwei Schritte entfernt, aber ich war mir nicht sicher, es bis dorthin schaffen zu können. Der Fußboden drehte sich etwas nach rechts, und ich griff nach dem Rand vom Tresen.

„Betrinkt sich jeden Abend", sagte Ted zu Louise mit einem Grinsen.

Sehr lustig, du großer Clown, dachte ich, wobei mir aber davor bangte zu sprechen, während ich mit den Füßen umsichtig über das wellenförmige Linoleum schlurfte. *Magen, bleib, wo du bist, bis ich den Türgriff finde.*

„Vergessen Sie die Bilder für meine Kinder nicht", flüsterte der Barkeeper vertraulich.

Die Übelkeit hatte meinen Hals erreicht. Ich würde es bis nach draußen nicht mehr schaffen können. Die Tür klemmte. *Wo ist Ted? Dies ist lächerlich. Ich kann doch nicht nachts die ganze Zeit in der Kneipe hocken und tagsüber die ganze Zeit für eine Show proben.*

Die Tür wurde plötzlich aufgerissen, und zwei große Männer schoben sich an mir vorbei. Ich stolperte hindurch, hielt mich am fünf mal zehn Zentimeter großen Handlauf des Geländers fest und ließ meinen Körper über die drei winzigen Bretter hinab. Es war dunkel. Auf der Straße huschten die Scheinwerfer an mir vorbei. Ich versuchte, mich zu übergeben, konnte es aber nicht.

Irgendwie taumelte ich über den Parkplatz zu unserem Wagen zurück, einen Plymouth Fury, den die Produzenten der Show in Übereinstimmung mit den Bedingungen meines Vertrages gemietet hatten. Ich breitete meine Arme über die Haube aus und ließ die obere Hälfte meines Körpers mit dem Gesicht nach unten auf dem kühlen Blech ruhen.

Sehr leise flüsterte ich: „Ich bin in diesem Körper gefangen und kann nicht entkommen."

„Hallo, Deano", rief Ted von der Tür aus. „Bist du da draußen?"

„Hier bin ich, Amigo", rief ich zurück, ohne mir die Mühe zu machen, den Kopf von der Motorhaube zu heben.

Ted kam lachend auf den Wagen zu und sagte etwas über Louise, was ich nicht verstand. Ich sagte ihm, ich würde fahren müssen, da er betrunken sei. Ich könne es nicht riskieren, einen Angestellten zu haben, der unter Alkoholeinwirkung ein motorisiertes Fahrzeug führen würde.

„Sei mit diesem Wagen vorsichtig, Deano", warnte Ted. „Wenn wir die Stadt verlassen, bekommt Charlton Heston ihn."

Wir fuhren wedelnd aus der Parklücke hinaus und auf den Bürgersteig hinauf, dann fuhren wir in die Richtung, aus der wir gekommen waren.

„Wird alles in Ordnung gehen, Teddy, mein Junge", sagte ich undeutlich, während ich auf 95 km/h beschleunigte. Ein betrunkener Bekannter hatte eines Abends die gleiche Einstellung gehabt, als er mit dem Gesicht nach unten vor meinem Haus in der Gosse lag. „Es wird mir schon gut gehen, wenn ich erst einmal am Steuer sitze", hatte er gesagt.

Kurz vor der Großbaustelle fuhren wir mit überhöhter Geschwindigkeit an einer riesigen Plakatwand mit Werbung für eine bekannte Scotch-Whisky-Sorte vorbei, und wieder wollte ich mich erbrechen.

„Ted, du bist noch nie mit mir zusammen Bergsteigen gefahren, oder?"

„Ich glaube nicht", antwortete Ted ein wenig mißtrauisch.

Langsam auf die linke Spur wechselnd, damit wir im richtigen Winkel mit dem Wagen auf den losen Sand treffen würden, versuchte ich, mir anhand jenes kurzen Blickes früher am Tage vorzustellen, wie der Hügel lag.

Ich stemmte mich mit den Armen gegen das Lenkrad, was meinen Rücken steif machte. Das fühlte sich gut an. Ich verlangsamte das Tempo auf 90, und als wir gerade neben dem ersten großen LeTourneau-Bagger waren, riß ich das Lenkrad eine halbe Umdrehung nach rechts um. Der Wagen vibrierte überrascht, während alle vier Räder ihren Halt verloren und kreischend seitwärts rutschten, bevor sie wieder Halt fanden und uns über die zweispurige Bahn und auf den Sand schleuderten.

Ich lockerte meinen Griff um das Lenkrad lange genug, um zu verhindern, daß der hintere Teil vom Wagen sich in der losen Erde herumschwang, dann zielte ich auf die Finsternis zwischen zwei der großen, gelben Riesen. Ted hatte keinen Laut mehr von sich gegeben, und leider konnte ich ihn nicht anschauen. Aber ich war mir sicher, daß er sich mit äußerst weißen Knöcheln an irgend etwas festhielt.

Mit nur ein paar Zentimetern Zwischenraum auf beiden Seiten schossen wir zwischen den großen Baggern hindurch, und der Schein der aufgeblendeten Scheinwerfer sprang über den flachen mittleren Teil des Bauprojekts hinaus. Es sah einfach aus; nur 100 Meter oder etwas mehr frisch ausgebaggerte Erde. Ich drückte das Gaspedal bis zum Anschlag durch. Wir würden es spielend schaffen!

„Wir wollen bergsteigen fahren, Teddy!" schrie ich laut, um trotz des Geheuls vom Motor gehört zu werden.

„Ja, ja, ja, ja!" schrie Ted.

Mit wirbelnden Reifen und kreischendem Motor hatten wir 95 km/h erreicht, als wir gegen die untere Grenze des Hügels stießen. Der Aufprall war so hart, als wären wir aus sieben Meter Höhe gefallen. Die Achsen schlugen heftig gegen die Unterseite des Fahrgestells, und wir wurden auf unsere Sitze heruntergedrückt. Als dann die Federung stöhnend hochsprang, wurden wir mit dem Körper gegen das Wagendach katapultiert. Beide schrien wir wie Wahnsinnige.

„Wir wollen bergsteigen fahren, Baby, wir wollen bergsteigen fahren!"

„Ja, ja, ja, ja!"

Erst als wir schon halb oben waren, erkannte ich ihn. Es blieb mir keine Zeit, auf die Bremse zu gehen. Der Graben tauchte plötzlich zwischen den Sträuchern und dem Unkraut vor uns auf. Es fühlte sich an, als hätten wir den ganzen Unterboden vom Wagen verloren. Mit dem vorderen Ende prallten wir gegen einen Erdhaufen unten im Graben, blieben dann einen Bruchteil von einer Sekunde in der Luft hängen, bevor sich der Wagen wieder oben einen Weg durch die weiche Erde bahnte und wie ein Tümmler hochsprang, wie ein Schnellboot, das die Brandung überwindet.

Wir waren benommen. Der Plymouth drehte sich wie wild, wie ein verwundetes Tier, nach links, aber der Motor blieb an, und ich zwang den Wagen, den Hügel wieder in Angriff zu nehmen. Erstaunlicherweise fuhren wir immer noch mit 55 km/h bergauf.

„Chuck Heston wird dies nicht gerade zu schätzen wissen, Deano“, schrie Ted.

Ich fing zu lachen an. Solange ich ihn kannte, hatte Ted noch nie seinen Sinn für Humor verloren. Vielleicht würde er die Nacht nicht überleben, aber er konnte es nicht lassen, sich vorzustellen, wie Charlton Heston auf den Anblick unseres verbeulten Wagens reagieren würde.

Obwohl wir eine Fontäne von Staub und Kieselsteinen hinter uns aufwarfen, kamen wir kaum noch vorwärts. Die Steigung war beinahe senkrecht, als ich vom Gas ging und eine Vollbremsung unternahm. Den Gipfel konnten wir nicht mehr erreichen. Wir hingen einen Augenblick da, während die Reifen unwirksam versuchten, auf der unsicheren Oberfläche des Hügels einen Halt zu finden; und als wir anfingen, rückwärts in die steile Dunkelheit abzurutschen, wollte ich mich wieder erbrechen.

Plötzlich packte uns sanft irgendeine kleine Delle, und wie ein erschöpfter Vogel, der, weil er auf die Erde stürzen könnte, Angst hat weiterzufliegen, klammerte sich unser zerschmetterter, rauchender Wagen bewegungslos und still am Abhang fest.

„Huh!“ seufzte Ted.

„Jetzt müssen wir noch mal das gleiche rückwärts durchmachen“, sagte ich mit geheucheltem Frohsinn. Innerlich war ich schon durch den Schock zur Nüchternheit zurückgekehrt. Ich hätte nicht nur mein eigenes, sondern auch Teds Leben im Kampf gegen diesen felsigen Hügel vergeuden können — aber weshalb denn? Was wollte ich damit beweisen? Daß ich wichtiger bin als ein Morgen Erde?

„Chuck Heston wird sich sehr über dich ärgern, Deano“, schimpfte Ted. Es war erstaunlich! Entweder wußte er nicht, wie nahe wir dem Tod gekommen waren, oder er dachte, sein Leben werde durch irgendeinen Zauber bewahrt, oder er war betrunken — oder eine Kombination von allen dreien.

„Weil es da ist, Ted, deswegen taten wir es“, sagte ich benommen, als Antwort auf etwas Unausgesprochenes. „Weil es da ist.“

Wir hingen dort in der Finsternis, und die Muskeln in meinem rechten Bein zitterten auf dem Bremspedal.

Warum sind wir hier oben? fragte ich mich. *Dies ist doch ein Wahnsinn! Warum bin ich darauf versessen, nach oben zu gelangen, wo doch nichts da ist?*

Der Wagen rutschte abrupt und unerwartet 15 Zentimeter am

Hang hinunter, und mein Herz machte einen Salto. „Ted hol den Gurt aus dem Sitz hervor und schnall dich an.“ Er antwortete nicht. „Alles klar, Teddy?“

„Ach, sicher, mir geht es gut, Deano“, sagte er und griff nach dem Gurt.

Der Anlasser rief den Motor knirschend und ohne Begeisterung ins Leben und rüttelte den Wagen weitere 30 Zentimeter am lockeren Hang hinunter. Ich hielt den Atem an.

„Schließ die Tür ab, Ted, und steck dir den Kopf zwischen die Knie“, flüsterte ich, obwohl ich wußte, daß er sich im Ring so oft den Rücken verletzt hatte, daß es ihm nicht möglich war.

„Entschuldige“, sagte ich mit einer Grimasse, indem ich weiter die Sekunden bis zum Start abzählte. „Breite die Arme aus und stemme dich gegen das Armaturenbrett. Wir wollen wieder über den Graben springen!“

Das Lenkrad bis zum Anschlag nach links drehend, schob ich den Ganghebel in den Leerlauf und ließ die Bremse los. Der langsame Sturz rückwärts in die Dunkelheit hinein war furchterregend. Der Wagen schien eine Ewigkeit zu fallen, bevor er vorne nach rechts auszurutschen begann. Mit einer einzigen reißenden Bewegung legte ich einen niedrigen Gang ein, drückte das Gaspedal bis zum Anschlag durch und drehte das Lenkrad nach rechts um.

Mehrere Sekunden lang rutschten wir wie verrückt seitwärts, und der Wagen hätte sich beinahe überschlagen, bevor die sich wild drehenden Reifen auf etwas Festem Halt fanden und den Wagen herumschwenkten wie eine groteske Ballettänzerin und ihn mit unkontrollierbarer Wucht den Abhang hinunterstürzen ließen.

Nach meiner Vollbremsung rutschten wir auf allen vier Rädern weiter, und ich nahm den Fuß ruckweise vom Bremspedal, damit die Räder genug rollen konnten, um das Biest weiter mit der Schnauze nach unten zu halten. Unser einziger Scheinwerfer beleuchtete mit einem hüpfenden, tanzenden Lichtstrahl die unebene Landschaft. Der Hügel war bei der Fahrt in diese Richtung viel weniger appetitlich.

Ich sah nicht, sondern ahnte vielmehr die aufgewühlte Erde und den gähnenden schwarzen Graben vor uns. Ich ließ die Bremse ganz los, und wir katapultierten bergab und schlugen wie ein Meteor auf die lose Erde ein, wobei ein tiefes, krachendes Stöhnen dem Unterboden entfuhr. Einen Augenblick lang flogen wir durch die Luft, bevor der in Bedrängnis geratene Plymouth laut stöhnend wieder auf der Erde landete.

Der Motor raste unbeherrschbar, und das Getriebe gab kein Anzeichen, wieder von Nutzen sein zu können. Der Hügel war inzwischen etwas flacher geworden, aber als ich auf die Bremse trat, schwenkten wir scharf nach rechts aus und rutschten wieder seitwärts. Zu schnell! Auf der linken Seite waren die Bremsen hinüber, und es gab keine Möglichkeit mehr, unseren Kurs mit dem Lenkrad zu korrigieren. Während ich verzweifelt versuchte, einen funktionierenden Gang zu finden, und gleichzeitig zornig auf das Gaspedal trat, gingen die Reifen auf irgendeine undefinierbare Kerbe zwischen dem Leerlauf und dem zweiten Gang ein, und das Gaspedal rückte mit einem Knall in seine Normalstellung zurück. Kurz bevor wir unten am Hügel das flache Terrain erreichten, richteten wir uns wieder auf und ergossen uns zerbrochen und niedergeschlagen auf zivilisiertes Gelände zurück.

Hinter den Wolken schien der Mond hell hervor, um unseren traurigen Abgang zu beleuchten. Während wir demütig über die Großbaustelle humpelten, schauten die riesigen Bulldozer und Bagger wie mißbilligende Schildwachen auf uns herab. Ted hob langsam den Kopf.

Ich erinnerte mich an ein halbes Dutzend Begebenheiten, bei denen ich dem Tod noch viel näher gekommen war, aber ich konnte mich an kein anderes schwachsinniges Kunststück aus der Vergangenheit erinnern, das mich so vollkommen mit Abscheu erfüllte. Mein „inwendiges Kind der Vergangenheit" zeigte mir die lange Nase. Ober stand noch mehr dahinter?

Zum ersten Mal in meinem Leben fuhr mir ein derartiger Gedanke durch den Kopf: Wenn ein Überbleibsel des Selbstmordes und des Todes nach 150 Jahren versuchen konnte, Lory zu einem Sprung von der Mauer von Henri Christophes Schloß zu verleiten — wieviel von irgendeinem früheren Schrecken schwebte dann noch um mich?

Kapitel 10

Wahres Leben

Später an jenem Abend stand ich vollkommen ernüchtert in meinem Hotelzimmer und starrte zum Fenster hinaus. Es kam mir vor, als hätte ich schon immer in jenem Zimmer gewohnt, als hätte ich schon immer erschöpft vor jenem Fenster gestanden.

Das Landhaus-Hotel bildete ein riesiges Hufeisen aus gut aufeinander abgestimmten Glas- und Steinteilen und schwerem Fachwerk. Den Innenhof ausfüllend, erstreckte sich unter meinem Fenster in der dritten Etage etwa 50 Meter weit eine prächtige, naturalistische Landschaft. Üppige grüne Tannen und Farne fielen weich über riesige, braune Granitblöcke, und das Rauschen eines kleinen Springbrunnens, durch das dichte Laub noch schwach zu hören, vermischte sich irgendwo mit dem Gelächter eines jungen Mädchens.

Mein Verstand weigerte sich, einen Lichtfunken in Betracht zu ziehen; er hatte schon zu lange mit der Finsternis gespielt. Die Ansicht moderner Schriftsteller, wir könnten uns unaufhörlich mit dem Negativen und dem moralisch Verdorbenen beschäftigen, ohne uns zu verletzen, und uns so tief in die Dekadenz hineintauchen, daß sie schließlich mit irgendeiner poetischen Bedeutung hervorbrechen müsse, hatte sich — zumindest in meinem Leben — als irrig erwiesen.

Ich hatte es zugelassen, daß meine Seele durch die aggressive Verzweiflung unserer Zeit verformt wurde. Der Zustand des Menschen, hieß es, sei hoffnungslos — Schmerzen, Herzeleid, Entfremdung, Haß. Meine Pein wandt sich um mein Innerstes wie eine Schlingpflanze, und ich fühlte, daß ein treuer Recorder irgendwo in meinem Sein weiterhin dunkle Gestalten und Worte und Bewegungen aufnehmen würde, auch dann, wenn mein Gehirn zu funktionieren aufhörte.

Wenn es nur gerade jetzt zu Ende sein könnte! Aber das Leben in all seiner verzerrten Bildhaftigkeit drang in mein Bewußtsein empor: die Kinder in Südostasien; der Schmerz in den Augen eines kleinen Mädchens; das schreckliche Winseln eines verletzten Hundes.

Neben dem Bett warf ich mich auf die Knie. „Ist jemand da?" schrie ich. „Gott? Wahrscheinlich existierst Du nicht, aber so wie ich bin, kann ich nicht weiterleben. Ich glaube an nichts. Ich habe keinerlei Hoffnung."

Und wie ein Kind fing ich zu weinen an. All die Tränen, die ich aus Furcht, meine Schwäche zu zeigen, zurückgehalten hatte, wurden plötzlich durch eine Flut von Wahrheit herausgeschwemmt.

„Ich habe in dieser Welt alles getan, wovon ich meinte, es könnte mich glücklich machen", sagte ich, „aber es klappt nicht. Es klappt einfach nicht. Ich habe alles und ich habe nichts. Ich würde mich heute abend noch umbringen, Gott, aber was wäre, wenn Du noch lebst? Lieber Jesus, ich habe Angst, Du könntest leben!"

Ein Dutzend nutzlose Pfade hinunter wanderte mein Verstand und kehrte immer wieder zum elendsten von ihnen zurück: Vietnam, die kleinen Waisenkinder, verzweifelt nach meinen Händen fassend, ihr offenes Gesicht in die Leere des meinen schauend.

„Es ist ein furchtbarer *Scherz,* Gott!"

Eine Stunde lang rang ich mit Mächten, die ich nicht verstand, bis ich endlich erschöpft anfing, mich zu ergeben.

„Mein Gott, was willst Du von mir?" schluchzte ich, meinen Kopf im Bett vergraben.

Ich wußte schon die Antwort: alles.

„Gib mir doch ein Zeichen, einen Beweis, damit ich glauben kann."

Nichts.

„Lieber Jesus, Du warst ein Mensch. Du kennst die Furcht und die Zweifel des menschlichen Intellekts. Gib mir doch ein Signal, irgendeinen Anhaltspunkt, einen Beweis dafür, daß ich Dir vertrauen kann. Entweder nimm mir das Leben oder gib mir einen Grund zum Leben."

Wieder wartete ich. Nichts.

„Ich habe keine andere Wahl, als zu glauben!" rief ich. „Wenn Du nicht existierst, dann bin ich ein Toter! Ich übergebe dir mein Leben, Jesus! Hier, nimm alles, was ich habe. Ich überlasse mich Deiner Obhut! Nimm mich an!"

Ich wußte in meinem Herzen, daß ich jedes Wort ernst meinte. Ich übereignete alles Gott — mein Ego, mein Geld, meine Karriere.

Überließ alles den Händen dessen, den ich nicht kannte, aus Furcht vor dem, was ich schon gut kannte. Es gab kein siegreiches Schlachtgeschrei, als ich Gottes Grenzen betrat, sondern nur ein erbärmliches Flehen um Obdach und Asyl.

Dann fühlte ich es. Seine Fittiche umschlossen mich wie die Atmosphäre. Sein Friede rührte den Strom an, und die reißenden, tobenden Fluten kamen zur Ruhe.

Der Friede vertiefte sich. Eine schwere Last, von deren Existenz ich nichts geahnt hatte, wurde von meinen Schultern genommen. Ich fühlte mich körperlich leichter. Und es gab Stille. Kostbare, innere Stille — die Art von Stille, die ein Reh im Forst dazu bewegt, seinen Kopf zu heben und zuzuhören —, und ich erkannte, daß es in mir schon immer laut gewesen war. Ich hörte zu, aufgrund dieses schönen Schweigens total benommen.

Aber es gab noch etwas.

Ich schaute mich im Zimmer um. Es war leer, doch war jemand gegenwärtig, und ich war zum Teil dieser Gegenwart geworden, mit Kraft umflochten, vollständig und heil, ohne jeglichen Mangel — heilig.

„Lieber Jesus", flüsterte ich. „Du lebst!"

Am nächsten Tag lieferte Ted den zerschmetterten Plymouth bei der Mietwagenfirma wieder ab und sagte, daß ich für die Schäden aufkommen würde.

„Das übernimmt alles die Versicherung", sagte der Mann und schaute sich traurig den Wagen an. „Was ist geschehen? Es sieht so aus, als wäre die Federung heruntergedrückt worden."

„Ich glaube, sie ging kaputt, als wir in den Graben fuhren", erwiderte Ted.

„Sie sind in den Graben gefahren?"

„Ja, dort hinten in der Nähe von The Rustic Room."

„Nun, die Versicherung übernimmt jedenfalls alles", sagte der Mann. „Sie können den blauen Ford dort drüben bekommen."

„Es muß aber ein Plymouth sein", sagte Ted mit einem Grinsen. „Ich fahre nur noch Plymouth."

Der Mann schaute sich Ted stillschweigend an. „Warum Plymouth?" fragte er verdutzt.

„Ich weiß es nicht genau", sagte Ted und grinste immer noch, „aber nach gestern abend denke ich, vielleicht sind Plymouths die besten Autos, die jemals hergestellt wurden."

Spät am folgenden Abend rief ich in Kalifornien bei Lory an und erzählte ihr, was geschehen war —, wenigstens einen Teil davon.

„Was für ein Erlebnis war es?“ fragte sie.

„Nun ...“ Ich kämpfte mit mir selbst. „Gestern abend, bevor ich ins Bett ging, betete ich und übergab mein Leben Gott.“ Ich drückte mich recht maßvoll aus, da ich ihr nicht wie ein wahnsinnig Rasender vorkommen wollte. Trotzdem gab es eine lange Pause.

„Lory? Bist du noch dran?“

„Ja, ich bin da“, antwortete eine leise Stimme. Dann sagte sie nach einer weiteren Pause: „Du willst doch nicht etwa anders werden, oder?“

Ach, hoffentlich, dachte ich bei mir selbst. *Ich hoffe es aufrichtig.*

Während der Aufführungsperiode des Stückes floß ein neuer Friede durch jeden Augenblick des Tages. Ich widerstand dem Drang, ihn aus Furcht, er könnte verschwinden, an mich reißen zu wollen. Sogar meine Arbeit wurde anders, und die Menschen gingen auf meinen Stil wie sonst nie ein. Ovationen kamen, und ich schaute oft fast verblüfft auf das Publikum. Da ich mich nicht wie in der Vergangenheit nach seiner Bewunderung ausgestreckt hatte und sie mir dennoch in größerer Fülle zuteil geworden war, war ich auf der Bühne freier und ungezwungener als je zuvor. Aber das konnte man keinesfalls mir selbst zuschreiben.

Ein überwältigendes Gefühl des Ausgefülltseins, das mir mein ganzes Leben lang ausgewichen war, wurde zu dem „Zeichen“, worum ich Gott gebeten hatte. Wenn mir jemand angeboten hätte, mir gegen das, was jetzt meinen Geist in Besitz genommen hatte, das größte Vermögen der Welt zu geben, hätte ich ohne zu zögern geantwortet: „Unmöglich!“

Ich hätte auch gern das Theaterspielen aufgegeben, um den süßen Frieden zu behalten, den ich jetzt verspürte, aber jeden Abend bestärkte mich die Vorführung in dem Eindruck, Gott wolle mir die Karriere nicht wegnehmen; er ließ mich vielmehr darüber Herr werden.

Aber das war nur der Anfang. Es wurde nur der Schauplatz einer langen Serie von Schlachten vorbereitet.

Kapitel 11

Verändert, aber äußerlich nicht anders

Es war beinahe dunkel, als Lorys großes Kabriolett leise die lange, asphaltierte Einfahrt hinauffuhr und unter einer riesigen kalifornischen Platane zum Stehen kam. Wir waren zu Hause: in Los Angeles, der Stadt der Engel, einschließlich des San-Fernando-Tales mit seinen drei Millionen Schlafräumen.

Dies war immer noch „mein" Haus. „Ihr" Haus lag drei Autominuten entfernt. Sehr günstig. Beide Häuser waren auf einem Gelände gebaut worden, das früher Edgar Rice Burroughs gehörte, und an einigen Abenden konnte man sich fast vorstellen, wie Tarzan auf seine Brust trommelte und sich durch die Bäume schwang.

Lory sprach gerade.

„Es war schon immer *dein* Haus, *dein* Auto, *deine* Kinder", sagte sie. „Es hat sich nichts geändert. Jetzt heißt es: *dein* Erlebnis. Du hast deinen Egoismus nicht aufgegeben; du hast ihn nur auf etwas anderes übertragen."

„Lory, du wärst sowieso nur mit meinem Erlebnis einverstanden, wenn du es selbst manipuliert hättest. Weil du aber 4800 Kilometer weit weg warst, kann es unmöglich echt sein, stimmt's?"

Lory seufzte schwer, ermüdet durch den Streit, den wir während unserer Reise durch das ganze Land ausgetragen hatten. Sie war nach West Virginia in den Osten gefahren, um ihre Verwandten zu besuchen, dann hatte sie mich am letzten Abend der Show in Westbury, New York, abgeholt. Dann fuhren wir, nachdem wir in Alabama meine Familie besucht hatten, nach Hause in den Westen.

Wir hatten uns ununterbrochen gestritten. Niemand hatte den Streit gewonnen. Es gab jetzt ein schmerzliches, verdrießliches Etwas zwischen uns, das das Reden schwer werden ließ.

„Wenn es echt wäre", sagte sie leise, „wärst du anders. Wozu taugt es überhaupt, wenn es dich nicht verändert?"

„Ich dachte, du *wolltest* es gar nicht, daß ich anders werde!"

Sie wandte sich ab und schaute stillschweigend zum Fenster hinaus.

Aber sie hat recht, dachte ich, *es hat sich nichts geändert.* Jener wunderschöne Friede hatte sich im Laufe des Konflikts verflüchtigt.

Ich schritt durch das Rotholztor und setzte das Gepäck auf der Seitenveranda ab. Wenigstens hatte es in der Gideon-Bibel in Westbury, New York, geheißen, ich sei eine „neue Kreatur", grübelte ich. Aber ich mußte zugeben, daß ich mich keinesfalls noch wie neu fühlte. Lory saß immer noch im Auto, anscheinend in Gedanken vertieft, als ich am Swimmingpool vorbei und die Treppe zum Weinberg hinaufging.

Die Streiterei muß sie genau anekeln wie mich, dachte ich. *Aber wenn wir uns alle beide nicht streiten wollen — warum tun wir es denn doch? Und warum hat mein „Erlebnis" nicht geholfen?*

Wir hatten uns scheinbar noch tiefer verstrickt in irgendein finsteres Verhaltensmuster mit Wirkung und Gegenwirkung, das sich aber selbst nährte und immer stärker wurde; dabei sehnten wir uns beide in einem anderen Teil unseres Wesens danach, uns auszustrecken, um zu trösten, zu lieben, zu helfen.

Lory war der liebevollste Mensch, den ich jemals kennengelernt hatte. Ich hatte vor ihrem Talent Respekt: Sie war eine hervorragende Schriftstellerin und besaß einen großartigen Scharfblick und die mächtige Kunst, diesen schriftlich festzuhalten. Und ich respektierte ebenfalls ihre Einfalt: Sah sie nur eine Wiese mit gerade erblühten Feldblumen, konnte sie vor Freude tanzen, wie ein kleines Kind. Tatsächlich hatte ich einmal beobachtet, wie sie einen Blick unter die zusammengefaltete Blüte einer Lilie geworfen und mit von Tränen erfüllten Augen und ehrfürchtiger Stimme gesagt hatte: „Es gibt eine Kathedrale hier drin."

Laufend ermutigte sie mich und baute mich auf. Manchmal schaute ich sie mit scheelen Blicken an, wenn eine Aussage zu schwer war für meinen abgematteten Verstand, aber bald lernte ich, daß sie auf einer anderen Ebene reagierte und alles, was sie aussprach, zutiefst empfand. Warum, wenn ich sie doch so sehr liebte, konnten wir nicht damit aufhören, uns zu streiten?

Bald senkte sich die Dunkelheit herab, und der Mond schien hell, während ich durch den Weinberg ging und probierte, was übriggeblieben war von den Petite-Sirah- und den Zinfandel-Trauben. Als ich oben auf der aus Eisenbahnschwellen gebauten Treppe ankam, saß Lory nicht mehr im Wagen. Sobald ich das Haus betrat, wußte ich, daß es ein langer Abend werden würde. Sie hatte sich einen Drink gemixt und saß nun am Wohnzimmertisch, unnachgiebig wie eine Statue, mich trotzig anstarrend.

Und der Abend wurde tatsächlich sehr lang.

Am nächsten Morgen schlurfte ich schwerfällig ins Wohnzimmer, an dem Wissen um mein Versagen erkrankt. Der Raum roch noch nach Alkohol von gestern abend, überall lagen Glassplitter und gebrochene Möbel verstreut. Irgendwann um Mitternacht herum hatte ich den Kronleuchter aus Tiffany-Glas gepackt und ihn erst um meinen Kopf geschwungen, bevor ich ihn mit ungeheurer Kraft gegen den Holzbalken, von dem er hing, geschmettert hatte.

Gott wird mit mir nie fertig werden, dachte ich und schaute mich im Zimmer um. Es war ein Krieg im Gang, und die Ruhe und der Friede waren unterlegen. Was war passiert? In einem Augenblick von einem transzendenten Frieden, im nächsten von furchterregenden Aggressionen erfüllt, pendelte ich hin und her über die Grenzen von Finsternis und Licht wie ein geistlicher Jekyll und Hyde.

Trotz der Erinnerungen aus Haiti und Mexiko-Stadt, an die tödlichen Pläne der Hölle und an das Verlangen Gottes, uns zu heilen, fehlten mir die geistliche Reife und Erkenntnis, die es mir möglich gemacht hätten, sie auf ein unmittelbares Problem anzuwenden.

Ich hatte gegen organisierte Frömmigkeit jeglicher Prägung Vorurteile, darum stand es für mich außer Frage, einen Gottesdienst zu besuchen. Ich schnitt mich dadurch nicht nur von Scharlatanen und religiösen Demagogen, sondern auch von jeder echten Quelle von Licht und Gemeinschaft innerhalb der Gemeinde der Gläubigen ab.

Da ich als Kind in die Kirche gegangen war, hatte ich wenigstens gelernt, daß Gott mich liebt. Dort hatte man die Botschaft des Heils in Jesus dem Messias verkündigt, und ich hatte mich in meiner Not Ihm zugewandt. Mußte ich aber zur Kirche zurückkehren, um zu einem überwältigenden und beständigen Sieg zu gelangen? Sicherlich nicht.

Aber in der Bibel hieß es, daß wir *mehr* als Überwinder sein sollten! Nicht nur hätte ich den heftigen Angriff dessen abwehren sollen, was während des zerstörerischen Fiaskos vom gestrigen Abend meinen Geist besessen hatte, sondern ich hätte mich eigentlich an einem Ort jenseits des Überwinderlebens befinden müssen, an einem Ort des Triumphes.

In Cherry Hill hatte meine Not lange genug den Hochmut und die Furcht in mir erschüttert, um mich zu zwingen, mich in ausgestreckter Lage vor den Thron Gottes zu werfen; und in einem einzigen Augenblick wurde ich von dem abhängig, was im ganzen Weltall durch nichts zu ersetzen ist, nämlich von der ehrfurchtgebietenden Gegenwart des Schöpfers aller Dinge. Da war die Aktion — in der Gegenwart Gottes. Wie konnte ich sie nun zum Angelpunkt meines Lebens werden lassen, damit die vom Hochmut, von der Furcht und vom Egoismus verursachte Unausgewogenheit ausbliebe?

Ich bückte mich und hob einen kleinen Vogelbauer aus Messing auf, der gegen den Fußboden geschmettert worden war. Es war das erste Geschenk, das ich Lory gemacht hatte, als wir anfingen, miteinander zu gehen. Es war mit fachmännischer Kunstfertigkeit konstruiert. Man konnte es aufziehen, dann trillerten die beiden winzigen Vögel fünf oder sechs Minuten lang. Mit ein paar Umdrehungen spannte ich die Feder etwas, aber die rotgelben Singvögel, verdreht und verzogen, weigerten sich zu singen. Ich hatte volles Verständnis. Mein eigenes Lied war auch verstummt.

Als Lory aufwachte, kam sie ins Wohnzimmer, und wir standen einfach da und schauten uns gegenseitig an, ohne zu sprechen. So war es dann meistens. Wenn wir lange genug über das hinweggingen, was geschehen war, und wenn sich nichts Schlimmeres ereignete, würden wir uns wahrscheinlich wieder in Richtung Liebe treiben lassen.

Im Laufe des nächsten Jahres konnte die Entmutigung genauso leicht wie die Freude ihr Haupt erheben, und jeder geistliche Fortschritt stieß genauso auf Niederlagen wie auf Erfolge. Nach einer Zeit akzeptierte ich die Unbeständigkeit als das normale Arbeitsverfahren in geistlichen Angelegenheiten. Ich gewöhnte mich an nicht miteinander zu vereinbarende Gefühle in meinem Inneren und versuchte mit aller Willenskraft, einen gemäßigten Kurs zwischen den beiden Extremen zu steuern.

In diesem Jahr versuchte ich, wenngleich stotternd und ohne Erfolg, meinen Bekannten von dem zu erzählen, was geschehen war, und sie davon zu überzeugen, daß wir alle einer Gehirnwäsche unterzogen worden seien, die uns glauben ließ, wir würden uns selbst verwirklichen, obwohl wir in Wirklichkeit nur Sklaven des vorherrschenden Weltgeistes waren. Obwohl es keine sichtbaren Zeichen des Wachstums oder der Disziplin in meinem Leben gab, klammerte ich mich an den Glauben — an die *Hoffnung* —, ich sei ein „veränderter" Mensch.

Ich wollte unbedingt daran glauben, fürchtete mich aber davor, preiszugeben, wie wenig Kraft oder Glauben ich hatte, weil dann das Ganze zerstört würde.

„Sag mir einfach, was geschah", sagte Kelly Gordon.

„Ich habe schon versucht, dir zu sagen, was geschah", erwiderte ich gereizt. „Nur kann ich es nicht in Worte fassen."

„Ich habe noch nie von etwas gehört, daß ich nicht in Worte fassen konnte", sagte Kelly und trank einen kräftigen Schluck Bier.

Er war zusammen mit einem alten Bekannten vom College, Jack Harper, zum Haus herübergekommen, um etwas über mein Erlebnis zu erfahren. Das Problem war nur, daß Lory und ich uns gestritten hatten, kurz bevor sie ankamen, so daß ich mich nicht danach fühlte, überhaupt etwas mitzuteilen, außer vielleicht etwas von einem dreitägigen Zechgelage.

„Es muß Worte dafür geben", meinte Lory. „Du mußt doch die Worte finden, mit denen du beschreiben kannst, was mit dir geschehen ist."

„Du hast uns noch gar nichts gesagt!" sagte Jack mit einem Lachen. „Du scheinst dich tatsächlich dem Ziel hingegeben zu haben, überhaupt nichts zu sagen!"

„Wenn du möchtest, daß wir dieses großartige Erlebnis haben, Mann, dann mußt du es beschreiben!" fügte Kelly hinzu.

„Das ist die Kunst der Verständigung", fuhr Lory fort, seine Gefühle in Worte zu kleiden.

„Es ist *Frieden"*, sagte ich. „So kann man es nennen. Frieden."

Bevor Jack und Kelly angekommen waren, hatte ich schon den Frieden erwähnt, und Lory hatte gelacht. „Frieden? Du bist nicht mehr friedevoll gewesen, seitdem wir aus dem Osten zurückgefahren sind. Du warst gehässig und niedergeschlagen. Wie kannst du denn sagen, du habest den Frieden gefunden?"

Und jetzt warteten Jack und Kelly. Um den Eßtisch fielen Schatten, da der zerschmetterte Kronleuchter nicht ersetzt worden war, doch konnte ich in ihren Augen ihre Erwartung erkennen. Wenn jemals zwei Burschen eine Dosis Frieden brauchten, dann waren es

Jack und Kelly. Kelly produzierte nicht mehr Schallplatten. Er wohnte auf seinem Boot in Marina del Rey und trank zu viel. Jack liebte auch den Alkohol und schloß sich manchmal eine ganze Woche in seiner Wohnung ein.

„Es ist schwer, es zu beschreiben", fuhr ich fort, „da es sich um nichts Konkretes handelt. In der einen Minute glaubt man etwas nicht, in der nächsten glaubt man dann doch daran. Es spielt sich alles im Inneren ab, macht aber einen unendlich großen Unterschied."

„Ich hatte halbwegs Angst, heute abend hierherzukommen", sagte Jack lächelnd. „Ich hatte Angst, du wärst mir zum Fundamentalisten geworden." Jack wußte ein Schlagwort für alles und er benutzte „Fundamentalist" für „evangelikaler Christ".

„Hier hat aber die Theologie nichts zu suchen, Jack", erwiderte ich. „Wenn ich überhaupt etwas über das weiß, was geschah, dann dies: Es war kein intellektueller Vernunftschluß, sondern ein geistliches Happening. Ich hatte das Gefühl, mich mit jemandem verständigt zu haben." Ich hatte nicht den Mumm, *Jesus* zu sagen.

„So wie du dich mir gegenüber verhältst", flüsterte Lory, „möchte ich nichts mit demjenigen zu tun haben, mit dem du dich verständigt hast."

„Lausig", sagte ich und stand vom Tisch auf. Lory war verärgert. Ich war niedergeschlagen. Der Abend war eine Katastrophe. Es war lächerlich, über Gott oder den Frieden sprechen zu wollen. Ich schob die Schuld für meine Unfähigkeit, etwas Positives mitzuteilen, meiner Furchtsamkeit und meiner schwerfälligen Zunge zu.

Kelly folgte mir in die Küche, und wir gossen uns noch ein Bier ein.

„Okay, Mann, du hast also im Hotelzimmer gebetet und dann fühltest du diese Gegenwart. Was geschah als nächstes?"

„Wie ich sagte, Kelly, hatte ich sechs Wochen lang Frieden."

„Aber was geschah, Mann?" wiederholte er beharrlich.

„Frieden geschah!" sagte ich, wobei meine Stimme lauter wurde. „Ich hatte Frieden! Ist denn der Friede kein Ereignis? Wenn du 25 Jahre lang niedergeschlagen bist und dann plötzlich Frieden hast, ist das kein Ereignis?"

Lory kam in die Küche. „Schämst du dich, daß Jack dich einen naiven Fundamentalisten schimpfen könnte?"

„Ich schäme mich darüber, daß ich damals so eine riesige *Not* hatte. Darüber schäme ich mich."

„Ich glaube, du hast das, was geschehen ist, so weit übertrieben, daß du die Wahrheit über das, was wirklich geschah, vergessen hast", sagte sie.

„Hör zu, Lory", — ich schrie schon beinahe —, „ich übergab mein Leben Gott in jenem Hotelzimmer. Ich bin verändert! Vielleicht sehe ich immer noch so aus wie früher, rede genauso, benehme mich genauso, aber ich bin anders, auch wenn du den Unterschied nicht sehen kannst. Der Unterschied hat bloß noch keinen Unterschied gemacht, aber verändert bin ich!"

Lory starrte mich an, als wäre ich schwachsinnig.

„Mann, ich möchte so gern wissen, was geschehen ist", sagte Kelly.

Kapitel 12

Atypisches Verhalten

Die Spannung steigerte sich weiter und spitzte sich zuletzt wegen eines absurden, antiken Stuhles, der Lory gehörte, zu.

Sie hatte ihn, während ich von zu Hause fort war, von ihrer Wohnung herübergebracht. Als ich bemerkte, wie er, neben dem Kamin placiert und wie eine Dauereinrichtung aussehend, dastand, ärgerte ich mich darüber, da er eine Aushöhlung des wunderbaren „Abkommens“ darstellte, dessen wir uns erfreuten — d. h., daß wir alle Vorteile der Ehe, aber keine eheliche Verantwortung hatten.

Die Anwesenheit jenes Stuhles sowie die Tatsache, daß sie die Unverschämtheit besessen hatte, ihn hierherzuholen, während ich im Studio arbeitete, stellten einen weiteren Angriff auf meine Unabhängigkeit dar, und ich fühlte mich verpflichtet, sie zu bitten, auszuziehen. Das Ergebnis war überraschend.

Sie zog aus. In aller Ruhe packte sie ihre Sachen zusammen und zog mit Sack und Pack in ihr eigenes Haus zurück. Ich konnte es nicht verstehen. Dies war gewiß atypisches Verhalten. Normalerweise, wenn ich damit drohte, unserer Beziehung ein Ende zu setzen, brachte sie mich bei dem Versuch, mich zu halten, beinahe um. Aber diesmal, als ich sagte: „Es ist vorbei“, akzeptierte sie es und faltete stillschweigend ihr Zelt zusammen. Vielleicht hatte sie nicht genau verstanden, was ich hatte sagen wollen. An jenem Abend rief ich sie an und bat sie, mit mir zusammen zu Abend zu essen.

„Lory“, sagte ich, „wir haben wunderbare drei Jahre miteinander verbracht, und ich glaube, wir sind beide dadurch gewachsen, daß wir einander kennenlernten. Können wir nicht weiterhin gute Freunde bleiben und unser Verhältnis auf warmherzige und zivilisierte Weise beenden?“

„Ich möchte auch, daß wir Freunde bleiben“, sagte sie. „Ich

liebe dich immer noch, Dean, aber ich bin nicht länger bereit zu kämpfen, damit es mit unserer Beziehung klappt."

Und genauso ging der Abend zu Ende. An ihrer Tür sagten wir einfach auf Wiedersehen.

Während ich allein nach Hause fuhr, regte ich mich wirklich auf. Warum mußte sie derart süß und unterwürfig sein? Das war die letzte Reaktion, mit der ich gerechnet hatte. Wir hätten unsere Affäre wenigstens so beenden können, wie wir sie ausgelebt hatten — bis zuletzt unerbittlich kämpfend! Beim Abendessen hätte sie die Gelegenheit gehabt, mir das Essen an den Kopf zu schmeißen, wie sie es in New York getan hatte, oder mir ins Bein zu beißen, wie sie es letztes Jahr bei ihr im Wohnzimmer getan hatte; aber nein, sie lehnte es ab, es mir leicht zu machen. Sie war entschlossen, warmherzig und zivilisiert zu bleiben. So ein Pech!

In jener Nacht habe ich kein bißchen schlafen können. Und während ich mich im Bett von einer Seite auf die andere wälzte, erinnerte ich mich nur noch an die vergangenen Augenblicke der Liebe und der Zärtlichkeit. Und ich wurde immer gereizter.

Eine Bindung an eine einzige Frau war verrückt! Ich war doch zu beneiden, oder? Erst zum zweiten Mal, seitdem ich nach Los Angeles gekommen war, war ich vollkommen ohne Bindung, frei, um mich offen der großen Anzahl verfügbarer Schönheiten in Hollywood zu widmen. Hatte ich das nicht schon immer gewollt? Keine versteckten Beziehungen, keine „So-wie-ich-Zeit-habe"-Affären mehr. Ich war *frei.*

Aber warum fühlte ich mich denn *unfrei?* Und wie stand es mit meiner anderen Bindung — an Jesus Christus? Das ist das Ärgerliche, wenn man eine Beziehung zu Ihm entwickelt, dachte ich. Sie stört die Fähigkeit, das Phantasieren über die Sünde als Spaß zu empfinden.

Aber das war nicht das Schlimmste. Dort, während der schlaflosen Morgendämmerung, stellte sich ein weiteres, unglaubliches Gefühl ein. Zwar kam es mir lächerlich vor, aber ich fühlte mich einsam. Ich hatte eine einsame Kindheit verbracht und hatte während des frühen Teils meines Lebens und meiner Karriere ein anscheinend bleibendes Verhaltensmuster der Selbstisolierung entwickelt. Es machte mir Spaß, allein zu sein! Welche Dummheit, mich so sehr auf einen anderen Menschen einzulassen, daß ich mich unvollendet fühlte, wenn sie nicht da war. Dumm! Dumm!

Aber mein Gedächtnis konnte die lange Liste von Tugenden nicht vergessen, die einer einzigen Person zuzuschreiben waren: Lory Patrick. Egal, wenn sie erkennen würde, daß ich hoffnungslos in sie verliebt bin, daß sie nicht mehr kämpfen müßte, um uns zusammenzuhalten, würde das bloß eine weitere Tugend zu ihrer langen Liste hinzufügen: das Unterscheidungsvermögen.

Kurz nach Sonnenaufgang rief ich sie an. Eine verschlafene Stimme antwortete.

„Wie geht es dir?“ fragte ich.

„Wunderbar“, erwiderte sie benommen.

Ich konnte es nicht glauben. „Wirklich?“

„Doch. Warum rufst du an? Ich dachte, wir hätten gestern abend auf Wiedersehen gesagt?“ Sie hörte sich großartig an.

„Heißt das, daß du tatsächlich geschlafen hast?“ fragte ich.

„Aber wie! Ich habe seit Monaten keine Nacht so gut geschlafen. Und du?“

„Mir ist elend, danke. Ich glaube, ich kann ohne dich nicht schlafen.“

„Das könnte sich angesichts der Entscheidung, die wir getroffen haben, katastrophal auswirken.“

„Ja. Wollen wir nicht zusammen frühstücken? Ich hole dich in einer halben Stunde ab.“

„Augenblick mal, ich dachte...“

„Nun, wir können uns unterhalten, oder nicht?“

Wir gingen in ein kleines Café in der Nachbarschaft. Sie war fröhlich und gut ausgeruht und munter, eher wie die Lory Patrick, die ich kennengelernt hatte, bevor wir mit all unseren Problemen angefangen hatten. Unabhängig. Ich konnte mich wirklich dafür begeistern.

„Du tust so, als wärst du über unsere Entscheidung glücklich.“

„Bin ich auch“, sagte sie einfach. „Ich hatte vergessen, wie es ist, frei zu sein. Ich kann wieder atmen. Ich habe dich losgelassen..., und das ist ein gutes Gefühl.“ Sie lächelte froh.

Das tat weh. Wenn man sich der Wahrheit gegenübersieht, weiß man es. Sie machte mir nichts vor. Sie war frei. Die Spannung war aus ihrem Gesicht verschwunden. Sie war wieder ihr wahres Selbst. Sie war schön. Ich liebte sie. Und ich wollte sie für immer besitzen. Die ganze Situation war plötzlich umgedreht, und das paßte mir überhaupt nicht.

Lory lächelte herzlich, aber entschlossen. „Da wir jetzt die Entscheidung getroffen haben“, sagte sie, „bin ich ziemlich darauf erpicht, mit meinem Leben weiterzumachen.“

,,Schau her", sagte ich ihr, ,,ich glaube, es ist an der Zeit, unsere Beziehung ins Reine zu bringen und eine öffentliche Bekanntgabe aufzugeben."

Sie sah verwirrt aus, dann lachte sie. ,,Du meinst, wir sollten eine Anzeige in die Zeitung setzen, um bekanntzugeben, daß du dich weigerst, die Verantwortung für meine Schulden zu übernehmen?"

,,Nein. Ich möchte, daß du mich heiratest."

Es gab eine lange Pause, während derer wir uns nüchtern anstarrten. Dann füllten sich ihre Augen langsam mit Tränen. ,,Warum denn?"

,,Ich muß unbedingt noch etwas schlafen", sagte ich.

,,Ich dachte, wir hätten uns beide entschieden, an keine Ehe mehr zu denken", sagte sie ernst. ,,Daß wir dafür nicht geschaffen seien. Und..."

,,Nun, ich habe meine Meinung geändert."

,,Wieso kommst du auf den Gedanken, es wäre dann anders?"

,,Ich weiß es nicht. Aber irgendwie glaube ich, daß die Verbindlichkeit etwas ausmachen wird. Die Ehe wird vielleicht unseren Problemen kein Ende machen, aber sie wird unsere Entschlossenheit wachsen lassen, sie zu überwinden. Und außerdem liebe ich dich sehr."

Die Einladung lautete:

Lory Patrick
und
Dean Jones
sind verliebt,
deshalb wollen sie heiraten

Und auf der Innenseite stand:

Sie laden Euch ein,
an der Freude des
Anfanges
ihres neuen
gemeinsamen Lebens
teilzuhaben.
2. Juni 1973.

Als ich neben Lory stand und das Trauversprechen wiederholte — „Ich, Dean, nehme dich, Lory, im heiligen Ehebund ... dich zu lieben und für dich zu sorgen ...“ —, fand ich alles sehr schön und ein wenig unglaublich. Der alte Deano hatte beschlossen, nie wieder auf eine derartige Verbindung einzugehen. War dies etwa eine Idee des Herrn, um unser Leben ins Reine zu bringen, damit wir bereit wären, mit Ihm zu leben?

Der Gedanke brachte mir eine plötzliche Freude ins Herz, ein Gefühl jauchzender Erwartung, das jede Sorge um die Zukunft hinwegfegte.

Aber unsere Chancen, eine gute Ehe zu führen, waren sicher dadurch vermindert worden, daß wir vorher zusammengelebt hatten, und auch durch meine ganze bisherige Promiskuität. Es war, als wäre ich ins Schokoladengeschäft gegangen, um mich vollzustopfen, statt mir eine einzige wohlschmeckende Tafel Schokolade auszusuchen und auf die Befriedigung zu warten, die ich dann hätte, wenn ich sie verzehrte. Das Schöne und das Heile an der sexuellen Erfahrung waren dadurch zerbrochen worden, daß ich beiläufig schon so viele Stücke meines Ich verschenkt hatte.

Während eines Auftritts in der Merv-Griffin-Show hatte ich zugegeben, die meiste Zeit meines Lebens ein Ehebrecher zu sein. Mervs anderer Gast sagte: „Was ist denn daran verkehrt?“ Ich hatte erwidert: „Jeder, der daran beteiligt war, wurde verletzt, auch ich selbst.“

Schon war ich dabei, zu lernen, daß Gott ein Reparaturgeschäft hat. Er konnte die Wunden verbinden und die gebrochenen Knochen heil machen, obwohl das offensichtlich nicht Seine erste Wahl war. Aber wenn unsere Ehe halten sollte, brauchte sie eine Menge mehr Licht und Heilung.

Kapitel 13

Auf dem Weg

Als Lory 14 war, verwandelte sich ihre Mutter, eine Frau, die Spaß verstehen konnte, in eine nüchterne, eifrige Christin. Weil Lory sie so geliebt hatte, wie sie vorher war, empfand sie jede Veränderung als Bedrohung. Und da ihr Vater noch nicht bereit war, die gleiche Verpflichtung einzugehen, wurde die Familie gespalten.

Als ich also aus New Jersey angerufen hatte, um zu sagen: „Ich habe mein Leben Gott übergeben", hatte Lory gedacht, die schönen Zeiten seien jetzt vorbei. Wenn ich Gott näher käme, müßte ich mich nicht von ihr zurückziehen?

Mit 17 heiratete Lory und konvertierte zum Katholizismus. Mehrere Jahre danach lebte sie nahe bei Gott, bevor sie dem Reiz eines Lebensstils ohne religiöse Schranken erlag.

In letzter Zeit hatte sie sich, ohne daß ich etwas davon wußte, nach Gott ausgestreckt, aber mit derartig extremen Schuldgefühlen über ihren Abfall vom katholischen Glauben, daß sie meinte, ihr könne nur durch irgendein großes Wunder oder dadurch, daß sie mit Hilfe des Bußsakraments die Barmherzigkeit Gottes verdiente, vergeben werden. Sie hatte noch nicht verstanden, wie ihre Heilung in Mexiko-Stadt ein Reden Gottes sein konnte, etwa: „Siehst du, ich liebe dich, ich bin nicht böse auf dich."

Gelegentlich sprach Lory mit mir über geistliche Angelegenheiten. Aber ich hatte aufgehört, darüber zu diskutieren, und in meinem Herzen hielt ich den Glauben verborgen, daß mein Erlebnis in Cherry Hill mich mit Gott in Verbindung gebracht hatte und daß in meinem Inneren etwas Tiefes hinterlassen worden war — etwas, das nicht unbedingt den Sieg brachte, das aber auch nicht vollkommen tot war. Es war „persönlich". Über jenes Wissen hinaus hatte ich wenig Verständnis für die Richtung, die ich einschlagen sollte.

Wenn Lory und ich offen vor irgendeinem Altar anbeteten, dann dort, wo der Gott der persönlichen Freiheit und der Unabhängigkeit verkündet wurde. Wir hatten überhaupt nicht vor, uns auf irgendeine Gruppe einzulassen, die sonntags oder sonnabends oder dienstags zu Versammlungen oder Messen oder Gottesdiensten zusammenkam.

Ja, wir stritten uns weiterhin. Die Ehe hatte unserem Heim den Frieden nicht gebracht, auf den wir gehofft hatten, aber ganz gewiß wäre es auch nicht die Antwort, in die Kirche zu gehen.

Wenigstens, so meinten wir bis zu dem Tag, als wir nach Hawthorne fuhren, um den Taufgottesdienst für einen Bekannten von Michael zu besuchen. Dort lernten wir eine Gruppe junger Menschen kennen, die auf eine derart offene und liebevolle Weise ihren Glauben mitteilten, daß wir momentan unser Vorurteil gegen die organisierte Frömmigkeit vergaßen.

„Ach, Schatz, meinst du nicht, wir könnten irgendwo in der Nähe von unserem Haus eine Gemeinde wie die Hawthorne Community finden?" fragte Lory.

In der folgenden Woche besuchten wir einen Gottesdienst, der wie eine Beerdigung abgehalten wurde. Zwei Wochen danach besuchten wir eine kleine Gemeinde, wo zwei kleine, alte Damen sich praktisch von Kronleuchter zu Kronleuchter schwangen, in irgendeiner fremden Sprache schreiend durch das Heiligtum sprangen und zum Schluß in Altarnähe halb in Zuckungen gerieten und hinfielen, woraufhin etwa die halbe Gemeinde sie umringte und uns die Sicht versperrte.

„Kannst du glauben, was für eine Energie diese alten Mütterchen aufbrachten?" fragte ich Lory nachher. „Ich wette, die kleinste war die meiste Zeit ein Meter vom Fußboden!"

„Wenn man ihr Alter in Betracht zieht", erwiderte Lory, „kann es durchaus sein, daß wir ein Wunder gesehen haben."

Dann, an einem Sonntag, drei Monate später, fuhren wir auf einem überfüllten Parkplatz vor und stellten uns in einer langen Schlange vor einem ungleichförmigen, aber nicht unattraktiven Gebäude namens *Gemeinde auf dem Weg* an. Lorys Freundin Marilyn hatte uns in die Gemeinde geschickt, die ihre Tante Freda — eine messianische Jüdin, d.h. eine, die daran glaubt, daß Jesus der Messias ist —, besuchte.

„Dies ist das erste Mal, daß ich Schlange stehen muß, um in eine Kirche reinzukommen", sagte ich zu Lory.

Der Mann, der neben mir stand, sagte: „Wir haben damit angefangen, sonntags mehrere Gottesdienste abzuhalten, aber es ist immer noch schwierig, mit den Menschenmengen fertig zu werden."

Verschenken die hier etwa Bargeld? fragte ich mich.

„Sie kommen mir bekannt vor", fuhr der Mann fort. „Sind wir uns schon mal begegnet?"

„Ich glaube nicht", sagte ich. Dann fügte ich als Erklärung hinzu: „Ich bin Schauspieler."

„Ach, ja, natürlich", sagte er mit einem Lächeln. Und im nächsten Atemzug: „Wie heißen Sie denn?"

Ich blickte umher und hoffte, daß niemand unserem Gespräch zuhörte. Ich kam mir vor, als würde ich auf dem Arbeitsamt Schlange stehen und auf das mir zustehende Geld warten, es aber vorziehen, wenn niemand wüßte, daß ich arbeitslos sei.

„Dean Jones", sagte ich leise.

Er lehnte sich zu mir hinüber. „Wie bitte?"

„Dean Jones", wiederholte ich ein wenig lauter.

Er starrte mich an und lächelte höflich. „Verzeihen Sie, daß ich Ihren Namen nicht kannte", sagte er, wobei es ihm jetzt selbst peinlich war, „aber die einzigen Filme, die wir uns ansehen, sind die von Walt Disney."

„Das sind praktisch die einzigen, in denen ich erscheine", sagte ich und starrte ihn albern wieder an, ahmte sein Lächeln nach und nickte mit dem Kopf auf und ab.

Das Ehepaar, das gerade vor uns stand, drehte sich um. „Wir finden Ihre Komödien sehr lustig", sagte die Frau, „und wir möchten Ihnen dafür danken, daß sie Filme drehen, die sich die ganze Familie anschauen kann."

„Danke, danke", sagte ich, eifrig mit dem Kopf nickend und ein wenig unglücklich darüber, daß ich es nötig hatte, meine Identität wieder bestätigt zu bekommen.

Die Kirchentüren gingen auf, und während die Menge nach vorne wogte, flüsterte Lory: „Was ist, wenn dieses Gebäude voll ist mit Hunderten von kleinen alten Damen, die schreien und herumhüpfen?"

Ich drückte ihr die Taille und flüsterte zurück: „Jene Mütterchen müßten einen Agenten haben. Wenn ihre Energie etwas zählt, werden sie noch zu großen Stars."

Innerhalb der Kirche marschierten sechs- ode siebenhundert Menschen durch Seitentüren hinaus und wurden von sechs- oder siebenhundert anderen ersetzt, die sich hin- und herbewegten, lächelten und einander umarmten. Es sah eher nach einem riesigen Familientreffen aus. Wie in Hawthorne waren die meisten Anwesenden junge Menschen.

Das Heiligtum war rustikal, mit Balken versehen und in warmen, erdbraunen Tönen angestrichen. Die Westwand war verlängert worden, um für mehrere Hundert harte Klappstühle aus Kunststoff Platz zu machen, aber wir fanden im älteren Teil noch bequemere Plätze, als gerade ein großer, jung aussehender Mann mit Glatze und einer vorstehenden Nase auf ein etwas erhöhtes, mit Teppich ausgelegtes Podium stieg.

„Hallo,“ sagte er.

Die Menge antwortete mit im Chor gesprochenen *„Hallo“*- und *„Guten Morgen“*-Rufen.

„Allen, die vielleicht heute morgen das erste Mal hier sind“, fuhr er fort, „möchte ich versichern, daß wir nichts Unbiblisches tun werden. Aber es kann sein, daß wir Sie bitten, sich an Aktivitäten zu beteiligen, die Sie in der Kirche noch nie gesehen haben.“

Au backe! dachte ich. *Jetzt geht's los.*

„Beispielsweise könnten wir Sie auffordern, mit zwei oder drei anderen zusammen einen kleinen Kreis zu bilden und in Übereinstimmung mit dem biblischen Gebot »einer trage des anderen Last« füreinander zu beten.“

Lory griff fester nach meinem Arm. „Bleib in der Nähe“, flüsterte sie. Sie konnte sich nicht dafür begeistern, mit wildfremden Menschen beten zu müssen; obwohl mir die Vorstellung eigenartigerweise nicht bedrohlich vorkam.

„Und möglicherweise haben Sie noch nicht gesehen, wie Menschen in Anbetung ihre Hände emporheben“, sagte der Mann, der vorne stand. „Aber es gibt eine Vielzahl von Bibelstellen, die die Weisheit dieser körperlichen Haltung beim Lobpreis bestätigen. Der Apostel Paulus sagt in 1. Timotheus 2, 8: »So will ich nun, daß die Männer an allen Orten beten und dabei reine Hände ohne Zorn und Streit erheben.« Und in Psalm 134, 2 heißt es: »Hebt eure Hände auf im Heiligtum und lobet den Herrn!« Wenn wir etwas von ganzem Herzen tun, müssen wir unser ganzes Sein mit einbeziehen. Der himmlische Vater hat dieses Prinzip in Seine Kinder eingebaut: Wir können die vollkommene Erfüllung nur dann verwirklichen, wenn wir die Anbetung lernen. Und die Anbetung vor dem Herrn ist die Grundlage für alles andere.“

Mein Herz tat einen Sprung. Irgendwo in meinem Inneren wußte ich, daß das, was er sagte, stimmte.

„Während wir heute im Namen Jesu versammelt sind", fuhr er fort, „erwarten wir, daß Er unter uns wirkt. Weil wir in Seinem Namen zusammenkommen, bewirkt Er immer etwas Gutes. Und in diesem Namen über alle Namen liegt alle Macht. Wollen Sie es sich also erlauben, sich vom Bewußtsein der Menschen um Sie herum zu befreien und zu Ihm zu kommen? Machen Sie die Augen zu, richten Sie Ihr Gesicht nach oben und heben Sie die Hände empor, auch wenn Sie es in Ihrem ganzen Leben noch nie getan haben. Oder strecken Sie wenigstens die Hände aus, als würden Sie gerade ein Geschenk in Empfang nehmen. Laßt uns den Namen Jesus verherrlichen."

Überall im Gemeindesaal wurden die Hände emporgehoben, und Hunderte von Stimmen fingen plötzlich, aber begeistert an, das alte Kirchenlied zu singen: „Laut rühmet Jesu Herrlichkeit." Es folgte, etwas leiser gesungen, der Refrain: „Er ist Herr." Dann, als der Gesang zu Ende war, blieb ein leises Rauschen des Lobpreises und der Anbetung.

Nach allen Seiten hin sprachen Männer und Frauen mit nach oben gerichtetem Blick gerade noch etwas lauter als im Flüsterton vor Gott ihre Anbetung und ihre Danksagung aus. Niemand war so laut, daß er andere ablenkte; und dennoch konnte ich die Worte des jungen Mannes verstehen, der unmittelbar neben mir stand.

„Ich liebe Dich, Vater. Du bist so gut. Ehre und Preis sei Dir, Halleluja. Gelobt sei der Name Jesus."

Ich schaute Lory an. Ihre Augen waren geschlossen, und ihr Gesicht strahlte sanft, und ich wußte, ich hatte sie noch nie so sehr geliebt wie in diesem Moment.

Während das Rauschen der anbetenden Stimmen allmählich zurückging, wurden wieder die Worte des Mannes, der auf dem Podium stand, hörbar.

„Vater Gott, wir empfangen das Wirken Deines Geistes unter uns. Wir glauben, daß Du in uns wirkst, um uns zu verändern. Wir kommen mit Lobpreis und voller Erwartung in Deine Gegenwart. Mache Du uns zu neuen Menschen, zu veränderten Menschen, während dieser Gottesdienststunde."

Dann sprach er zur Gemeinde: „Wir wollen die Augen geschlossen halten und unseren Nachbarn die Hand reichen."

Und wieder erklang der kräftige Ton Hunderter von Stimmen:

„Ich will stehen, o Herr, in diesem Heiligtum,
ich will Dich anbeten und Dein Antlitz schauen,
ich will mich verändern lassen
durch Dein Wort und Deinen Geist
und will den Tag Deiner Macht erleben."

Langsam öffneten Lory und ich unsere Herzen. Unser Geist schüttelte jede Befangenheit ab, und wir fingen an, anzubeten.

„Herr, Du bist so gut zu uns", sagte Lory. „Wir haben so viel, wofür wir dankbar sein sollten. Vergib uns ..." Wir hielten unsere Hände vor uns hin, wie der Leiter vorgeschlagen hatte, und fühlten uns sauber, gewaschen, liebevoll, lebendig.

Mit Erstaunen und Ehrfurcht flüsterte ich das gleiche Bekenntnis, das ich in Cherry Hill neben dem Bett ausgesprochen hatte: „Lieber Jesus, Du lebst."

Nach weiterem Gesang bildeten die Menschen zu dritt und zu viert Grüppchen und beten füreinander. Uns rührte die Liebe an, die in unserem Kreis spürbar wurde, als ein anderes Paar uns umarmte und mit der gleichen kindlichen Aufrichtigkeit für uns betete, die wir in der Hawthorne Community kennengelernt hatten — ohne List oder Betrug.

Vorne sprach der Mann wieder.

„Trotz der gängigen Meinung", sagte er, „ist Gottes Heilsplan nicht jenseitig. Erfaßt, wie wichtig diese Worte sind: *Gottes Heilsplan ist nicht jenseitig*. Er gilt vielmehr sündigen Menschen. Gott will keine Gipsengel aus uns machen, sondern uns in vergebene, ausgefüllte Menschen verwandeln. Hört zu! Die Erlösung ist nicht dazu da, um euch mit glitzernden Gewändern vor der Welt stehen zu lassen. Die Erlösung ist da, damit ihr zu heilen Menschen werdet.

Die Bibelstelle, die ich jetzt vorlesen möchte, zeigt uns, wie der Herr uns wirklich unabhängig machen möchte. Nicht von Gott unabhängig; nicht von unseren Geschwistern in Christus unabhängig; aber auch nicht abhängig von den Krücken, die wir benutzt haben, um uns zu stützen. Jene gefühlsmäßigen und psychischen Mechanismen, die du im Laufe von vielen Jahren sorgfältig entwickelt hast, die sind nicht das wahre Du. Der Heilige Geist kommt, um die Trümmer der Vergangenheit auszuräumen und die Persönlichkeit wiederaufzubauen, die du eigentlich sein solltest. Er möchte nicht nur deinen Geist zu neuem Leben erwecken; er möchte auch deine Seele wiederherstellen."

Dann las er eine Bibelstelle vor und begann, die Schönheit und die Tiefe, die sie enthielt, Schicht um Schicht zu eröffnen. Gottes Plan, uns heil zu machen, war schöner, als ich es mir je vorgestellt hatte!

„Das stimmt!“ flüsterte Lory an einer Stelle, sich wie ein Kind freuend. „Das stimmt!“

Der Gottesdienst dauerte fast zwei Stunden, doch schien jeder Augenblick mit Wahrheit und Offenbarung ausgefüllt zu sein. Auf dem Nachhauseweg sagte Lory, sie habe eine ehrfurchtgebietende, anbetungsvolle Verehrung für die Gegenwart Gottes gespürt, die sie sonst nur in der katholischen Kirche erlebt hätte. Und ich hatte den gleichen Frieden und die gleiche Freude gespürt, die mich in Cherry Hill so sehr überwältigt hatten.

Ehrfurchtgebietende, anbetungsvolle Verehrung. Friede und Freude.

„Wollen wir heute abend wieder hinfahren?“ fragte ich.

„O, unwahrscheinlich gerne!“ erwiderte Lory.

An jenem Abend, am Schluß des 18-Uhr-Gottesdienstes, wurde die Gelegenheit gegeben, eine öffentliche Erklärung des Glaubens an Jesus Christus abzugeben. Lory und ich gingen freudig darauf ein.

Obwohl der Mann gesagt hatte: „Wir bitten Sie nicht, fromm zu werden, bis nächsten Donnerstag ein Heiliger zu sein oder sich einer bestimmten Gemeinde anzuschließen“, wußten wir, daß wir ein Zuhause gefunden hatten. Und in den darauffolgenden Wochen und Monaten fingen Lory und ich an, unsere Masken abzunehmen, die Tore zu öffnen und die Zugbrücken unseres Lebens herunterzulassen. Indem wir Gott näher kamen, entdeckten wir, daß wir in unseren Beziehungen zu anderen Menschen zugänglicher wurden, da wir stets durch das Überwinderleben der Menschen um uns herum inspiriert wurden. Wir durften bezeugen, wie die Kraft Gottes wirkte, so daß einzelne von seelischen Problemen oder von der Heroinsucht befreit oder körperlich geheilt wurden.

An einem Mittwochabend betete die Gemeinde, daß der Herr eine Frau heilen möge, die früh am Donnerstagmorgen am Herzen operiert werden sollte. Es vergingen mehrere Wochen, bevor wir sie sahen und uns nach der Operation erkundigten.

„Habt ihr es nicht gehört?“ sagte sie mit einem begeisterten Lachen. „Als ich in den OP geschoben wurde und die Techniker all die elektrischen Geräte anschlossen, standen die Ärzte da und schauten eine Zeitlang zu. Dann ließen sie mich wieder auf mein Zimmer bringen, ohne zu operieren. Nach vier Tagen der Untersuchungen zeigten die neuen EKGs kein Anzeichen einer Herzkrankheit. Preis sei Gott, Er hat mir ein neues Herz gegeben! Ich bin geheilt!"

Während unserer ersten Monate in der *Gemeinde auf dem Weg* brauchten Lory und ich nur das Heiligtum zu betreten, da fingen wir schon zu weinen an. Es war kein Schluchzen, sondern gerade so, daß wir die Tränen abwischen mußten. Die Atmosphäre selbst schien mit der Gegenwart Gottes, einer reinigenden Gegenwart, geladen zu sein.

Wir lernten, daß Gott „nicht in Tempeln wohnt, die von Menschenhand gemacht sind", daß die Gemeinde kein Gebäude ist, sondern daß Gott durch Seinen Geist in Seinem Volk wohnt. Aber wenn sie, d. h. die Gemeinde, zusammenkam, gab es anscheinend eine zusätzliche Dimension der Nähe Gottes. Seit Jahren wollte ich mit meinen aggressiven Gefühlen allein sein. Jetzt machte es mir nichts aus, von Menschenmengen umgeben zu weinen.

Während wir eines Abends ziemlich weit hinten im Gemeindesaal saßen und leise den Herrn priesen, fuhr mir plötzlich der Motorradunfall durch den Sinn, und dort war wieder das kleine mexikanische Mädchen mit den Geschwüren und den Fliegen im Gesicht. Plötzlich verstand ich, warum ich damals so bewegt war. Ich hatte in ihrem Blick eine Erinnerung an meine eigene verlorene Unschuld und darüber hinaus deren scheußliche Folgen erkannt.

Ihr kleines Gesicht zeigte sowohl die ewige Überzeugungskraft Gottes als auch die zerstörerischen Geschwüre der Hölle. Es ließ sich mit der Berührung Gottes in meinem früheren Leben vergleichen, die auch mit der Verkommenheit und mit der Rebellion konkurrieren mußte. Der Konflikt zwischen diesen beiden Mächten mußte entweder zu meinem Freitod oder zu meiner Erlösung führen, denn die Finsternis konnte unmöglich neben dem Licht bestehen bleiben.

So wie ich Gott die Schuld für die verzweifelten Umstände des kleinen Mädchens zugeschoben hatte, hätte vielleicht ein Psychologe meinen Freitod als Folge der durch mein frühes religiöses Training verursachten Schuld diagnostiziert. Aber hätte dann die Schuld bei Gottes Wahrheit oder bei Satans Mißbrauch des menschlichen Trotzes gelegen?

Entsprechend der Bibelstellen, die ich in mich aufzunehmen begann, wäre es angemessen gewesen, den Herrn zu bitten, die Geschwüre des kleinen Mädchens zu heilen oder aber den nächsten Arzt zu holen. Dann hätte ich, statt wild vor mich hin fluchend durch die

Wüste zu rasen, meine Energie eingesetzt, um den höllischen Marionettenspieler zu bekämpfen, der die Fäden hinter solcher Unachtsamkeit und solchem Unwissen zog.

„Herr Jesus“, betete ich leise, „wo immer jenes kleine Mädchen jetzt sein mag — inzwischen muß sie 13 oder 14 Jahre alt sein —, beginne Du jetzt Dein heilendes Werk in ihr. Laß sie Deine Liebe auf besondere Weise verspüren und stelle in ihrem Blick die Freude wieder her.“

Die Erinnerung schien eine leere Stelle auszufüllen, als wäre eine Eintragung in ein altes Hauptbuch, im Lichte späterer Zahlungen als ungültig erkannt, gelöscht, bevor das ganze endgültig weggeworfen würde. Die zerstörerischen Auswirkungen der Begebenheit in Mexiko waren harmlos gemacht worden, und statt durch den Anblick von Leid und Leiden besiegt zu werden, erhielt ich jetzt das Zeug, so viel davon wie nur möglich zu überwinden.

Einen Großteil unserer „Ausrüstung“ erhielten wir aufgrund der guten Qualität der Lehre in der *Gemeinde auf dem Weg*. Unser Pastor, Jack Hayford — „der Mann, der vorne stand“ —, umriß mit präziser Genauigkeit und mit leicht verständlicher Ausgewogenheit zwischen Gesetzlichkeit und Freiheit die biblischen Prinzipien, die es Christen ermöglichen, als Sieger und nicht als Opfer in dieser Welt zu leben. Lory und ich sogen jede Botschaft in uns auf:

— Wiederaufbau der Mauern der menschlichen Persönlichkeit —
— Wie man Gottes Willen kennenlernt —
— Die Verantwortung eines geistlichen Soldaten —
— Schlüssel zum Dienst (sechs Teile) —
— Aufrichtigkeit des Herzens vor Gott —.

Wir hatten nicht einmal geahnt, wie vollständig Gottes Schau seiner Schöpfung ist. Ich hatte immer gedacht, daß ich alles Erfreuliche aufgeben und ein Leben mit vermindertem Umfang führen müßte, wenn ich mich jemals dem Willen Gottes vollständig auslieferte. Jetzt erfuhren wir die Wahrheit, daß Jesus nicht in die Welt kam, um uns zu verurteilen, sondern um uns *das Leben* zu bringen.

Der Heilige Geist begann, uns im Lichte des Lebens der Menschen, die um uns herum waren, zu zeigen, daß unsere größte Bindung die an das Ego war. Wir waren raffgierig auf die Welt gekommen, danach schreiend, gestillt zu werden. Und in unserem „natürlichen“ Zustand gelassen, würden wir immer den Drang haben, zu konsumieren, selbst Nummer eins zu sein, zu nehmen, statt zu geben.

Aber Jesus sagte, daß wir nicht dadurch die Befriedigung finden, daß wir alles an uns raffen und in uns aufsaugen. Erst dadurch, daß wir unser Leben loslassen, es verlieren, können wir es „finden". „Wer sein Leben rettet, der verliert es", sagte Er, „aber wer sein Leben um meinetwillen verliert, der wird es gewinnen." Das Prinzip war genau das Gegenteil von dem, was ich — und beinahe alle Welt — gelebt hatte.

Neben der tiefschürfenden Lehre füllten wir unseren Verstand mit auf Tonbändern festgehaltenen Vorträgen berühmter Theologen und besuchten Seminare über das Gebet, das Dienen und das Bibelstudium. Auch wenn wir reisten, ging der Herr auf wunderbare Weise auf unser Bedürfnis nach weiterführender Lehre und Gemeinschaft ein.

In einer einzigen Periode von zwei Wochen flogen Lory und ich in neun verschiedene Städte, wo wir Filmaufnahmen machten und vor Versammlungen der freiwilligen United Way-Helfer Ansprachen hielten. Und an jeder Stelle lernten wir irgendein neues Prinzip des Wirkens Gottes kennen.

Da wir in Atlanta drei Stunden auf unsere Flugverbindung warten mußten, nahmen wir ein Taxi, um zum Mittagessen in die Stadt zu fahren; aber der Fahrer hatte uns kaum 200 Meter vom Flughafen gebracht, als er fragte: „Möchten Sie eine Tonbandaufnahme des Sonntagsgottesdienstes in meiner Kirchengemeinde hören?"

Wir fingen zu lachen an. Wie hatte er es gewußt? Wir hatten kein Wort davon gesagt, gläubig zu sein. Danach aßen wir nicht mehr zu Mittag, aber die Zeit verging schnell, während wir durch die Straßen von Atlanta fuhren, lachten und mit unserem wunderbaren, schwarzen Bruder aus der Baptistengemeinde Gemeinschaft hatten.

Unser letzter Aufenthalt war in New York City. Als wir im Regency-Hotel ankamen, ging Lory zum Friseursalon, und nach einem kurzen Gespräch mit dem Besitzer lud er sie für den nächsten Nachmittag zu einer Gebetsversammlung in seinem Salon ein. Eine Gebetsversammlung im Regency-Hotel? Sie konnte es kaum glauben. Ihn in das Nebenzimmer schleppend, wo ich mir gerade die Haare schneiden ließ, bat sie ihn, seine Einladung zu wiederholen.

Am nächsten Tag trafen wir uns mit einer Fernsehproduzentin, dem Moderator einer Unterhaltungsshow, mehreren Friseuren und dem Leiter einer Werbeagentur. Wir fühlten uns erstaunlich wohl bei ihnen, denn sie waren alle Mitglieder einer Familie, die durch die Liebe und Freude Gottes ins Dasein gerufen worden war.

Lory wollte mit der Wassertaufe warten, bis sie dort würde getauft werden können, wo Jesus selbst die Taufe empfing, nämlich im Jordan, was aber erst im Januar 1982 eintraf. Bei unserer Rückkehr von der United Way-Reise jedoch verspürten wir das Bedürfnis, uns dem Gebot Jesu zu fügen und unsere Neugeburt zu feiern.

Also standen wir dort vor Gott und vor allen Leuten, bis zur Taille im Wasser, übers ganze Gesicht lachend, während Hunderte von wunderschönen Geschwistern ihre rechte Hand im Gebet und als Geste des Segens zu uns ausstreckten.

„O Herr, mach uns stark, wie diese Menschen, denen Du Flügel verliehen hast“, betete ich inwendig. „Mach uns zu Adlern, die reif genug sind, andere hochzuheben, wie Dein Volk uns hochgehoben hat.“

Wir fühlten uns mehr von der Liebe Gottes umschlossen als von dem Wasser, das sich über uns zusammenschloß. Aber die innere Heilung hatte erst kaum begonnen.

Mit sechs Jahren war ich schon durch die übermäßige Aufmerksamkeit verwöhnt, die mir meine Familie widmete.

1931: Ich war das einzige Kind von Andrew und Nolia Jones. Mutti war eine sanftmütige, freigebige Frau aus den Südstaaten, und Vati wurde zum strengen Zuchtmeister.

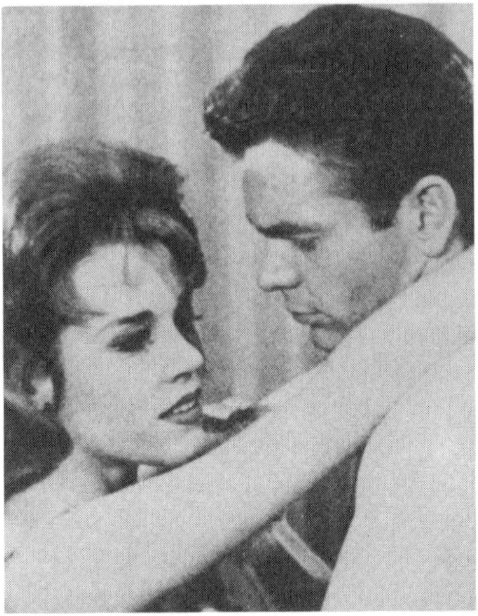

1960: Auf dem Broadway stellte Josh Logan zwei Neulinge vor: Jane Fonda und Dean Jones.

*Walt Disney, der Traummacher, zusammen mit der Besetzung von ,,Alles für die Katz" **(That Darn Cat)** (1964). Dieser war der erste einer langen Reihe von Disney-Streifen, die mir einen Ruf als Unterhaltungskünstler für die ganze Familie verschaffte. Zwei Jahre nachdem dieses Bild aufgenommen wurde, überfiel der Krebs Walts ,,magisches Königreich". Links von mir ist Tom Lowell; rechts: Dorothy Provine, Roddy McDowall, Haley Mills und Walt Disney. (Foto: Walt Disney Productions)*

Jedes Wochenende hätten Sie mich wahrscheinlich irgendwo unterwegs gefunden und sehen können, wie ich mit dem Motorrad irgendein dummes Kunststück ausprobierte.

Im Sommer 1959 freundeten Steve McQueen und ich uns während der Dreharbeiten für „Barfuß in die Ewigkeit" an. Dieses Bild wurde aufgenommen, sofort nachdem wir den Streich mit den Knallkörpern gegen Frank Sinatra verübt hatten.

Am Sonntagabend wurde auf NBC „Ensign O'Toole" vor „The Wonderful World of Disney" ausgestrahlt. Walt sagte: „Sie hatten in jener Show einige großartige Schlußszenen." Mir kam das mysteriös vor, bis ich erkannte, daß er immer den Schluß von „O'Toole" gesehen haben muß, wenn er seinen Fernseher anmachte, um sich sein eigenes Programm anzusehen. Walt wußte nicht, daß ich mein „Mister-Saubermann"-Image zurückließ, wenn ich durch die Studiotore hinausging.

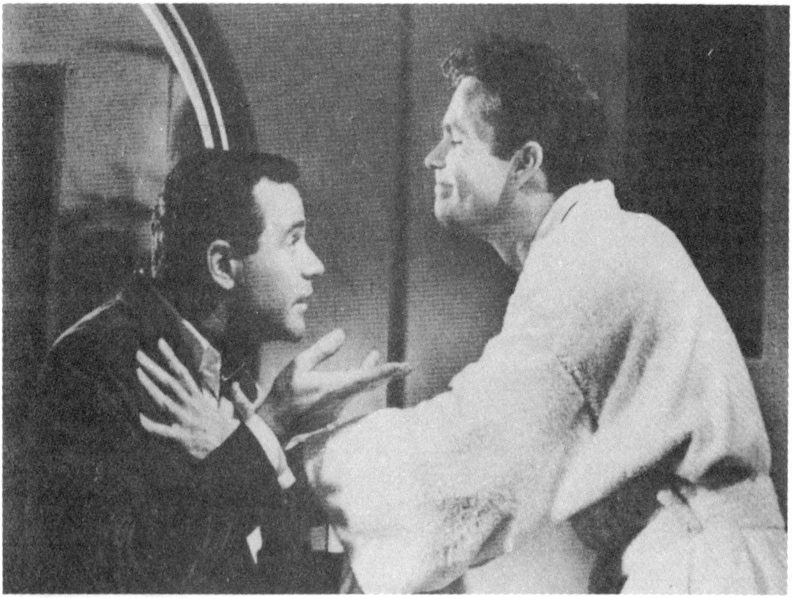

Das Schauspiel „Ein Ehebett zur Probe" ***(Under the Yum-Yum Tree)*** *war mein erster Versuch, die Menschen zum Lachen zu bringen. Nach einem Jahr auf dem Broadway mit Gig Young, flog ich in den Westen, wo ich zusammen mit Jack Lemmon in der Filmversion erschien. (Foto: Columbia Pictures Corporation)*

In der Komödie „Käpt'n Blackbeards Spuk-Kaschemme", in der ich zusammen mit Suzanne Pleshette auftrat, spielte Peter Ustinov die Rolle des Gespenstes, das allen außer mir unsichtbar sein sollte. Walt Disney lebte nicht lange genug, um die Fertigstellung dieses Streifens noch mitzubekommen. (Foto: Walt Disney Productions)

„Ein toller Käfer" wurde zu einem der größten Kassenschlager aller Zeiten. „Herbie" und ich sind Freunde geblieben. (Foto: Walt Disney Productions)

Dieser Zeitschriftenartikel kündigt die Tatsache an, daß Jesus Martinez bei Einbruch der Nacht seinen alten Ford-Kastenwagen in die Wüste hinausfuhr, um mich zu retten.

Bei der letzten Strecke meiner Rückreise aus Vietnam sorgten Mickey Shaughnessy und Frank Sinatra dafür, daß ich mit dem Lachen nicht aufhörte. Das Lachen war ein bewährtes Mittel gegen die Erinnerungen, die ich mit nach Hause brachte.

Ted Christy und ich bei einer Gag-Aufnahme. Ted, der ehemalige Meisterschaftsringer, war mein Begleiter an jenem Abend in Cherry Hill, New Jersey, als wir am Berg hochgefahren sind.

Auf dem Kanonadedeck von Henri Christophes „Zitadelle" in Haiti, an dem Tag, als Lory sich über die Kante der hohen Mauer gezogen fühlte.

Unser Hochzeitstag am 2. Juni 1973 war wunderschön — und ein wenig unglaublich, da Lory und ich uns entschlossen hatten, von allen verbindlichen Beziehungen frei zu bleiben. Unsere Kinder Deanna und Michael (links) und Carol (rechts) gaben uns ihren Segen.

„Company" — so hieß der Broadway-Musical-Schlager, von dem ich erhoffte, er könnte mir von meinen Depressionen Erleichterung verschaffen. Statt dessen verließ ich die Show bald nach der New Yorker Uraufführung. (Foto: Marth Swope)

1976 besuchte mich Lory bei den Dreharbeiten für ,,Zotti — das Urviech", einen weiteren Disney-Spielfilm. Der Fotograf erwischte uns während einer der Pausen beim Herumtoben. (Foto: Walt Disney Productions)

Charles Colson, der berühmte ,,Henker" der Watergate-Affäre, kehrt zum Weißen Haus zurück, wo ich ihn in ,,Born Again" darstellte, der Filmversion seiner Bestseller-Autobiographie.

In einem echten Roadster aus dem Jahre 1935 fuhr ich bei den Dreharbeiten für „When Everyday was the 4th of July" vor dem „dunklen Haus" vor. Dies war der wunderschöne Fernsehfilm, bei dem Dan Curtis sowohl Produzent als Regisseur war. Lory und ich entwickelten eine starke geistliche Beziehung zu Dan und zu seiner Frau Norma.

Lory, Dan, ich und Norma Curtis. Das Bild wurde von ihrer jüngsten Tochter Tracey aufgenommen.

Bei einer Studienreise durch das Heilige Land ließ sich Lory von Pastor Jack Hayford (links) und Dr. Vincent Bird (mit dem Rücken zur Kamera) im Jordan taufen.

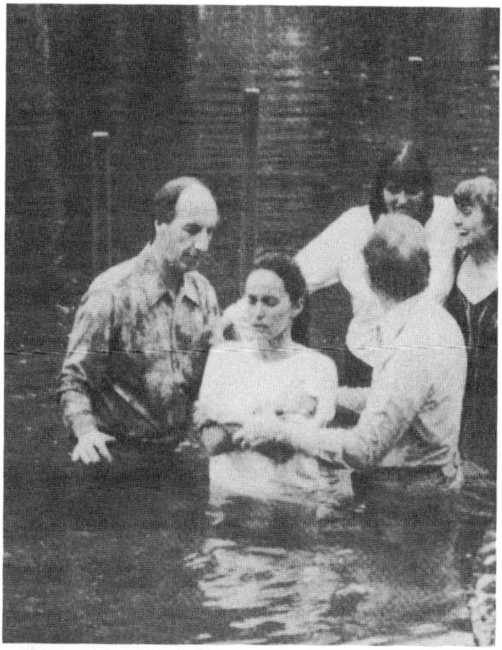

Bald werden wir Großeltern sein! Janet und Michael erwarten im November ein Baby! Carol und Dennis erwarten im November auch ein Baby! Und Deanna heiratet im Juli.

In Haiti lernten Lory und ich unsere liebevolle und fröhliche „Tochter" Theas kennen, eines der Kinder, die wir durch eine internationale christliche Hilfsorganisation unterstützen.

Kapitel 14

Alte Wunden

Jetzt begann für mich eine schmerzliche Periode, in der ich mit dem Unrat aus meiner Vergangenheit fertig werden mußte. Der Herr löste diese Periode dadurch aus, daß Er mir mengenweise Begebenheiten aus der Vergangenheit ins Gedächtnis zurückrief, die ein Gebet erforderlich machten. Wenn ich an bestimmten Tagen durch Los Angeles fuhr, kam es mir vor, als gäbe es an jeder Straßenecke ein Haus oder ein Geschäft oder ein Studio, das mich an jemanden erinnerte, dem ich selbst zu vergeben hatte oder der Grund gehabt hätte, gegen mich einen Groll zu hegen.

Als ich beispielsweise an einem Wohnblock vorbeifuhr, erinnerte ich mich plötzlich an eine Schauspielerin, die ich dort besucht hatte. Als ich mir ihre dunklen Augen und ihr verwundbares Lächeln vorstellte, betete ich: „Wo immer sie jetzt gerade sein mag, Vater, bitte ich Dich, sie anzurühren. Fließe mit Deiner heilenden Gegenwart durch ihren verwundeten Geist. Du bist der einzige, der sie niemals enttäuschen wird ..." Dann bat ich um Vergebung wegen des Schmerzes, den ich ihr zugefügt hatte, und um Heilung für alle Wunden, die ich selbst dabei erhalten hatte.

Ich lernte bald, daß der Heilige Geist in solchen Menschen nicht wirken kann, die an ihrem Groll festhalten. Jesus sagte, daß wir gequält und belagert werden, wenn wir nicht *allen Menschen alles* vergeben. Allen Menschen? Alles? Und dabei sprach Er gerade zu den Gläubigen — zu den Menschen also, die Ihm am nächsten standen.

Wenn der Heilige Geist eine Erinnerung hervorrief, war ich manchmal über die Unversöhnlichkeit entsetzt, die noch in meinem Herzen verborgen lag. Ich fühlte zwar keine Bitterkeit gegen den eifersüchtigen Ehemann, der, als ich halb bekleidet über sein Balkongeländer sprang, versucht hatte, mir drei Kugeln durch den Leib zu jagen, doch entdeckte ich in mir riesige Stauseen voller Aggressionen, wenn ich an andere Menschen dachte, die versucht hatten, meiner Karriere ein Ende zu setzen.

Bei anderen Gelegenheiten mußte ich ehrlich zugeben: „Ich weiß nicht, wie ich diesem Menschen vergeben soll. Ich möchte vergeben, und ich entschließe mich zu vergeben; ich *will* vergeben. Aber Vater, nur Du kannst durch die Kraft Deines Geistes die Liebe und die Vergebung in mir bewirken." Dann fing ich an, für den Betreffenden zu beten.

Als ich einmal für meine erste Frau und ihren Mann betete, machte der Herr es mir klar, daß ich persönlich mit ihr sprechen sollte, um sie um Vergebung zu bitten. Bei einem Treffen, das mehrere Wochen später stattfand, bekam ich dazu Gelegenheit und merkte, wie die Bitterkeit, die zwischen uns gekommen war, langsam dahinschwand.

Monatelang ging es so weiter. Begebenheiten aus der Vergangenheit fuhren mir immer wieder durch den Sinn, und ich brachte sie vor Jesus, damit Er mich erneuere und reinige. Mein Gedächtnis wurde geheilt. Die Kraft der Vergangenheit verrann. Aber die größte Schwierigkeit, die mir begegnete, bestand darin, mir selbst zu vergeben.

Zu einem bestimmten Zeitpunkt während dieses frühen Reinigungsprozesses saß ich mit übereinandergeschlagenen Beinen auf dem Dachboden über der Garage, um nach einer alten Aufnahme von mir selbst als Baby zu suchen. Der Moderator einer Nachrichtensendung im Fernsehen wollte eine Kurzübersicht über meine Karriere bringen. Man hatte schon alles zusammenbekommen, was man brauchte, nur nicht das erforderliche Foto vom Baby Dean, wie er mit nacktem Popo auf einem Bärenfell lag. Ich wechselte die schwache 40-Watt-Birne nicht aus, da ich vorhatte, einen vielversprechenden Behälter zu finden und ihn zu einer gründlicheren Untersuchung nach unten zu bringen.

Als ich aber den ersten Pappkarton öffnete, war ich sofort gefesselt. Die alte Herrlichkeit kam mir entgegengeschüttet: Zeitungsartikel, Filmwerbung, Andenken und alte Fotos. Alle brachten sie alte Erinnerungen zurück.

Keine Berufsgruppe in unserer Gesellschaft ist so sehr von Andenken abhängig wie wir Schauspieler, was wohl verständlich ist. Nur so gut zu sein wie sein letzter Film kann ziemlich deprimierend sein, wenn niemand ihn mochte.

Man findet es hilfreich, eine uralte Zeitungsnotiz aus der Tasche zu ziehen und mit einem triumphierenden Lachen zu sagen: „In *Calabasas* fanden sie mich toll!“

Natürlich freute ich mich klammheimlich darüber, daß ich die Wände meines Zimmers nicht benutzt hatte, um meine Leistungen zur Schau zu stellen, aber ich warf dennoch keine der Trophäen weg. Ich bewahrte sie lieber auf, indem ich sie auf dem Dachboden über der Garage aufstapelte.

Während des Scheidungsprozesses hatte ich in der Tat praktisch nur die Schachteln voller Andenken aus dem Haus auf dem Hügel entfernt. Die typische Reaktion eines Schauspielers: „Du kannst das ganze Haus behalten, gib mir nur meine Zeitungsausschnitte!“

Mich unter dem Schrägdach niederbückend, zog ich einen weiteren Karton voller Andenken aus New York hervor. Ein Programmheft aus dem Cort Theater, auf dem Umschlag ein Bild von Jane Fonda, wie sie mich gerade umarmte.

Ein weiteres Programmheft aus *Ein Ehebett zur Probe* — diesmal war Gig Young abgebildet. Das Stück wurde ein Jahr lang gespielt. Gig und ich pflegten die drei Blocks vom Theater bis zur Lobster-Bar zu Fuß zu gehen und uns dort jeden Abend zu betrinken. Das war im Jahre 1961.

1972, als Lory und ich an derselben Bar vorbeigingen, erzählte ich ihr die Geschichte. Sie antwortete mit einem fröhlichen Lächeln: „Laß uns hineingehen und des lieben alten Gig mit einem Toast gedenken.“

Wir gingen in das Lokal, und als sich unsere Augen an die düsteren Lichtverhältnisse gewöhnt hatten, führte ich Lory zu den Sitzplätzen, wo Gig und ich früher immer gesessen hatten. Dort, auf dem gleichen Barhocker wie vor elf Jahren, saß Gig! Ich rutschte neben ihm auf einen Hocker und nahm das Gespräch auf, als wären inzwischen keine zehn Jahre vergangen. Als ich mehrere Jahre später davon hörte, daß Gig den Freitod gewählt hatte, wünschte ich, ich hätte bei jener Begegnung etwas von bleibendem Wert gesagt.

Die dritte Schachtel enthielt Fotos aus meinen Tagen bei MGM — Sinatra, McQueen, Elvis, Bacall. Nur eine Woche nachdem ich als Sänger engagiert wurde, schickte mich das Hauptbüro auf Bühne 22, wo ich mit James Cagney zusammen eine dramatische Szene aufzunehmen hatte.

„Herr Cagney, ich bin kein Schauspieler, sondern ein Sänger. Ich entschuldige mich im voraus für das, was ich jetzt tun werde.“

„Sei nicht nervös, Junge", sagte Cagney. „Geh einfach auf die Linie zu und vergiß deine Rolle nicht." Ich tat, was er sagte.

Die Decke kam dem Fußboden immer näher, während ich auf die Knie ging, um die Schachteln zu untersuchen, die weiter hinten lagen. Das erwies sich als angemessene Körperhaltung, da sie Bilder von meinen beiden Töchtern enthielten.

Vom Kleinkind- bis zum Backfischalter lächelten mich meine kleinen Mädchen von den staubbedeckten Bildern der Vorjahre an. Ihre funkelnden, unschuldigen Augen sprachen Bände über ein Versagen, das ich vor rund einem Jahr nicht als solches erkannt hätte. Es handelte sich um die geistliche Vernachlässigung. Materiell hatten sie alles bekommen, was sie haben wollten, aber geistlich gesehen hatte ich sie als Krüppel in die Welt geschickt — auf das Erbarmen jenes brüllenden Löwen angewiesen, der kein Erbarmen kennt.

Meine Töchter waren inzwischen erwachsene junge Damen. Zu spät! Auf dem düsteren Dachboden fiel meine versäumte Chance wie eine Guillotine nieder und verhöhnte meine neugefundene Zufriedenheit. Ich hatte es versäumt, meinen Kindern christliche Maßstäbe zu vermitteln!

Ich hielt ein schwarz-weißes Foto von Carol dem Licht entgegen. Sie war etwa vier Jahre alt. Um ihr breites Lächeln war verbotene Schokolade geschmiert, und sie hielt zwischen ihren kurzen, dicken Fingerchen eine leere Bonbonschüssel; dabei schielte sie schelmisch zur Seite, da sie wußte, daß sie alles aufgegessen hatte, — und darüber hinaus, daß sie ungestraft davonkommen würde. Wie leicht hätte sich damals ihr junges Herz formen lassen.

Auf einem weiteren Bild war Deanna wie ein kleiner Catcher in Boxstellung gegangen, obwohl sie dabei die Hände nach unten hielt; sie schaute mir direkt in die Kameralinse. „Sag mir etwas, Papa", schien sie zu sagen. „Sag mir etwas Gutes und Wahres und Bleibendes."

„Papa hat damals nichts Gutes oder Wahres oder Bleibendes gewußt, mein kleiner Engel", antwortete ich vor mich hin.

Nur die Gnade Gottes würde die Probleme lösen können, die meine Töchter jetzt hatten.

Unermüdlich nach dem mir immer wieder ausweichenden Baby-Foto weitersuchend, machte ich noch mehrerer Schachteln auf. Aber ich entdeckte überall nur Versagen. Es gab ein Gruppenbild, das bei einer Party für die Besetzung eines Stückes aufgenommen worden war, bei dem ich zwar meinen Arm um meine erste Frau gelegt, meinen Blick aber auf die Ballerina gerichtet hatte; und daneben ein Bild von den Mädchen und ihrer Mutter, bei dem ihr Blick eine nur halb versteckte Verletzung verriet. Dann erinnerte mich ein Andenken aus dem Urlaub daran, daß ich mich selbst kindischer benommen hatte als meine Kinder.

Die mich umgebenden Trümmer waren wie der Text eines alten Liedes: „Verblichene Bilder, jetzt mit Linien und Falten bedeckt; entzweigerissene Billetts... zerfetzte Erinnerungsstücke; Spuren einer längst vergangenen Liebe, die nicht gelang..."

Aus weiteren schattenhaften Schachteln kamen noch mehr schmerzliche Erinnerungsstücke zum Vorschein.

Dies alles wirst du nie bewältigen, fuhr es mir heimtückisch und im Flüsterton durch den Sinn, wie eine Feder, die, scharf wie ein Rasiermesser, mein Innerstes liebkoste. *Es ist einfach zuviel. Du hast schon zu lange im Egoismus geschwelgt.*

Damit konnte ich einverstanden sein. Ehescheidung, Verantwortungslosigkeit, Mangel an Erbarmen, so oft hatte ich versagt.

Hör auf, dich selbst hinters Licht zu führen, flüsterte es in meinem Sinn. *In deinem tiefsten Inneren glaubst du wohl selbst nicht, du könntest dich dauerhaft ändern, oder?*

Ich starrte den hoffnungslosen, unüberwindlichen Stapel von Trümmern an.

Und jetzt nennst du dich einen Jünger Jesu Christi? Das könnte dir so passen!

Die staubigen Kartons, statt mit kleinen Siegen gefüllt zu sein, waren wie eine Rückwärtsversion von Aschenbrödel in Erinnerungen an große Niederlagen verwandelt worden. Es wäre die Höhe der Arroganz, wenn ich glaubte, es könnte jemals etwas Wertvolles, ein Leben, das sowohl für mich als auch für andere wirklich sinnvoll wäre, aus den schäbigen Anfängen, die diese Trophäen beurkundeten, hervorgebracht werden.

Es forderte eine Menge Mut — oder war es Dummheit? —, auch nur den Versuch zu unternehmen, dem unmöglichen Vorbild Jesu nachzueifern. Wie war es möglich, *alles* zu vergeben? Es war sicher *nicht* möglich, selber alles vergeben zu bekommen. Zu viel — es war einfach alles zu viel. Die schuldbeladenen Gedanken an meine Niederlagen breiteten sich aus, aber ohne genug Höhnisches zu enthalten, um ihren Ursprung erkennbar werden zu lassen. Und wenn der Sarkasmus mit von der Partie war, so wurde er vom Selbstmitleid überschattet.

Ich fühlte mich bei diesen hoffnungslosen Gedanken vollkommen heimisch. Sie waren zum Teil meiner Persönlichkeit geworden, vollkommen annehmbar — mit *einer* Ausnahme. Es gab etwas, das sich nicht einordnen ließ. Gedanken an Zweifel und Mängel und Schuld und Furcht waren dem Worte Gottes genau entgegengesetzt.

Die Bibel sagt, daß Gott alles erstatten will, was die Heuschrecken gefressen haben; daß alles ersetzt wird, was zerstört wurde. Glaubte ich denn an Gottes Wort oder glaubte ich an das, was ich jetzt hörte? Plötzlich erkannte ich, daß mein Verstand gefangengenommen worden war durch Begriffe, die so eng wie Gummihandschuhe zum Wesen Satans paßten. Er operierte mich gerade am Gehirn.

Es war die gleiche Stimme, die Lory auf der hohen Mauer der Zitadelle mit selbstmörderischen Schmeichelreden und mit melodischer Aufrichtigkeit bearbeitet hatte. Aus derselben Quelle kamen die „bösen Schwingungen" auf der Spahn Ranch, kurz bevor sich die Manson-Bande auf ihren mörderischen Streifzug begeben hatte. Schadenfroh vor triumphierender Erwartung kichernd, hatte Satan dem 14jährigen Adolf Hitler zugeflüstert: „Zeig ihnen, wo du stehst", — und dann verzückt zugeschaut, als er während der Kommunion die Hostie ausspuckte.

Auch auf Dachböden über Garagen neigte sich also diese finstere Macht mit einschmeichelnder Zunge herab, um ihre Worte der Furcht und des Zweifels und des Todes zu äußern. Ich war dabei zu lernen, wie ich meinen Feind erkennen kann! Die Bibel erklärte die Verkommenheit dieser Welt und malte das einzige realistische Bild dieses finsteren Geistes, indem sie Satan als den „Vater der Lüge" bezeichnete.

Im Gegensatz hierzu sagt Gottes Wort, daß wir erneuert werden können, daß die Vergangenheit sich bezwingen läßt! Satan ist ein Dieb, aber Gott gibt Schmuck statt Asche, Freudenöl statt Trauerkleid! Satans Stimme ruft zum Tod auf, aber Gottes Stimme erreicht uns durch 20 Jahrhunderte menschlichen Versagens und sagt jedem Herzen:

„Er ist auferstanden! Ich brachte meinen Sohn aus dem Grab hervor, nachdem die Hölle ihr Schlimmstes getan hatte. Und wenn ich es für Ihn tat, dann kann ich es auch für dich. Laß dich von mir wiederherstellen. Ich liebe dich. Ich möchte, daß du den Sieg davonträgst, gleich, welcher Grad von Finsternis gerade versucht, deine Umstände zu beherrschen. Entscheide dich für den Glauben, und ich werde dir den Weg zeigen, den du gehen sollst."

Die Kraft, welche die Auferstehung Jesu auslöste, rührte mich dort auf dem Dachboden über der Garage an. Ich fühlte, wie ganz tief in meinem Inneren etwas zu steigen begann; und beide Hände mit Fotos, Billettfetzen und Andenken, mit bedauerlicher Vergangenheit und mit fehlgeschlagenen Beziehungen füllend, hob ich sie vor Gott auf.

„Vater, nimm mein Leben hin. Es tut mir leid, daß ich so viele Menschen verletzt habe. Heile Du ihre Wunden, verbinde Du ihre Verletzungen. Ich bringe Dir meine Kinder. Gieße das kostbare Blut Deines Sohnes über ihre Vergangenheit. Laß das Öl Deines Geistes ihre Narben heilen. Und Herr, ich weiß, daß Du mir vergeben hast, aber entferne bitte die Schuldgefühle, die Satan benutzen möchte, um meinen Geist zu erdrücken. Mach meine Seele heil, o Herr."

Plötzlich wurde ich befreit; und durch diese Befreiung floß eine neue Vollmacht in mein Leben hinein.

„Meine Töchter, o mein Gott, erkläre ich zu Deinen Mägden. Ich verdiene es keineswegs, daß Du die Probleme rückgängig machst, die sie jetzt haben. Sie eiferten einfach meinem eigenen egoistischen und unmoralischen Vorbild nach. Aber Herr, Du hast in Deinem Wort gesagt, daß der Kerkermeister, nachdem er glaubte, Dir mit seinem ganzen Hause dienen sollte. Weite Du diese Gnade auch auf meine Mädchen aus, darum bitte ich Dich. Laß sie auf Deinen Wegen wandeln und zu Werkzeugen Deines Lichtes und Deiner Heilung werden. Sie sollen von diesem Tag an Dir gehören! Durch jede Beziehung geistlicher Autorität, die noch zwischen ihnen und mir besteht, sage ich vor Dir, o Gott, daß Carol und Deanna, meine Kinder, dem höchsten Gott geweiht sind!"

Unter Tränen der Danksagung betete ich immer weiter. Eine große Schlacht wurde in der Geisterwelt ausgetragen, wo der winzigste Austausch von Leben und Tod weder beobachtet noch berührt werden kann, wo aber endgültige physische Entscheidungen getroffen werden.

Obwohl ich noch ein Anfänger war, kamen mir Bibelverse mit plötzlicher Kraft in den Sinn: „Denn wir haben nicht mit Fleisch und Blut zu kämpfen, sondern ... mit den bösen Geistern zwischen Himmel und Erde" (Epheser 6, 12). Und: „Kinder, ihr seid von Gott und habt jene überwunden; denn der in euch ist, ist größer als der, der in der Welt ist" (1. Johannes 4, 4).

In meinem eigenen Geist wurde ich von meinem Bedauern über die Vergangenheit geheilt — befreit, damit ich zu dem Vater werden konnte, den Deanna und Carol brauchten. Das war überfällig; aber es war für mich nicht zu spät, um vom allmächtigen Gott die Salbung zu empfangen, die ich benötigte, um für meine Kinder zum Berater, zur Burg und zum Priester zu werden. Und durch den Heiligen Geist wußte ich, daß Gott nicht nur in meinen Töchtern, sondern auch in anderen Menschen wirkte, um ihre durch die Vergangenheit verursachten Wunden zu heilen und um ihnen die Gelegenheit zu geben, in der Zukunft Siege zu erlangen. Durch das Gebet waren sozusagen eine Menge Türen geöffnet worden.

Den ursprünglichen Gegenstand meiner Suche vergessend, stand ich auf und wollte nach unten gehen, als mir ein kleines Paket vergilbter Schnappschüsse auffiel. Ich wußte sofort, daß es ein altes Bild von mir als Baby enthielt. Es lag neben der ersten Schachtel, die ich aufgemacht hatte. Wie hatte ich es nur übersehen können?

Doch, da war das Bild, das mein Vater kurz nach meiner Geburt aufgenommen hatte. Die damalige Unschuld, die im Gesichtsausdruck des Babys zu erkennen war, sollte im Blick des Mannes nie wieder wahrzunehmen sein.

Es ist aber nicht notwendig, in der Vergangenheit herumzubohren, dachte ich. *Gott begegnet uns dort, wo wir uns gerade befinden. Wie schön, daß ich wissen darf: Er macht alles neu.*

Kapitel 15

Der Geschmack neuen Weines

Wir wurden immer offener und immer durchsichtiger vor Gott. Ganz gewiß versteckte ich mich nicht mehr hinter meinem eigenen „schallenden Lachen", auch nicht hinter dem Gelächter anderer; und Lory begann, jene eigenartige Freude zu erleben, die nur der erfahren kann, der dem Zentrum aller Liebe nahe kommt. Typischerweise wollte sie noch mehr davon.

Eines Tages kam sie bei uns zu Hause weinend ins Büro hereingeplatzt. Erschrocken schaute ich vom Schreibtisch auf.

„Ach, Schatz, ich bin so entmutigt", schluchzte sie. „Ich bete schon seit Monaten darum, mit dem Heiligen Geist erfüllt zu werden, aber es ist nichts geschehen. Ich muß der einzige Mensch auf der ganzen Welt sein, der Ihn niemals empfangen wird!"

Ich lehnte mich ein wenig zurück. Dies war offensichtlich keine Katastrophe. In der Tat, ich staunte über die geistlichen Fortschritte, die Lory gemacht hatte, seitdem sie ihren Widerstand gegen meine Bekehrung aufgegeben hatte.

„Ich habe immer wieder darum gefleht", erklärte sie wie ein kleines Mädchen, „und weiß nicht mehr, was ich noch beten soll."

Dann, als sie meine kühle Reaktion wahrnahm, blitzten ihre Augen. „Dir scheint es egal zu sein, ob du den Heiligen Geist bekommst oder nicht. Du bist damit zufrieden, einfach gerettet zu sein!"

„Ja, das bin ich auch, mein Schatz. Ich verstehe nicht, wie alles noch besser werden könnte."

Natürlich hatte ich seit acht Monaten keine Arbeitsstelle mehr, dafür hatte ich aber viel Zeit zum Bibelstudium gehabt. Mein Zorn und meine Niedergeschlagenheit schienen momentan unter Kontrolle zu sein. Wir stritten uns weniger als früher, ausgenommen auf dem Weg in die Gemeinde — ein „Zufall", der nicht im geringsten zufällig war —, und unsere Gemeinschaft mit Gott spielte sich täglich auf einer tieferen Ebene ab. Wenn aber Seine Hand unser Leben gestaltete — warum sollten wir dann gierig nach noch mehr sein?

„Schatz, du mußt doch zugeben, daß Gott schon eine Menge für uns getan hat", sagte ich. „Und überleg einmal, was in unseren Kindern vor sich geht. Jetzt können wir in zehn Minuten mehr Liebe mit ihnen teilen als sonst in zehn Monaten."

„Doch, ich bin sehr dankbar dafür", erwiderte Lory. „Aber ich möchte trotzdem... Vielleicht hat Gott noch mehr für uns bereit. Wir brauchen den Heiligen Geist."

Die Heilige Schrift, der neue „Spiel"plan unseres Lebens, gab Lory recht. Aber es gab mehrere Gründe, warum ich alles andere als darauf erpicht war, dem Geist Gottes noch intensiver ausgesetzt zu werden.

Zum einen war diese „Geistestaufe", wie sie in der Bibel beschrieben war, alles andere als würdevoll. Alle, die diese zusätzliche Dosis empfingen, schienen Hals über Kopf auf die Straße zu laufen, um große Reden über ihr Erlebnis zu schwingen. Etwas an ihrer Art ließ die guten Bürger Jerusalems sie für Betrunkene halten.

Aber das waren nicht die einzigen Aspekte, die mir würdelos vorkamen. Die eine Erscheinung, die sicherlich von Gott erfunden wurde, um einen Holzpfahl durch das Herz allen menschlichen Hochmuts zu treiben, war etwas, das man „Zungenreden" nennt! Die Aussicht darauf, meine Stimmbänder für einen plötzlichen Ausbruch in einer Sprache herzugeben, von der kein einziges Wort für meinen Stolz, d. h. für meinen Intellekt, verständlich wäre, stieß mich ab.

Doch hieß es in der Bibel, daß man durch ein derartiges Gebet erbaut wird und daß der Heilige Geist, wenn Er auf diese Art durch einen Menschen betet, genau das richtige ausspricht, etwas, wozu unser begrenzter Verstand nicht immer neigt.

Ich brauchte auf alle Fälle Erbauung und konnte ohne weiteres zugeben, kein vollkommenes Wissen über die Menschen und die Situationen zu besitzen, für die ich betete. Ich trat jedoch auf der Stelle, als es darum ging, in meinem Gehirn einen Kurzschluß verursachen zu lassen und zu einem Kleinkind zu werden, das nur noch mit „ba-ba" und „da-da" in Papas Thronsaal vordringen konnte.

Die anderen Gaben des Heiligen Geistes, wie z. B. Wunder oder Botschaften voller prophetischer Weisheit und Einsicht, paßten mir viel eher. Einsicht und Weisheit hörten sich okay an.

Aber die wahre Quelle meiner Unruhe beim Gedanken an diese

„Geistestaufe“ stellte sich dann heraus, als ich einen anderen Aspekt betrachtete: Wie stand es um die *Verantwortung* eines Menschen, der mit Gott ausgefüllt war? Ich hegte kaum Zweifel daran, daß auf zusätzliche geistliche Erkenntnisse recht bald zusätzliche geistliche Verantwortungsbereiche folgen würden; war ich aber nicht, so lange, wie ich zurückdenken konnte, vor jeder Verantwortung davongelaufen?

Andererseits aber, wenn Lory und ich im sinnlichen und materialistisch eingestellten Hollywood geistliche Siege erringen wollten, würden wir mehr als nur unsere eigene Willenskraft und Entschlossenheit benötigen.

„Du hast recht, mein Engel“, sagte ich noch am gleichen Tag zu Lory. „Wir brauchen den Heiligen Geist. Aber wir haben es nicht so eilig. Entspanne dich. Wenn Gott uns mit mehr geistlicher Kraft ausrüsten will, wird Er es tun.“

„Wie steht es aber mit unserer Beharrlichkeit?“ erwiderte Lory. Sie stand von meinem Schoß auf und schritt durch das Büro, blieb dann aber plötzlich stehen.

„Schatz, erinnerst du dich noch an die Unterweisung, die wir in der Gemeinde darüber bekamen, wie man sich dem Heiligen Geist öffnen kann?“ fragte sie. „Pastor Jack sagte, wir sollten sichergehen, daß wir uns dem Geist *Gottes* öffnen und nicht irgendeinem anderen Zeugs, das durch die Gegend fliegt.“

„Doch“, antwortete ich. „Und ich frage dich, ob du dich gern mit dem Geist abgeben möchtest, der dort oben auf Henri Christophes Schloß saß.“

„Ich erinnere mich daran“, sagte Lory stirnrunzelnd. „Das macht mir zu schaffen.“

Da mir gerade das einfiel, was Jesus in Lukas 11 seinen Jüngern beibrachte, schlug ich den Abschnitt auf und fing zu lesen an:

> „Wo gibt es bei euch einen Vater, der seinem Sohn, wenn der ihn um einen Fisch bittet, stattdessen eine Schlange gibt? oder der ihm, wenn er um ein Ei bittet, einen Skorpion gibt? Wenn schon ihr, die ihr doch böse seid, euren Kindern gute Gaben geben könnt, wieviel mehr wird der Vater im Himmel denen den Heiligen Geist geben, die Ihn darum bitten!“

Ein Lächeln ging über Lorys Gesicht. „Wenn wir also Gott um den Heiligen Geist bitten, wird Gott nicht zulassen, daß sich etwas Schädliches hineindrängt.“

„Stimmt", sagte ich. „Und das zeigt uns, daß es dem Vater *Freude* macht, uns Seinen Heiligen Geist zu schenken!"

Lory lächelte immer noch, als sie mir gegenüber einen Stuhl zurechtrückte und sich hinsetzte.

„Das ist wunderbar", sagte sie, dann wurde sie plötzlich ernst. „Aber in meiner Übersetzung steht, daß man *immer wieder* bitten muß."

„Mein Schatz, du hast schon sechs Monate lang gebetet und immer wieder darum gebeten. Du hast deinen Teil erledigt. Gib es jetzt einfach auf. Laß los. Hör auf, dich danach auszustrecken. Der Herr wird schon Seine Verheißung in Erfüllung gehen lassen."

Lory hielt inne, auf ihrem Gesicht einen Ausdruck der Konzentration. „Das will ich tun", sagte sie in einem endgültigen Ton. „Ich will es tun. Ich gebe es ab sofort auf."

„Gut", sagte ich und glich meinen Tonfall dem ihren an.

Während sie sich sichtbar entspannte, saßen wir da und lächelten einander einige Augenblicke lang lieb zu. Dann fragte sie: „Wie empfindest du Gott?"

Wie empfand ich Gott? Sofort dachte ich an jenen ersten Ausbruch des Friedens und der Harmonie und der inneren Stille.

„Nun, in Cherry Hill... Schatz, es war, als würde eine stille Brise durch mich hindurchwehen." Meine Hände eine über der anderen durch die Luft bewegend, versuchte ich mit einer äußeren Bewegung ein inneres Geschehen darzustellen. „Es gab eine innere Schwerelosigkeit, die nicht sofort verging. Sie blieb um mich herum."

Wie zwei glückliche Kinder lächelten wir uns immer noch an. Dann fing Lory sehr, sehr leise an zu lachen. Während ich mit meiner Beschreibung davon fortfuhr, wie ich Gott empfand, fing auch ich zu lachen an. Das Lachen schien die einzige Ausdrucksmöglichkeit für diese plötzliche, aus dem tiefsten Inneren stammende Überfülle der Freude zu sein. Es war nicht die Art von Gelächter, die durch das geistige Signal ausgelöst wird, daß man etwas lustig fand, sondern es war ein Lachen, das aus einem tiefen Brunnen in meinem Inneren nach draußen drang, so als würden sich Muskel und Knochen, Gewebe und Blut an irgendeinem herrlichen Geheimnis erfreuen.

Die Freude am Herrn ist unsere Stärke, heißt es in der Bibel. Welch überraschende Freude! Zum ersten Mal konnte ich verstehen, wieso die ersten Nachfolger Jesu mit einem Lächeln dem Tod entgegengehen konnten. Das lag nicht an ihrem Heroismus, sondern an Seiner Gegenwart.

Wir knieten uns auf den Teppich nieder und fingen an, Gott zu preisen, während uns die durch diese große, ehrfurchtgebietende Freude hervorgerufenen Tränen das Gesicht herunterströmten.

„Herr Gott, wie vollkommen bist Du, wie heilig! Wie unglaublich vollendet!"

Lachen und Tränen stürzten wasserfallartig herab im Lobpreis Gottes. Definierbarer, verständlicher, nachweisbarer als das Leben selbst war die freudige Wirklichkeit der göttlichen Gegenwart.

„Wie treu und geduldig bist Du, o Gott! Danke für Deinen Sohn Jesus. Danke für den Heiligen Geist! Danke für die Liebe und für den Frieden und für die Freude und für den Glauben. Alles Gute und Schöne und Wertvolle stammt von Dir, o Gott!"

Es vergingen 20 Minuten, während derer wir lachten und weinten und unsere Liebe zu Gott ausschütteten. „Wohin soll ich gehen vor Deinem Geist?" hatte König David in Psalm 139 gefragt. „Wohin soll ich fliehen vor Deinem Angesicht?"

„O Herr, es ist genauso unser Wunsch, wie es Davids war, in Deinem Tempel zu bleiben und immer in Deiner Gegenwart zu leben."

Die Bibel sagt, daß der Heilige Geist nur die erste Anzahlung ist von dem, was wir im Himmel erleben werden. Ich konnte jetzt begreifen, warum wir uns dieses irdischen Leibes und dieser Emotionen entledigen müssen, bevor wir auf ewig der Gegenwart Gottes ausgesetzt werden können.

„Halleluja! Halleluja! Halleluja!" Das uralte hebräische Wort, das heute noch die gleiche Bedeutung hat wie vor 3000 Jahren, fiel von unseren Lippen. Wenn in diesem Augenblick Abraham oder Isaak oder Jakob in unser Heim hereinspaziert wären, hätten sie genau gewußt, was vor sich ging. Preis dem Herrn! Preis dem Herrn! Preis dem Herrn!

Allmählich ging die überschäumende Freude zurück. Lory und ich hielten uns an der Hand fest, während wir dort im Büro auf dem Fußboden knieten, unser Herz voller Dankbarkeit einem allmächtigen Vater gegenüber, der immer Sein Wort hält. Dann, langsam, als würde ein schwerer Vorhang beiseite gezogen, begann die Großartigkeit dessen, was uns berührt hatte, uns klarzuwerden. Gott war hier. Der Schöpfer zahlloser Galaxien hatte es uns gestattet, einen Teil Seiner selbst zu erleben.

„O Gott", beteten wir, „wie vollendet bist Du, und wie bruchstückhaft sind wir! Nicht ein Stück paßt in das andere. Was sind wir, daß Du uns so heimsuchst?"

Ich schaute meine Frau an und konnte nicht umhin, noch einmal zu lachen.

„Schatz, ich habe in meinem ganzen Leben noch nie so gelacht", sagte ich.

„Ich auch nicht", stimmte Lory ein. Sie lächelte strahlend, obwohl ihr Gesicht mit Tränen benetzt war. Aber sie sah wirklich so aus, als wäre sie betrunken.

Kapitel 16

Der Brand

Drei Tage vor dem Erntedankfest ging die Sonne hell und klar über dem San-Fernando-Tal auf. Wir waren erst seit neun Monaten gläubig, aber die Ereignisse, sowohl die geistlichen als die diesseitigen, hatten angefangen, sich zu häufen.

In jener Woche hatten wir uns zum ersten Mal in unserem Glauben stark genug gefühlt, um uns über die eigenen engen Grenzen hinauszubewegen und Gott zu vertrauen, daß Er nicht nur *für* uns, sondern auch *durch* uns wirken kann. Anfänglich kam uns diese Vorstellung eines „Dienstes" wie etwas sehr Simples vor. Als man uns bat, hinzufahren und für einen Filmstar zu beten, der mit einer Herzkrankheit im Sterben lag, nahm er, einige Stunden bevor er starb, Jesus als seinen Erlöser an. Nachdem wir die Gemeinde gebeten hatten, für die Tochter eines Bekannten zu beten, da sie mit einer okkult-religiösen Sekte aus der Stadt abgereist war, die bei der Mitgliederwerbung junge Mädchen als sexuelle Lockmittel einsetzte, rief sie bei ihren Eltern an, um zu sagen, daß sie nach Hause kommen wolle.

Aber später in derselben Woche luden wir zwei Bekannte zum Abendessen ein, deren Ehe dabei war, in die Brüche zu gehen. Unser Gespräch kreiste um unsere neue Erkenntnis, daß in der heutigen Gesellschaft keine Ehe ohne Gott vollkommen sein könne.

Und da machte ich einen schwerwiegenden Fehler. Dort in unserem Wohnzimmer, mich betont in den Mittelpunkt stellend, machte ich eine Aussage, die mir noch lange Zeit danach in den Ohren gellen sollte:

„Duane", intonierte ich, „ich bin so sehr auf den Frieden Gottes eingestellt, daß ich auch dann, wenn morgen dieses Haus abbrennen würde, ich in allem den Herrn preisen könnte!"

Ich hatte vergessen, daß man oft das erhält, was man ausspricht.

Unser Haus lag ziemlich weit von der Hauptstraße zurück, mit der es durch eine enge Einfahrt verbunden war. Von Palmen und Tannen, Eukalypten und Walnußbäumen überragt, war das ganze Grundstück mit dem heißen Rosa und den kaiserlichen Rottönen von Lorys Rosen übersät, die im November immer noch blühten.

Vom dunklen Eichefußboden bis zur Decke mit ihren Stützbalken, eine Menge Spindeln an den hohen Rückenlehnen der Stühle eingeschlossen, war alles aus Holz. Es war ein wunderschönes Haus — und sehr leicht entzündbar. Sogar die Garage an der Westseite des Hauses war vom Fußboden bis zur Decke mit von Hand geschnitzten, antiken Möbelstücken vollgestellt, die wir dort untergebracht hatten, als Lory und ich unseren Hausrat vereinigten.

Am nächsten Morgen nach meiner impulsiven Aussage drehte ich, nachdem ich mich gemächlich geduscht hatte, den Wasserhahn ab und trat hinaus auf die Badematte. Wir hatten bis spät geschlafen, da unsere Bekannten erst lange nach Mitternacht nach Hause gefahren waren.

Die Tür flog auf, und Lory, die sich hastig ein Handtuch umgewickelt hatte, lief von ihrem Badezimmer in das meine.

„Draußen schreit ein Mann. Jemand ist in Schwierigkeiten!"

Ich hörte auf, mir mit dem Handtuch den Kopf zu rubbeln, und lauschte. Von hinten, aus der Nähe der Garage, erklangen mehrere erregte Stimmen, aber obwohl die Dringlichkeit im Tonfall nicht zu verkennen war, konnte man die einzelnen Worte nicht verstehen.

Mit einem Ruck zog ich mir eine kurze Hose über und machte eilig die Tür zur Seitenveranda auf. Als ich zur Westseite des Hauses hinüberschaute, hatte ich keine Zweifel mehr, wer in Schwierigkeiten geraten sei. Wir waren es selbst! Zehn Meter hohe Flammen tanzten über der Garage.

Ich rannte durch die Pforte und wurde mir plötzlich und eigenartigerweise — es war wohl die seltsame Erinnerung eines unter Streß stehenden Geistes — des Schildes bewußt, das dort hing. Es bezeugte eindeutig unsere frühere Mentalität, und ich hatte vorgehabt, es zu entfernen. Dort stand geschrieben: *„Wenn Sie diesen Punkt passieren, fühle ich mich für das, was Ihnen geschehen könnte, nicht verantwortlich."*

Rutschend blieb ich vor der Garage stehen, gerade als der Tank meines spanischen Rennmotorrades explodierte und einen Sprühregen aus brennendem Benzin über das auf dem nächsten Stellplatz geparkte Auto schickte.

Zwei Männer, ein Fernmeldetechniker der Pacific Telephone und jemand, der gerade für das Kabelfernsehen Kabel legte, hatten einen Wasserschlauch abgerollt und richteten einen erbärmlich schwachen Wasserstrahl auf den Brand.

„Gehen Sie weiter zurück", schrie einer von ihnen, „falls der Tank vom Wagen in die Luft geht!"

In Richtung Schlafzimmer zurückrasend, rief ich Lory zu: „Komm aus dem Haus raus! Es brennt!"

Ich versuchte zu telefonieren. Die Leitung war tot. Die Kabel führten durch die Garage und waren schon zerstört. Geistesgegenwärtig griff ich nach einem Bademantel aus Velours, bevor ich nach draußen rannte, lief an unserem wildblickenden deutschen Schäferhund Tarsa vorbei und erreichte die Stelle, wo die tapferen Bemühungen der improvisierten Feuerwehr nur wenig Wirkung erzielten. Das Wasser verwandelte sich, beinahe bevor es die Flammen erreichte, in Dampf.

Die Zündungskabel unseres silbergrünen Eldorado schmolzen zusammen und ließen den Motor anspringen und wild aufheulen. Dann gab es in den Kabeln, die zur Hupe führten, einen Kurzschluß, was ein traurig klingendes Gehupe auslöste. Es erinnerte mich daran, daß ich mich geweigert hatte, die übertriebene Versicherungsprämie zu bezahlen, als sie vor drei Monaten fällig geworden war. Ich schoß die Einfahrt hinunter.

„Wo wollen Sie denn hin?" schrie einer der Männer.

„Ein Telefon finden", schrie ich zurück.

„Ich habe eben bei der Feuerwehr angerufen, Dean!" Ich erkannte die Stimme unserer Nachbarin, obwohl ich sie durch das dichte Laub nicht sehen konnte.

„Danke!" rief ich, als ich kurz vor der Straße rutschend stoppte und die Einfahrt wieder hinaufraste.

Jetzt brannte es auch im Büro, und aus dem mittleren Teil des Hauses stieg Rauch empor. Es breitete sich über den Dachboden aus, und zwar sehr schnell! Bis zu jenem Zeitpunkt hatte ich noch nie die Intensität und die zerstörerische Wirkung des Feuers begriffen. Ich packte einen zweiten Schlauch und ließ einen schwächlichen Wasserstrahl auf das Dach vom Büro steigen. Es nützte nichts. Die Hitze zwang uns, zurückzuweichen, und der ungedämpfte Lärm der Flammen wurde schnell zu einem ohrenbetäubenden Brüllen.

Ich schaute zur Ostseite des Hauses zurück. Warum war Lory nicht schon draußen? Ich raste durch die Pforte zurück, am Billardtisch vorbei und auf die von Rauch erfüllte Seitenveranda.

„Lory, wo bist du?“ rief ich.

„Im Schlafzimmer“, dumpf ertönte die Antwort.

Ich lief über den Flur und betrat das Schlafzimmer, wo Lory auf Händen und Knien krabbelte und unter das Bett schaute.

„Was machst du denn dort unten?“ rief ich ungläubig.

„Baku will nicht rauskommen“, sagte sie. „Er ist unter dem Bett.“

„Okay, sieh zu, daß du hier rauskommst, die Katze hol' ich!“

Auf dem Bauch liegend, streckte ich mich ganz aus, konnte jedoch Baku nicht erreichen, denn er hatte sich so weit wie möglich unter dem riesigen Ehebett zurückgezogen.

„Er hat eine Heidenangst“, flüsterte Lory.

Meine Stimme wurde ein ganz kleines bißchen lauter. *„Ich* kümmere mich um die verflixte Katze! Geh du sofort nach draußen!“

Lory ging auf die Tür zu und verschwand, als der Rauch begann, auch das Schlafzimmer zu erfüllen. Wir hatten den glänzenden, braunhaarigen, birmanischen Kater nach einer Stadt in der Nähe von Kiew in der UdSSR genannt, wo angeblich einige der Einwohner bis zu 150 Jahre alt werden. Aber trotz seines Namens wurde die Zeit immer knapper.

Baku änderte seine Lage gerade genug, um aus der Reichweite zu bleiben. Als ich aber auf die andere Seite des Bettes lief, hockte er auf der Hülle eines 22er halbautomatischen Gewehrs, das mir mein Vater geschenkt hatte, als ich zwölf war. Es hatte leer und ungebraucht dagelegen, als ob es auf einen solchen Notfall gewartet hätte. Ich packte das Laufende der Hülle und stieß damit lange und verzweifelt nach dem armen Baku.

Er kam, halb gerollt, halb gelaufen, auf der entgegengesetzten Seite unter dem Bett hervor. Das Gewehr fallen lassend und mit einer einzigen Bewegung hinüberspringend, stürzte ich mich wie ein Raubvogel von oben auf ihn und fing das erschrockene kleine Geschöpf, als es um die Kante des Bettes geschossen kam.

Lory legte eines der verschiedenen Kunstwerke nieder, die sie gerettet hatte, und langte nach Baku, aber als ich meinen Griff lockerte, wurden ihm der Lärm und die Hitze und die Furcht zuviel. Seine Krallen in ihren Hals vergrabend, sprang er über einen von Efeu bewachsenen Damm und verschwand in Richtung Obstgarten.

„Ach, Baku“, sagte Lory mehr aus Mitleid mit ihm als über sich selbst klagend, während vor dem Haus die Feuerwehrwagen heulend vorfuhren.

Ich wischte mit dem Ärmel meines Bademantels das Blut von Lorys Hals ab. „Bist du verletzt, Schatz?“

„Mir geht es gut“, sagte sie und schaute auf unser in Flammen stehendes Haus. „Jetzt werden wir wenigstens keine Möbel mehr aussortieren müssen.“

Plötzlich fuhr mir meine größenwahnsinnige Aussage vom vorigen Abend in den Sinn: *„Auch dann, wenn morgen dieses Haus abbrennen würde, könnte ich in allem den Herrn preisen.“* Zufall? Hat Gott unser Haus abbrennen lassen, um uns zu prüfen?

Feuerwehrmänner kamen mit Schläuchen auf den Hof gerannt.

Nein, Gott läßt keine Häuser abbrennen, dachte ich. *Das macht der Satan.*

Es blieb aber die Frage, wie ich mit meiner angeberischen Bemerkung vom gestrigen Abend der Hölle Zugang verschafft hatte.

Ich war mir nicht sicher, aber ich entschloß mich an Ort und Stelle, nie wieder eine Aussage vom Stapel zu lassen, die der am Abend zuvor auch nur ähnlich wäre. Da ich aber den Fehler schon gemacht hatte, hatte ich jetzt eine gute Gelegenheit, entsprechend zu handeln.

Mich an Lory wendend, zitierte ich die angebrachte Bibelstelle: „Saget Dank allezeit.“ Dann fügte ich hinzu: „Es ist nicht der Wille Gottes, daß unser Haus abbrennt, Schatz, aber es ist Sein Wille, daß wir Ihn in jeder Lage preisen.“

Ein Jahr zuvor hätte ich jeden für unvernünftig gehalten, der einen solchen Vorschlag gemacht hätte, aber jetzt hatte ich die Gewißheit, daß dies die intelligente und praktische Anwendung eines der großartigen Prinzipien Gottes ist.

Lory verstand sofort. „Du hast recht, Schatz“, sagte sie. „Laß uns Ihn preisen.“

Wir schlossen die Augen und fingen an zu beten.

„Herr Gott“, sagte ich, „wir preisen Dich, denn Du bist ganz und gar gut und heilig.“

„Ja, Herr, das wollen wir tun“, sagte Lory leise. „Wir danken Dir, daß unser Verstand mit Deinen Reichtümern und mit Deiner Liebe ausgefüllt sein kann, und wir danken Dir dafür, daß diese Liebe die Furcht, unser Haus und unser Eigentum zu verlieren, austreibt.“

Die Großartigkeit dieser Lehre fing an, mir zu dämmern. Gleich, welchen Tatsachen des Todes oder des Versagens wir uns zu irgendeinem bestimmten Zeitpunkt gegenübersehen, Gott möchte, daß wir Seine noch größere Wirklichkeit anzapfen, damit daraus ein Sieg entstehe. Und das bewirkt der Lobpreis!

Ich schüttelte, über Gottes Fürsorge staunend, den Kopf.

„Lieber Jesus", murmelte ich, „Du bist unglaublich."

Ein vorübergehender Feuerwehrmann mißverstand mein Kopfschütteln und klopfte mir auf die Schulter. „Werden Sie nicht entmutigt, Herr Jones. Läßt sich alles sehr schnell wieder aufbauen."

Zwei Frauen aus der Nachbarschaft kamen durch die Pforte und riefen nach Lory.

„Ich halte es nicht aus, zuzusehen!" heulte eine von ihnen. „Ich hatte schon immer eine Wahnsinnsangst vor Bränden."

„Machen Sie sich keine Sorgen", sagte Lory und umarmte sie beide. „Es ist nur äußerlich." Ihre Worte schienen eine beruhigende Wirkung zu haben.

Es arbeiteten bestimmt 20 Feuerwehrleute daran, die Oberhand zu gewinnen. Die Intensität der Flammen ließ allmählich nach, bis zum Schluß nur noch weißer Rauch kräuselnd emporstieg, während riesige Stapel glimmender Bücher und Antiquitäten auf den Parkplatz hinausgetragen wurden. Ich dachte an Lorys Erstauflagen, dann an meine alten Bilder und Trophäen über der Garage. Die Vergangenheit war verbrannt worden.

„Dean! Mutti!" Eine verzweifelte Stimme schrie irgendwo hinter dem Zaun.

Lory schaute mich überrascht an. „Mike?"

„Hört sich so an", erwiderte ich mit einem Lächeln.

Lorys Sohn Michael war bei der Küstenwache in Monterey, etwas weiter oben an der kalifornischen Küste, stationiert. Er hatte unerwarteten Urlaub bekommen und war nach Hause gefahren.

„Wir sind hier, Mike", rief Lory, „neben dem Swimmingpool."

„Mutti! Mutti! Wo bist du?" Die Flammen waren erloschen, aber sein Ton wurde immer ängstlicher, als er am ausgebrannten Haus entlanglief.

Zum Schluß stolperte er in den Innenhof hinaus. Sein Gesicht war total erblaßt, und sein Körper, ganze 200 Pfund schwer, zitterte von oben bis unten.

„Was ist passiert? Seid ihr verletzt?" Seine Worte stolperten übereinander, während er uns beide mit seinen Bärenkräften umarmte. „Ich fragte einen der Feuerwehrleute, ob jemand verletzt sei, und er sagte, er wisse es nicht, er sei eben erst angekommen. Ich stellte mir vor, wie der Krankenwagen euch wegbringen würde und alles mögliche ..." Er stieß einen schweren Seufzer aus.

„Uns geht es prächtig, Sohn", sagte ich und umarmte ihn wieder.

Unser Nachbar von gegenüber brachte einen großen Topf mit heißer Schokolade und einige Berliner herüber, und wir bedienten uns, während sich Mike beruhigte.

„Es ist niemand verletzt", sagten wir ihm, „und wir danken gerade Gott dafür."

Mike antwortete mit offensichtlicher Aufrichtigkeit: „Ja, Gott sei Dank!"

„Dies ist überhaupt nicht beschädigt", sagte ein junger Feuerwehrmann, der auf Mikes alter Gitarre klimperte. „Kennen Sie »Homeward Bound«?"

„Ja", antwortete ich, „aber versuchen Sie es mal hiermit: »Amazing Grace, how sweet the sound ...« »Ich rühm die Gnade wunderbar ...«"

Ich schaute zu Lory hinüber. Ein breites Lächeln ging über ihr Gesicht, und sie fing an, mitzusingen: „Die mich, den Sünder, fand ..."

Unser Feuerwehrmann-Begleiter begann, die richtigen Akkorde zu finden, und dann stimmte Mike mit ein: „Der ich ein Feind des Kreuzes war ..."

Ein weiterer Feuerwehrmann, der gerade eine Pause machte, um heiße Schokolade zu trinken, stimmte ebenfalls mit ein: „Bis Gott mich überwandt!"

Wir hörten erst später, was als nächstes geschah, lachten aber kräftig darüber.

Die Feuerwehrbestimmungen schreiben vor, daß alle Brände ungeklärten Ursprungs untersucht werden müssen, und da war unser Brand keine Ausnahme. Obwohl die Ursache des Feuers nie entdeckt wurde, kam der für Brandstiftungen zuständige Kripo-Beamte gerade dann an, als wir mit der zweiten Strophe anfingen: „Wie ein singendes Kind, das mit Muscheln spielt ..."

Als der Kripo-Beamte einen vorübergehenden Feuerwehrmann bat, ihm den Eigentümer des Grundstücks zu zeigen, sagte der Feuerwehrmann: „Es ist der Verrückte dort drüben, der gerade »Ich rühm die Gnade wunderbar« singt." Darauf erwiderte der Kripo-Beamte: „Als Mann, dessen Haus eben gerade abgebrannt ist, sieht er viel zu glücklich aus!"

„... darf ich sein durch die Gnade des Herrn, und ich darf zu Ihm gehn, wenn mir etwas fehlt, denn ich weiß, Er gibt es mir gern." Er war wahrscheinlich überzeugt, daß er es mit einem ganz klaren Fall zu tun hatte!

An jenem Abend kamen Carol und Deanna, und zusammen mit Mike besuchten wir ein in der Nähe befindliches französisches Café namens „Die Seemuschel", wo wir ein Abendessen bestellten. Dann kehrten wir zum eingeäscherten Wohnzimmer zurück, wo wir uns lange unterhielten und miteinander lachten.

Jener Abend wurde zu einem der unvergeßlichsten unseres Lebens. Es gab keinen Strom, kein Gas und kein Licht, außer dem Mond, dessen Strahlen durch die verbrannten Dachsparren drangen, und einige Kerzen, die Lory aufgetrieben hatte. Aber der Herr zog unsere Familie auf ganz besondere Weise zusammen. Mehr als das, was gesagt wurde, galt die Liebe und die Warmherzigkeit, die wir uns gegenseitig entgegenbrachten. Ich war seit Jahren nicht mehr meinen Töchtern so nahe gekommen.

Um etwa 23 Uhr erblickte Carol eine dunkle Gestalt hinten im Innenhof.

„Wer ist das?" fragte sie ängstlich.

„Das ist nur der Mann von der Wach- und Schließgesellschaft, Liebling", sagte Lory. „Er wird jede Nacht hier sein, während das Haus offen ist."

„Seid ihr denn sicher, daß ihr überhaupt hier bleiben wollt, während das Haus neu gebaut wird?" fragte Mike. „Wird es nicht von eurer Versicherung bezahlt, wenn ihr in der Zeit woanders wohnt?"

„Doch", antwortete ich, „aber das hintere Schlafzimmer ist ganz in Ordnung, Mike, mit der einen Ausnahme, daß es nach Rauch riecht. Wir ziehen es wirklich vor, hier zu bleiben."

„Die Küche läßt sich natürlich nicht benutzen", warf Lory dazwischen. „Darum werden wir die ganze Zeit über in Restaurants essen müssen."

Michael hatte mit einem alten Schulfreund abgemacht, daß er bei ihm schlafen durfte, und die Mädchen wollten gerade nach Hause fahren, als ich sie in der Nähe der Haustür einen Augenblick zurückhielt. Was Michael betraf, war ich meiner Sache nicht sicher, aber ich wußte, daß Carol der Meinung war, ich sei in den vergangenen Monaten bei meinen Bemühungen, sie der Wahrheit der Heiligen Schrift auszusetzen, anmaßend gewesen. Auch Deanna, die einige Jahre zuvor gläubig geworden, aber nicht treu geblieben war, nahm mir meine „Moralpredigten" übel.

Ich erkannte allmählich, daß sie auch jede Menge „Gespräche" nicht würden überzeugen können; das konnte nur der Heilige Geist bewirken. Aber mir wurde immer klarer, daß der Heilige Geist uns auf den richtigen Zeitpunkt aufmerksam macht, andere mit geistlichen Wahrheiten zu konfrontieren. Dies schien für unsere Kinder eine gute Zeit zu sein.

Außerdem war mein Herz für das liebevolle Zusammensein unserer Familie an jenem Abend so dankbar, daß ich einfach in ihrer Anwesenheit meinen Dank zum Ausdruck bringen wollte.

„Ob ihr was dagegen hättet, wenn wir zusammen beteten, bevor ihr nach Hause fahrt?“ fragte ich.

„Bestimmt nicht“, sagte Michael.

„Okay”, murmelte Carol.

„Sicher, warum nicht?“ sagte Deanna.

Ich nahm Lorys Hand in die meine, und zusammen bildeten wir unter den ausgebrannten Dachsparren einen Kreis.

„Herr, wir danken Dir, daß Du uns einander gegenseitig geschenkt hast“, schaffte ich zu sagen. „Gleich, wieviel von Deiner Gnade und Schönheit durch unsere Unempfindlichkeit und geistliche Blindheit zerstört worden ist, liebst Du uns dennoch so sehr, daß Du uns vergibst und uns wiederherstellst und unser Herz in der gegenseitigen Liebe erneuerst.“

In jener Nacht nach dem Brand begann Gott, unsere Familie zu einer Einheit zusammenzuschmieden. Erst vier Monate später öffnete Michael sein Herz ganz für die Kraft Gottes. Deannas neue Lebensübergabe mußte bis 1979 warten, Carols Lebensübergabe erfolgte einen Tag nach Weihnachten 1980. Aber alles fing an jenem Abend an, als wir zwischen den verkohlten Resten unseres ausgebrannten Wohnzimmers weinten und lachten und uns umarmten. Wenn wir es Ihm erlauben, gibt Er uns gern Schönheit statt Asche und macht aus unseren Katastrophen Gelegenheiten der Freude.

Nachdem die Kinder an jenem Abend nach Hause gefahren waren, zündeten Lory und ich noch eine Kerze an und probierten das heiße Wasser in meinem Badezimmer. Es war noch warm! Wir konnten den Tag also beenden, wie wir ihn begonnen hatten — mit einem erfrischenden Duschbad. Wir bezogen die Betten mit frischer Bettwäsche aus dem hintersten Schrank, der am wenigsten Rauch abbekommen hatte, und pusteten endlich die Kerze aus.

Ich hatte beabsichtigt, Lory nur einen Augenblick lang fest an mich zu drücken, bevor ich es mir zum Schlafen in meiner Lieblingslage bequem machte, aber es muß etwas damit zu tun gehabt haben, daß wir zusammen den Brand bekämpft hatten: Wir liebten uns sanft, inbrünstig und lange, wenn man die erschöpfenden Aspekte des Tages in Betracht zieht. Lory war noch nie wärmer, attraktiver und begehrenswerter gewesen.

Ich küßte sie noch ein letztes Mal und flüsterte: „Schatz, ich habe dich noch nie so geliebt wie gerade jetzt."

„Ach, Schatz, ich dich auch", erwiderte sie.

Und fast sofort fühlte ich, wie ich dem Schlaf entgegentrieb. Wenn man den Brand nicht mitrechnete, war es das Ende eines beinahe perfekten Tages. Aber nicht ganz.

„Dean?" sagte Lory im gedämpften Flüsterton. „Was ist das?"

„Was denn?" murmelte ich schläfrig.

Ihr Kopf war vom Kissen gehoben, und sie lauschte intensiv. „Das Geräusch."

„Ich höre nichts, Liebling. Schlaf doch ein."

„Warte", sagte sie. „Hör zu!"

Widerwillig hob auch ich den Kopf. Doch, da war etwas. Von irgendwoher aus dem westlichen Teil des Hauses — aus dem abgebrannten Teil — kam ein leises, murmelndes Geräusch. Nicht aufdringlich, sondern gleichbleibend.

„Hört sich an, als würden sich welche unterhalten", flüsterte ich und stieg aus dem Bett.

Lory zog sich ihren Morgenmantel über, und wir gingen beide mit leisen Schritten den Flur hinunter. Während wir näher kamen, wurde aus dem Geräusch die Stimme eines Mannes; und dann, im Licht des Mondes, der durch die verkohlte Decke durchsickerte, sahen wir, wie der Mann von der Wach- und Schließgesellschaft mitten in den Überresten des Wohnzimmers auf einem Gartenstuhl aus Kunststoff saß, sein Gesicht zum Himmel aufgehoben.

„Was sagt er?" flüsterte Lory.

„Ich weiß es nicht. Ich glaube, er betet."

Seine Stimme wurde lauter und leiser, während er in angenehm klingenden Tönen weitersprach, aber wir konnten kein Wort verstehen. Im gleichen Augenblick erkannten wir beide, daß er „in Zungen" redete!

„Er muß gläubig sein!" flüsterte ich.

„Hoffentlich", sagte Lory und lächelte. „Sonst erleidet er gerade einen Anfall."

Ich streckte mich in der Dunkelheit aus und zog sie an mich. „Psst! Hör zu!" Lory hatte den Himmel um die Taufe im Heiligen Geist, einschließlich dieses Zeichens der Zungenrede, belagert, und jetzt bekam sie bei sich zu Hause die ganze Sache vorgeführt.

Das Gebet des Mannes setzte sich in reiner, klarer Sprache fort. Seine Stimme war frei von Emotionen, doch enthielt sie eine Kraft und eine Schönheit wie die eines guten Sängers.

„Es ist wunderschön“, flüsterte Lory.

Als das Gebet des Wächters nachließ, betraten wir das Wohnzimmer.

„Das war wunderschön“, sagte Lory.

Der Mann schaute zu uns hinüber und lächelte. „Ich dachte, Sie würden um diese Zeit schon schlafen.“

„War auch fast so weit“, sagte ich. „Sie beteten doch gerade in Zungen, stimmt's?“

„Ja.“

„Wir sind selbst gläubig und durchforschen die Schriften gerade in bezug auf die geistliche Sprachenrede. Wie lange kennen Sie schon den Herrn?“

„Ach, schon lange“, sagte er mit einem Lachen. „Ich nahm Jesus an, als ich elf Jahre alt war, Gott berief mich zum Predigen, als ich 17 war, und das ist alles, was ich seit meinem 24. Lebensjahr getan habe.“

„Sie sind also Pastor?“ fragte Lory.

„Ja, ich bin Hilfspastor der Temple-Street-Pfingstgemeinde hier im Tal.“

„Nicht zu fassen“, sagte ich mit einem Lachen. „Was machen Sie aber mit dem Revolver an Ihrer Hüfte?“

„Zusätzliches Weihnachtsgeld verdienen“, sagte er mit einem Schmunzeln. „Und geladen ist er auch nicht. Ich bewarb mich heute nachmittag bei Valley Security, und man schickte mich sofort hierher. Meine Bewerbungsunterlagen haben sie kaum gelesen.“

„Sie wollen also sagen, daß Sie das erste Mal als Wächter arbeiten?“

„Stimmt“, sagte er. Und dann zupfte er am Ärmel seiner Uniform. „Dies habe ich mir bei einem der Männer, deren Schicht zu Ende war, geliehen.“

Wir lachten wieder.

„Man scheint sehr viel Wert darauf gelegt zu haben, daß Sie hierher kamen“, sagte ich.

„Weiß ich. Ich dachte, es könnte vielleicht die Hand des Herrn sein. Darum habe ich eben für Sie gebetet.“

„Aber — aber Sie beteten in Ihrer Gebetssprache. Sie wußten doch nicht, worum Sie beteten, oder?“

„Nun, ich wußte zwar nicht, was ich gerade *sagte,* aber ich hatte das Empfinden, ich würde für Sie und für Ihr Heim beten. Nur der Heilige Geist kennt Ihre tiefsten Bedürfnisse.“

Meine Augen wurden feucht. Wir kannten Jesus schon neun Monate, und in all der Zeit waren wir nicht in der Lage gewesen, der Obhut Gottes zu entkommen. Jetzt, da unser Haus offen und für Einbrecher eine leichte Beute war, saß ein Wächter, der gleichzeitig Pastor war, in unserem Wohnzimmer und betete für unsere „tiefsten Bedürfnisse“.

„Denn es sollen wohl Berge weichen und Hügel hinfallen, aber meine Gnade soll nicht von dir weichen, und der Bund meines Friedens soll nicht hinfallen, spricht der *Herr,* dein Erbarmer“ (Jesaja 54, 10).

Das war gewißlich wahr. Wir haben noch nie ruhiger geschlafen.

Kapitel 17

Ein dunkles Zimmer

Während seines irdischen Dienstes verbrachte Jesus sehr viel Zeit damit, Dämonen auszutreiben. Ich mußte mich weder mit komplizierten Argumenten auseinandersetzen noch mein Vorstellungsvermögen besonders anstrengen, um den biblischen Berichten so, wie sie geschrieben stehen, Glauben schenken zu können.

Ich war nämlich schon immer mit den in unserer Gesellschaft üblichen Erklärungen der Ursachen von Geisteskrankheiten, Selbstmordfällen und Massenmorden unzufrieden. Manchmal brauchte ich mehr Glauben, um zu akzeptieren, daß ein angeblich „geistesgestörter" Mörder nur eine gewisse Geistesschwäche oder eine physisch-chemische Unausgewogenheit zum Ausdruck gebracht habe, als anzunehmen, daß seine Probleme aus irgendeinem tiefergehenden geistlichen Mangel resultierten.

Die biblische Darstellung der Verbundenheit des Menschen mit dem Bösen kam mir einfach glaubwürdiger vor als die Vorstellung, daß die im Laufe der Geschichte vorgekommenen Holocausts durch an Syphilis erkrankte Hirne oder durch schreckliche Kindheitserinnerungen verursacht worden seien.

Wenn ich nur ungern das Wort *Dämon* benutzte, um irgendeinen dieser Einflüsse zu beschreiben, dann nur deswegen, weil ich meinte, das Wort sei in unserem hochgebildeten, aufgeklärten Zeitalter unangebracht. Wir seien moderne Menschen, die aufgrund unserer großen Weisheit und unserer hervorragenden Technologie alle Probleme dieses Planeten bewältigt und jedes Geheimnis des Lebens gelüftet hätten. Wir könnten uns derartige mittelalterliche Bedürfnisse nicht aufbürden lassen.

Nun, vielleicht gab es doch ein oder zwei unwesentliche Probleme an Bord dieses alten Planeten Erde, die wir noch nicht völlig gemeistert hatten ...

Jedenfalls, als mich Lory eines Tages fragte, ob ich niedergeschlagen sei, und ich hastig entgegnete: „Nein, nein, natürlich nicht“, fing ich an zu vermuten, daß wir, nachdem wir so viele Siege erlebt hatten, einen Gegenangriff zu erwarten hätten.

Und im Laufe der Woche wurde offenbar, daß etwas tatsächlich nicht stimmte. Meine Gebete waren leblos und langweilig, und ich empfand in meinem Inneren eine unbehagliche Mattheit, die, obwohl sie schwer definierbar war, mich, wenn auch undeutlich, an mein früheres Leben erinnerte. Lory war diesem Schmerz in meinem Geist auf die Spur gekommen.

Am darauffolgenden Sonntag stritten wir uns, während wir unterwegs waren zur Gemeinde. Es war seltsam: Während der Woche hatten fast alle unsere Mißverständnisse aufgehört zu existieren, aber sonntags waren sie beinahe zur Gewohnheit geworden. Entweder auf dem Weg in die Gemeinde oder nach Verlassen des Gottesdienstes kämpften wir immer, was dafür sorgte, daß wir entweder gar nicht erst auf die Botschaft hörten oder ihr, wenn wir sie hörten, keine Chance einräumten, in unserem Leben Wurzeln zu schlagen.

„Ich kann es einfach nicht glauben“, sagte ich kopfschüttelnd. „Jeden Sonntag streiten wir uns.“

„Und du schreitest dann wie ein regelrechter Heiliger in die Kirche“, sagte Lory, „während ich mich mit roten Augen und einer aufgedunsenen Nase zufrieden geben muß.“

Betrübt sah sie zum Fenster hinaus. „Das bewirkt der Fürst, der in der Luft herrscht“, fügte sie in aller Ruhe hinzu. „Irgendetwas geschieht zwischen meinem Mund und deinen Ohren. Die Worte werden verzerrt.“

„Warum schieben wir unsere Kleinlichkeit dem Satan in die Schuhe?“ erwiderte ich scharfzüngig. „Hörst du, was wir sagen? Ich, ich, mich, mich. Es liegt an unserem *Ich.*“

„Wir reden aneinander vorbei“, sagte Lory. „Wir müssen uns verstehen. Ich möchte dich verstehen und ich möchte, daß du mich verstehst.“

„Ach, ich verstehe dich schon“, antwortete ich unbarmherzig. „Das Problem besteht darin, daß wir es beide ablehnen, unser dickes Ich aufzugeben. Wir halten beide an unserem eigenen Weg fest.“

„Das ist es nicht, was in mir vorgeht.“

„Schau her ...“, begann ich.

„Aber das ist noch nicht alles“, fuhr sie energisch fort. „Ich glaube *dir,* wenn du sagst, daß du am dicken Ich klebst, aber du glaubst *mir* nicht, wenn ich von meinem Standpunkt aus sage, daß wir aneinander vorbeireden."

„Das ist doch letzten Endes egal!" rief ich, als wir in den Gemeindeparkplatz einbogen. „Kann das wirklich überhaupt etwas ausmachen? Laß uns doch das Ganze einfach vergessen!"

Ich fuhr in eine Parklücke hinein und schaltete den Motor aus.

„Ich gehe nicht in den Gottesdienst", sagte Lory und saß so gerade da, als hätte sie einen Stock verschluckt, und starrte unentwegt vor sich hin.

Mit sämtlicher Selbstbeherrschung, die ich zusammenbekommen konnte, sagte ich ruhig: „Du gehst doch in den Gottesdienst."

„Nein, das mache ich *nicht.*"

„Doch, das machst du! Du gehst trotz deiner roten Augen und deines aufgedunsenen Gesichts sofort in jenes Kirchengebäude! Wenn es nämlich da keine Antworten auf unsere Probleme gibt, dann gibt es sie nirgendwo. Nun beeil dich!"

Ich stieg aus dem Auto und ging auf den Haupteingang zu, aber bevor ich um die Ecke ging, blickte ich auf die Stelle zurück, wo Lory noch immer im Auto saß. Kaum hatte ich die Vorhalle des Gemeindehauses betreten, da legte mir einer der Platzanweiser einen Arm um die Schulter.

„Geistesüberprüfung", sagte er mit einem Lächeln.

„Wie bitte?"

„Nur ein kleiner Scherz, Dean. Ist bei dir alles in Ordnung?"

„Ach, ja", antwortete ich und ärgerte mich über mich selbst, weil ich meine Gefühle hatte sehen lassen, und über ihn, weil er sich eingemischt hatte. „Mir geht es gut, wirklich gut."

Er klopfte mir auf die Schulter und ging weiter. Jetzt fühlte ich mich nicht nur niedergeschlagen, sondern ausgesprochen aggressiv. Warum hatte ich jenem Bruder gegenüber nicht ehrlich sein können? War ich tatsächlich so „fromm" geworden, daß ich es nicht zugeben konnte, wenn etwas mit mir geistlich nicht stimmte?

Im Gottesdienstraum ließ ich mich auf einen Stuhl fallen und legte auf den nächsten Stuhl meine Bibel für den Fall, daß Lory käme.

Hier bin ich, dachte ich, *ein klassisches Beispiel für die Heuchelei. Ein Mann voller Aggressionen, wütend und unversöhnlich, und ich sitze in der Kirche und will Gott anbeten.*

Jemand kam auf den Platz zu, den ich besetzt gehalten hatte. Ich wagte es nicht, aufzuschauen, aus Furcht, sie könnte meinen Blick als „triumphierenden Gesichtsausdruck" auslegen. Ja, sie war es. Ich erkannte sie an den Beinen wieder.

Meistens gab es am Anfang eines jeden Gottesdienstes eine Zeit der Anbetung und des Lobpreises, aber diesmal schritt Jack Hayford nach vorne und sagte: „Laßt uns von acht oder zehn Anwesenden ein kurzes Wort hören. Was tut Gott in eurem Leben? Steht auf, wo ihr gerade seid, und sprecht laut genug, daß euch alle hören können."

Sofort stand ein Dutzend Menschen auf, aber ich konnte nicht fassen, was Jack als nächstes tat.

„Dean, teilen Sie uns etwas aus Ihrem Leben mit", sagte er. „Wie sieht es aus mit Ihrer Beziehung zum Herrn."

Ich wurde von Panik ergriffen! Auf diese Weise rief er sonst nie zum Zeugnis auf! Das war doch immer eine freiwillige Sache. Wer etwas zu sagen hatte, stand auf. Ich hatte nichts zu sagen, absolut nichts! Aber er schaute mich unmittelbar an. Wenn ich seine Frage nach meiner Beziehung zum Herrn ehrlich beantworten sollte, dann müßte meine Antwort lauten: „Nichts los! Ich fühle mich elend und zettelte außerdem auf dem Weg hierher einen Streit mit meiner Frau an."

Lieber Herr, dachte ich, *wenn ich draußen in der Vorhalle dem einen Mann gegenüber weniger hochmütig gewesen wäre, würde ich mich jetzt vielleicht nicht vor der ganzen Gemeinde lächerlich machen müssen.*

„Sie haben einen schlechten Tag erwischt, Jack", hörte ich mich sagen.

„Warum das?" fragte er mit einem Lächeln.

Ich stand auf. Ich konnte regelrecht die Blicke der wartenden Gemeinde fühlen. Diese lieben Menschen hatten uns so sehr geholfen und uns immer wieder ermutigt. Jetzt, da ich die Gelegenheit bekam, ihnen etwas Liebe zu zeigen, verfügte ich über keine.

„Ich bin diese Woche sehr niedergeschlagen gewesen", sagte ich. „Mir kommt es vor, als wäre meine Beziehung zum Herrn abgebrochen."

Ich sah mich in der Gemeinde um und erwartete halbwegs, schockierten und mißbilligenden Blicken zu begegnen.

„Erzählen Sie uns, wie es kam", sagte Jack.

O Herr, wie sehr möchte ich den Sieg und die Freude schildern können! Wo sind sie geblieben?

„Nun, seit beinahe einem ganzen Jahr bin ich glücklicher und erfüllter, als ich das für möglich gehalten hätte. Aber in letzter Zeit hat sich etwas eingeschlichen, das meine Beziehung zum Herrn unterbrochen hat. Der Strom der Freude und des Friedens hat zu fließen aufgehört. Ich weiß, daß wir uns nicht nach unseren Gefühlen richten dürfen, denn wir leben aus Glauben. Aber ich weiß auch, daß es nicht Gottes Wille ist, wenn sich jemand so fühlt wie ich gerade."

Aufrichtiges Bekennen war ein neues Erlebnis. Vor Hunderten von Menschen stehend, bekannte ich, was ich tatsächlich empfand. Die endlosen Masken, die Furcht, so gesehen zu werden, wie ich war, hatten nicht obsiegt. Irgendwo in meinem Inneren schüttelte sich mein Geist ein ganz klein wenig frei.

„Aber es gibt noch etwas", sagte ich und sprach dabei etwas lauter. „So schlecht die Dinge gerade stehen, weiß ich, daß ich nicht besiegt worden bin. Es ist so, als würde der Herr nur warten. Er hat mich nicht im Stich gelassen, sondern Er hat sich nur aus irgendeinem Grunde zurückgezogen. Der Sieg, in dessen Genuß ich gekommen war, wird zurückkehren, und ich glaube, ich werde diesen Abschnitt später als Zeit der Prüfung und des Wachstums erkennen."

Die Bibel redet davon, daß wir uns mit der Wahrheit „umgürten" sollen. Es klappte. Ich setzte mich mit dem Gefühl hin, stärker geworden zu sein, weil ich gezwungen worden war, ehrlich zu sein.

Als ich gerade bereit war, die Idee anzunehmen, daß das Leben wieder losgehen würde, murmelte Lory etwas vor sich hin, gerade laut genug, daß ich es hören konnte. Es durchdrang mich wie ein Messer.

„Heuchler", flüsterte sie.

Mein geistliches Inneres zitterte einen Augenblick, da es immer noch vor lauter Wahrheit aufgebläht war, dann fiel alles in sich zusammen wie eine implodierende Fernsehröhre. Der Rest, das physische Ich, auf einmal schwer, sank tiefer in den Stuhl.

Jack rief andere auf, die darauf warteten, reden zu dürfen, aber ich hörte nichts. Ich war kaputt. Ich war beim Startversuch abgestürzt und brannte jetzt am Ende der Startbahn aus.

Als der Gottesdienst vorbei war, wurde ich vorübergehend von einer kleinen, grauhaarigen Dame von den Toten auferweckt. Sie schritt schüchtern auf mich zu und berührte mich am Arm.

„Ich habe für Sie ein Wort vom Herrn", sagte sie.

Ich schaute auf das winzige, wohlwollende Geschöpf hinab und hoffte, daß es kein langes Wort wäre. Ich konnte es kaum abwarten, nach draußen zu kommen.

„Ja?" sagte ich kühl.

„Sie sollen sich ausruhen", sagte sie.

„Ausruhen?" fragte ich. Ich hatte seit fast einem Jahr keine Arbeit mehr, und jetzt sollte ich mich ausruhen?

„Doch", sagte die Frau. „Ausruhen."

Es war seltsam, aber das Wort belebte mich in einem Maße, das in gar keinem Verhältnis zu seiner Länge stand. Ich sog es wie ein Stück Löschpapier auf — wie Wasser, das auf dürren Boden ausgegossen wird.

Die kleine alte Dame bewegte sich schon fort.

Ausruhen. Ich erkannte an seinem Gewicht, an seiner Stoßkraft, daß dieses Wort von Gott gekommen war.

„Entschuldigen Sie, das heißt, warten Sie doch einen Augenblick", stammelte ich.

Die Frau wandte sich um.

„Danke", sagte ich. „Danke sehr."

„Gern geschehen", sagte sie lächelnd und zog ab.

Sie war wohl einer jener älteren „Gebetskrieger", von denen wir schon so viel gehört hatten. Sie war keine langatmige Prophetin, aber sie hörte ganz genau auf die Stimme des Heiligen Geistes.

Mich ausruhen. Ich hatte zwar keine Arbeit, wußte aber dennoch, daß sie sich nicht geirrt hatte. Ich sollte mich ausruhen. Auch Heuchler konnten sich ausruhen. Und wenn der Herr mir noch prophetische Worte schickte, konnte er mich ja nicht ganz im Stich gelassen haben.

Meine Ruhe erwies sich jedoch als kurzlebig. An jenem Nachmittag war Lory bereit, allen Ernstes zu streiten, während ich wie ein meckerndes Schaf darauf reagierte. Ich hatte einfach keine Lust dazu. Über mich selbst verärgert, weil ich es der Niedergeschlagenheit erlaubt hatte, Fuß zu fassen, und unfähig, meiner Frau dafür zu vergeben, daß sie mich einen Heuchler genannt hatte, ließ ich den neuen Ford-Kastenwagen an und fuhr, stürmisch gelaunt, die Pacific Coast Highway hinauf in Richtung Santa Barbara.

Zwei Tage lang kam ich nicht mehr nach Hause. Die erste Nacht blieb ich in einem namenlosen Motel bei San Luis Obispo, den nächsten Tag verbrachte ich damit, auf einem verlassenen, vom Winde gefegten Strand in der Nähe der Morro-Bucht zu wandern.

In meinem Inneren war ich böse — wirklich zornig. Aber nach außen hin war ich träge und leblos. Es war wie eine Szene aus meinem früheren Leben. Unser Streit war *eine* Sache, aber warum konnte ich derartige Begebenheiten nicht überstehen? Ich meine, es ist klar, daß Menschen sich ab und zu streiten. Das ist doch nicht das Ende der Welt. Meine Niedergeschlagenheit war wieder da. Sie machte mich verwundbar, war an irgendeiner Wurzel befestigt und zehrte an meinen Kräften.

Am zweiten Tag fuhr ich wieder in den Süden und beobachtete irgendwo in der Nähe von Montecito den Ozean. Meilenweit gab es große Sanddünen und dramatisch hohe, halb durchsichtige, mit Seetang verbrämte Wellen.

„Was hatte mein geistliches Wachstum beendet?“ fragte ich mich. Das hatte weder der Streit mit Lory noch die Tatsache, daß sie mich einen Heuchler genannt hatte, bewirkt. Der Sieg war schon in der Woche davor zum Stillstand gekommen.

War alles noch Gott ausgeliefert? Hatte ich, mir selbst unbewußt, mich nach alten Zielen ausgestreckt? Oder hatte die Furcht, nie wieder in Kinofilmen arbeiten zu können, sich in meine Psyche eingeschlichen und angefangen, meine Gedanken zu bestimmen? Den ganzen Tag über wanderte ich über den Sand und erforschte mein Herz.

Natürlich wurde meine Gemeinschaft mit Gott durch meine Unversöhnlichkeit Lory gegenüber gestört. Das war ein offensichtliches, an der Oberfläche liegendes Problem. Die Unversöhnlichkeit in irgendeiner Form wäre schon schlimm genug gewesen, aber gegenüber meiner Frau war sie doppelt zerstörerisch.

Die Bibel wies ausdrücklich darauf hin, daß Probleme mit seiner Frau einen Mann daran hindern können, seine Gebete erhört zu bekommen. „Desgleichen, ihr Männer, lebt rücksichtsvoll mit euren Frauen zusammen und gebt dem weiblichen Geschlecht als dem schwächeren seine Ehre, *damit euer gemeinsames Gebet nicht behindert wird*“ (1. Petrus 3, 7).

Es war ein fast ähnliches Prinzip, das Jesus gegeben hatte, als er sagte, daß wir, wenn unser Bruder etwas gegen uns hat, zu ihm gehen und es in Ordnung bringen sollen, bevor wir versuchen, Gott anzubeten.

Aber ich fand es schwieriger, meiner Frau zu vergeben oder mich bei ihr zu entschuldigen, als das bei einem Freund oder Bekannten der Fall gewesen wäre. Warum wohl? Ich neigte dazu, *ihr* für alles die Schuld zuzuweisen, aber wenn ich der „Hohepriester“ unseres Hauses war, dann lag doch die Verantwortung bei mir, wenn etwas nicht stimmte, oder? Ich sei also dafür verantwortlich, wenn sie mich einen Heuchler nannte? Ich sei dafür verantwortlich, wenn sie sich verletzt oder aggressiv oder furchtsam fühlte? Doch! Ich war für Lorys Glück verantwortlich.

Ach, wie haßte ich dieses Wort *Verantwortung!*

Aber biblisch gesehen, würde meine ideale Frau erst dann zu existieren anfangen, wenn sie mit einem idealen Ehemann verheiratet war, und nicht anders herum. Unangenehm wie es war, vergab ich ihr — wahrscheinlich nicht so sehr, weil das eine Tugend war, sondern weil ich wollte, daß meine Gebete wieder erhört würden.

„Herr, es tut mir leid. Ich tat es schon wieder. Ich war Lory gegenüber ungeduldig, grob, unfreundlich und barsch. Bitte vergib mir, Herr, wie ich ihr gerade jetzt vergebe. Ich *will* ihr vergeben, lieber Jesus. Erneuere bitte in meinem Herzen die Liebe zu ihr und gib mir wieder zärtliche Gefühle für sie. Ich empfange es jetzt, Vater, durch die Kraft Deines Geistes. Amen."

Als ich das hinter mir hatte, setzte ich meine Untersuchung fort. Hatte ich etwas getan, was Gott mißfiel? Ich wußte, daß ein Versagen — ohne daß wir sofort vor Gott ehrlich werden, den Fehler bekennen und uns zu siegreicher Gemeinschaft mit Gott erneuern lassen — unser Herz für weitere Entmutigung öffnet, die uns dann noch mehr Niederlagen aussetzt.

Die unglaublichste Grundlage für einen stetigen Sieg, so erkannte ich, ist uns dadurch gegeben, daß es im Worte Gottes heißt: „Wenn wir aber unsere Sünden bekennen, ist Er treu und gerecht und vergibt uns die Sünden und macht uns rein von aller Ungerechtigkeit" (1. Johannes 1, 9).

Ein Mensch, der zugibt, auf einem bestimmten Gebiet Probleme zu haben, ist deswegen noch kein Heuchler, sagte ich mir. Vielleicht ist er ein Sünder, aber kein Heuchler. Sein Sündenbekenntnis läßt diese Möglichkeit ausscheiden und bahnt der Heilung und dem Sieg den Weg. Den Furunkel muß man mit einer Lanzette aufschneiden, damit der Eiter herauskommt!

Als der Platzanweiser fragte, ob es mir geistlich gut gehe, hätte ich ihm meine ganze Last mitteilen sollen: „Nein! Ich habe mich mit meiner Frau gestritten! Ich kann ihr nicht vergeben! Ich habe Aggressionen und bin niedergeschlagen! Und ich kann es nicht vertragen, daß du mich darüber ausfragst!"

Ich hätte vielleicht dadurch zu all meinen Sünden die Unhöflichkeit hinzugefügt, aber wenigstens wäre die Heuchelei ausgeschieden.

„Ich möchte Dich besser kennenlernen, Herr; ich möchte dafür offen bleiben, daß Du Dein Werk in mir vollendest." Das war alles, was Gott von mir erwartet hatte. Ob jemand schon angekommen war?

Keineswegs! Zum einen, wenn ich mich jemals entschließe, „angekommen“ zu sein, bekomme ich es mit Problemen zu tun, die nicht Gottes, sondern *meine* eigene Gerechtigkeit betreffen, nämlich meine Selbstgerechtigkeit.

„Ich habe keine eigene Gerechtigkeit!“ rief ich laut den rauschenden Wellen zu. „Meine Aufgabe besteht darin, mich selbst in eine Pipeline für *Seine* Gerechtigkeit umzufunktionieren.“

Mein Problem bestand nicht so sehr darin, daß ich meinte, perfekt zu sein, sondern darin, daß ich mich zu schwach fühlte, um auch nur zu versuchen, mein Wachstum und meine geistliche Entwicklung fortzusetzen. Aber da erlitt die Hölle noch eine Niederlage.

„Danke, Herr, Gott“, betete ich, „daß Du uns eine Gemeinde gegeben hast, wo wir genug im Wort unterwiesen worden sind, um uns auf die Schriftstelle zu verlassen, wo es heißt: »Der, der in euch das gute Werk angefangen hat, wird es auch vollenden bis zum Tag Christi Jesu.« Du wirst nicht aufhören, in mir zu wirken, bis Jesus wiederkommt! Danke, Vater, für diese Gewißheit!“

Ich liebte diesen Vers aus Philipper 1. Aber so sehr ich es auch versuchte, konnte ich mich an keine besondere Begebenheit aus der letzten Zeit — mit Ausnahme des Streits mit Lory, aber da hatte ich ja schon um Vergebung gebeten — erinnern, die mich von der Gemeinschaft mit Gott abgeschnitten und meine Depressionen ausgelöst hätte.

Die Versuchung ist noch keine Sünde, erinnerte ich mich, da ich mich manchmal entmutigt fühlte, wenn ich durch irgendeinen unwürdigen Gedanken in Versuchung kam. Ich hatte ihm keinen Raum gegeben, hatte ihn auch nicht eingeladen, sich bei mir zu Hause zu fühlen, und dennoch fühlte ich mich von ihm verunreinigt. Aber daran lag es jetzt nicht.

War mein Glaube stark? Ich wußte, daß ich mich Gott völlig anvertraut hatte, daß ich Ihn von ganzem Herzen und mit meinem ganzen Gemüt und meiner ganzen Kraft liebte; und ich wußte ebenfalls, daß der Glaube eine Frucht des Heiligen Geistes sei. Ich konnte sie selbst nicht erarbeiten, sondern konnte nur für das Wirken des Geistes in meinem Leben offen bleiben.

„Ich bin dafür offen, Herr Jesus“, sagte ich. „Mehre meinen Glauben, Heiliger Geist. Danke, Vater, für die Freiheit, die aus dem Wissen erwächst, daß ich es nicht selbst tun muß.“

Vielleicht wollte mich Gott prüfen und meinen Glauben dadurch stärken, daß er die schönen Gefühle zurückzog. Aber ich konnte nicht glauben, daß Er es war, der die alte Niedergeschlagenheit zurückgebracht hatte. Das sähe dem Herrn einfach nicht ähnlich.

Hatte ich Ihm jedes Problem ausgeliefert? Im Worte Gottes hieß es: „Sorgt euch um nichts“ (Philipper 4, 6). Meine Aufgabe bestand darin, Ihm meine Sorgen zu überlassen, und mich dann auszuruhen, fest darauf vertrauend, daß Er meinen Weg festigen und meine Schritte lenken würde. Ob ich dieser Aufgabe nachgekommen war?

Doch, aber wenn ich eine einzige Sorge hatte, die sich immer wieder bei mir einstellte, dann war es die um meine Finanzen; also legte ich das Problem wieder einmal nieder und „wälzte“ es auf Gott ab.

„Herr, ich will mich in Dir ausruhen, wie die Frau sagte. Meine Umstände sind nicht anders geworden; ich bin immer noch ein arbeitsloser Schauspieler. Aber Deine Möglichkeiten gehen weit über alles hinaus, was ich benötige. Du wirst es nicht an Versorgung mangeln lassen, oh Gott, mein Fels! Ich weigere mich, wegen der Zukunft furchtsam oder ängstlich zu sein, und ich gebe gerade jetzt in diesem Augenblick jede Sorge auf, die ich bezüglich Deiner Fähigkeit hatte, uns finanziell zu versorgen. Ich nehme Deine Verheißung in Anspruch, die Du denen gegeben hast, die ihren Zehnten in Dein Kornhaus bringen — nämlich, daß Du eine derartige Segensfülle herabschütten willst, daß wir nicht mehr wissen, wohin damit. Danke, Herr! Amen.“

Als ich mich bückte, um ein verblichenes Stück Treibholz aufzuheben, das ich als Spazierstock benutzen wollte, erinnerte ich mich an ein Buch, das zu lesen Lory mich vor einigen Monaten gebeten hatte. Es beschrieb die Erlebnisse des Autors, während er immer stärker in einen Dienst des Exorzismus und der Befreiung hineingezogen wurde.

Schon lange bevor ich das Buch zu Ende gelesen hatte, kamen mir Fragen über meine eigene Niedergeschlagenheit und meine Aggressionen in den Sinn. War es möglich, daß ich seit Jahren die Folgen irgendeines inwendigen geistlichen Einflusses erlebte, der aber ganz von mir selbst getrennt war? Irgendeines Schmarotzers, der mit meinem Körper bekleidet, ihm aber in Wirklichkeit fremd war? Konnte ich allen Ernstes den Vorschlag in Erwägung ziehen, ich könnte einen „Dämon“, einen bösen Geist haben?

Die Sanddünen verlassend und am Ufer des Meeres entlanggehend, beobachtete ich, wie die Wellen immer näher an das Gestade klatschten, während ein feuchter Nebel bedrohlich nach vorne rollte. Dämonen, Depressionen, Befreiung — alles Gedanken, die gut zu dieser düsteren Umgebung paßten.

Ich erinnerte mich, wie ich gegen die Depressionen gekämpft, oder vielmehr ihnen nachgegeben hatte, als ich hinter unserem Haus in Alabama im Kirschbaum saß. Auch jetzt, viele Jahre später, begleitete die Erinnerung ein bittersüßer Geschmack, wie etwas Leckeres, das man erst zur Hälfte ausgekostet hat; ein undeutlicher und zerbrechlicher Schmerz, der unglaubliches Vergnügen verhieß.

Gib ihm nach, sagte mein Verstand. *Du hast es verdient, dich traurig zu fühlen. Schließlich verletzt du niemanden damit. Ergötze dich an deinem Schmerz.*

Ich wußte jetzt, daß es sich um eine Lüge handelte, aber trotzdem hatte der Gedanke nichts von seiner verführerischen Anmut eingebüßt. Und ich fragte mich, ob dieselbe Lüge dazu beigetragen hatte, daß der Vater meiner Mutter, ein Landarzt im Norden Alabamas, morphiumsüchtig geworden war.

Nachdem er über viele Jahre hindurch seine Patienten zu Pferd besuchte, benutzte er die frostigen Wintertemperaturen als Ausrede, sich Spritzen zu versetzen. Die warme Erleichterung war hochwillkommen gewesen, aber später zwang ihn die Diktatur der Droge, einen Großteil seines Reichtums für die nötigen Morphiumvorräte auszugeben.

Aufgrund des Morphiums und der wertlosen texanischen Bergbauaktien zerfiel ihre finanzielle Sicherheit. Opas Verstand zerfiel ebenfalls. Er starb wenige hundert Meter vom Tennessee-Fluß entfernt in einem Haus mit fünf Zimmern, wo er, von seiner Frau und seinen Töchtern gepflegt, 14 Jahre lang als Geistesgestörter gewohnt hatte.

Als Junge wußte ich nichts von Opas Problemen. Aber ich hatte immer das beunruhigende Gefühl, daß etwas nicht stimmte, obwohl ich immer nur Geschichten aus der guten alten Zeit zu hören bekam.

„Der zweite Ford, der jemals im Norden Alabamas gesehen wurde, gehörte deinem Opa“, sagte mein Vater stolz.

Mutter lachte und erklärte: „Damals meinten sie, Gummireifen würden verfaulen, wenn man ein Auto auf der Erde parkte, darum baute Opa hoch oben in der Luft eine Garage. Er ließ dann eine hölzerne Rampe bauen, die zu ihr hochführte.“

„Nur mußte man so schnell fahren, um die Rampe zu überwinden“, fuhr Vater fort, „daß die Bremsen den Wagen nicht zum Stehen bringen konnten, bevor er gegen die hintere Wand fuhr!“

„Darum ließ er auch in der Rückwand der Garage Türen einbauen“, sagte Mutter.

Meistens warf dann Tante Nell dazwischen: „Wenn Papa den Wagen in die Garage fahren wollte, öffnete er die Türen an beiden Enden und fuhr ein ganzes Stück zurück, damit er dann schnell genug fahren konnte, um die Rampe zu überwinden. Dann trat er mit voller Wucht auf die Bremse und versuchte zu halten, bevor er auf der anderen Seite wieder hinunterfuhr!"

Mit halb besorgtem, halb amüsierten Gesichtsausdruck sagte dann Mutter: „Einmal fuhr er auf dem Hof 32mal im Kreis, bevor er es endlich schaffte, in jener albernen Garage zu halten!"

Alle lachten dann, und mein Vater sagte meistens verteidigungsbereit und mit einem Anflug von verborgener Verlegenheit, die ich lange Zeit nicht verstand: „Er war ein feiner Arzt. Der einzige Arzt im Norden Alabamas, der niemals einen am Gelben Fieber erkrankten Patienten verlor."

„O ja", erwiderte Mutter schnell, „Papa war ein wunderbarer Arzt."

Die Geschichten waren endlos, aber meine einzige unmittelbare Erinnerung an Opa bezog sich auf eine Begebenheit, die sich wenige Tage vor seinem Tod, als ich drei Jahre alt war, abspielte. Mein winziges Dreirad muß bei meiner ständigen Fahrerei vom Eßzimmer durch den Flur und in Opas Schlafzimmer, nach draußen auf die hintere Veranda und zurück in die Küche, einen vollständigen Kreis mit Spurrillen ausgefahren haben.

An diesem bestimmten Tag hielt ich neben Opas Bett an. Es war im Zimmer dunkel. Und etwas fehlte. Normalerweise, während ich an seinem Bett vorbeiraste, tat Opa so, als würde er mit seinem Spazierstock nach mir ausholen. Aber jetzt lag er vollkommen ruhig da und gab nur gelegentlich einen tiefen, stöhnenden Seufzer von sich.

Ich saß da und sah ihn atmen und erkannte nicht, daß es seine Anteilnahme an meiner Fahrt durchs Haus war, die Leben ins Zimmer brachte. Wenn er seinen Stock hob und so tat, als wollte er zulangen, lachte ich und sauste vorbei — und genoß den Spaß, ihm entkommen zu sein. Es dauerte jedoch nicht lange, bis die Spannung der zu erwartenden Gefahr wiederkehrte, als ich mich erneut der Schlafzimmertür näherte.

Ich saß wohl mehrere Minuten neben seinem Bett und schaute zu, während er schwerfällig Luft holte. Welchen Blick hatte mein junges Herz für seine Morphiumsucht oder für seinen gebrochenen Verstand? Was hat mein Geist gewonnen oder verloren oder verstanden?

Einmal drehte er sich mir zu, und sein Arm, die Hand geöffnet, fiel aufs Bett zurück, nahe bei der Lenkstange meines Dreirads. Eine Sekunde lang dachte ich, er habe nur so getan, als würde er schlafen, und wir würden gleich wieder mit unserem Spiel beginnen. Aber die Bewegung hörte auf, und er gab einen traurigen, kleinen Klagelaut von sich.

Das ist alles, woran ich mich erinnern kann, und wenige Tage später wurden in Opas Zimmer die Vorhänge geöffnet. Er war fort. Zurückgeblieben war jedoch bei mir etwas vom dunklen Jammer seiner letzten Tage sowie die schwache, traurige Erinnerung an meine letzte Fahrt durch sein Zimmer.

Ob das Böse in solchen Augenblicken Zugang zu meiner Persönlichkeit bekommen hatte? Hatte ich, jung und aufmerksam und verwundbar wie ich war, da gesessen und beobachtet, wie er starb, nur, um in meinen Geist einen Teil der Hölle aufzusaugen, die ihn verzehrte?

Ich ging zum Kastenwagen zurück und fuhr nach Süden in Richtung Los Angeles.

Dämonen? Böse Geister? Konnte ich das akzeptieren, was ich da hörte? Ich glaubte ganz gewiß an den Satan. Er hatte 25 Jahre lang mit mir ein Zimmer geteilt. Seltsamerweise war es leichter, an seine als an Gottes Kraft zu glauben. Auch nur die oberflächlichste Betrachtung der Menschheitsgeschichte schien noch mehr Beweise für das Wirken Satans zu erbringen.

Aber konnte ich die Vorstellung akzeptieren, daß meine Persönlichkeit für irgendeinen Teil der teuflischen Hierarchie den Gastgeber spielte? Wäre ich einer von den Menschen gewesen, die Jesus, als Er auf dieser Erde im Fleisch wandelte, anschaute und denen Er sagte: „Geist der Niedergeschlagenheit, fahre aus ihm heraus!“?

Es stand außer Frage, daß der Herr Jesus heute genauso wirksam wie vor 2000 Jahren heilen oder befreien oder erlösen konnte. „Jesus Christus ist derselbe gestern und heute und bleibt es auch in Ewigkeit“, heißt es in Hebräer 13, 8. Daran glaubte ich. Aber ob ich eine Befreiung von bösen Geistern brauchte?

Der Hochmut antwortete immer wieder: „Nein.“ Vielleicht hörte sich das Wort *Dämon* so an wie vor einigen Jahrzehnten das Wort *Krebs*. Auch wenn ich daran stürbe, hätte ich niemals zugegeben, ihn zu haben.

Aber *irgendetwas* hatte ich. Etwas Böses. Es beraubte mich meiner Freude. Es dämmte die Ströme einer lebendigen Beziehung zu Gott ein. Und es ließ mich für jedes andere Problem, das sich ergab, verwundbar werden. Ob es sich also um einen Teil meiner Persönlichkeit oder um ein eigenständiges Wesen handelte —, ich brauchte auf jeden Fall Befreiung. Und das war es, wozu Jesus gekommen war: „Zu verkündigen den Gefangenen die Freiheit, den Gebundenen, daß sie frei und ledig sein sollen“ (Jesaja 61, 1).

Ich entschloß mich, meine Niedergeschlagenheit als Versuchung eines bösen Geistes zu behandeln.

Kapitel 18

Erlöse mich vom Bösen

Als ich zu Hause ankam, begrüßte mich Lory, als wäre ich aus dem Grab zurückgekehrt. Sie weinte und küßte und umarmte mich und dankte Gott. Sie hatte sich das Schlimmste vorgestellt.

Vielleicht sollte ich jeden Monat für zwei Tage verschwinden, dachte ich.

Es war wunderschön. Sie bediente mich von vorn bis hinten. Vielleicht tat es ihr gut, die Gelegenheit zu bekommen, die Tatsache auszugleichen, daß sie mich einen Heuchler genannt hatte! Das war zwar nicht ganz biblisch, aber es konnte wohl nicht jeder Aspekt unserer Beziehung sofort und vollkommen in Ordnung kommen, oder?

Aber wir machten einige Fortschritte. Wir sprachen über die Vergebung, beteten um Heilung für unsere Ehe und um zusätzliche Liebe, die wir in unseren Einstellungen zum Ausdruck bringen wollten. Unser Leben wurde wieder normal, aber ich konnte kaum die nächste Krise abwarten, damit ich die Entscheidung verwirklichen konnte, die ich getroffen hatte, während ich vom Strand zurückfuhr.

An einem Nachmittag zwei Wochen später verließ Lory das Haus, um in Beverly Hills einkaufen zu gehen, und ich wußte, daß die Zeit gekommen war, um intensiv zu beten.

Je mehr ich unglücklicherweise die Idee von Dämonen und deren Austreibung in Betracht zog, desto unruhiger schritt ich auf und ab durchs Haus.

Das ist albern, dachte ich. *Tu es bloß nicht.*

Die Niedergeschlagenheit hatte sich verringert, also brauchte ich vielleicht doch keine Befreiung. Außerdem bestand das Problem wahrscheinlich nicht in der Niedergeschlagenheit, sondern darin, daß ich seit über einem Jahr nicht mehr arbeitete.

Andererseits sind Gedanken nichts Zufälliges. Wenn sie drei

Quellen entstammten, nämlich Gott, dem Satan und mir selbst, und wenn diese Niedergeschlagenheit tatsächlich eine eigenständige geistliche Persönlichkeit war, würde sie dann nicht alles in ihrer Macht Stehende tun, um mich davon abzubringen, sie ins Kalte zu verbannen?

Ich untersuchte ebenfalls das biblische Rezept zur Vertreibung böser Geister. Es war sehr einfach. Gott hatte Jesus „über alle Reiche, Gewalt, Macht und Herrschaft" eingesetzt und Ihm im übernatürlichen Bereich — in der unsichtbaren Welt der Geister — Autorität über die Machenschaften der Hölle verliehen.

Und der Herr Jesus sagte seinen Anhängern, daß auf ihre Predigt der Guten Nachricht hin die Gläubiggewordenen Seine Autorität benutzen würden, um Dämonen auszutreiben.

Als Gläubiggewordener also, der Jesus Christus zum Herrn seines Lebens erklärt hatte, besaß ich Autorität über die Dämonen. Und in Seinem Namen durfte ich diese Autorität ausüben, um mich des Geistes der Niedergeschlagenheit zu entledigen.

Aber ich war nervös. Also ging ich ins Schlafzimmer, nahm meine Bibel zur Hand, schlug Markus 5 auf und las laut vor:

„Als er aber Jesus von ferne sah, lief er hinzu und fiel vor Ihm nieder und schrie laut: Was willst du von mir, Jesus, Du Sohn Gottes des Allerhöchsten? Ich beschwöre Dich bei Gott: Quäle mich nicht!

Denn Er hatte zu ihm gesagt: Fahre aus, du unreiner Geist, von diesem Menschen!

Und Er fragte ihn: Wie heißt du? Und er antwortete: Legion heiße ich; denn wir sind viele" (Verse 6—9).

Dieser Abschnitt tat nichts, um meine Nerven zu beruhigen, aber ich setzte meine Lektüre fort:

„Und er bat Jesus sehr, sie nicht aus diesem Gebiet zu vertreiben.

Es war aber dort an den Bergen eine große Schweineherde auf der Weide.

Und die unreinen Geister baten Ihn: Laß uns in die Schweine fahren!

Und Er erlaubte es ihnen. Da fuhren die unreinen Geister aus und fuhren in die Schweine, und die Herde stürzte sich den Abhang hinunter, etwa zweitausend, und sie ersoffen im See" (Verse 10—13).

O Mann! Die Geister möchten lieber in Schweinen leben, als unbekleidet zu sein. Und wie stand es um diese Idee mit der Legion? Ob ich mehr als einen Dämon haben könnte? Sofort fuhr mir das Wort „Wollust" durch den Sinn.

Augenblick mal! Ich wollte nicht damit anfangen, hinter jedem Gedanken einen Dämon zu vermuten. Wenn Satan mich von seiner Nichtexistenz nicht überzeugen konnte, dann wollte er sicherlich gern versuchen, mich mit furchtsamen Gedanken an seine Anwesenheit ganz in Anspruch zu nehmen.

Andererseits aber, sagte ich mir, sei ehrlich. Ein Geist der Wollust hatte reichlich Gelegenheit gehabt, sich bei mir einzunisten. Und es war erstaunlich, wie ich ihn in anderen hatte erkennen können.

Jahre zuvor hatte ich nach einem Flug nach Los Angeles das Flugzeug mit einer Stewardeß verlassen, zu der ich nur gesagt hatte: „Guten Tag", „Danke", und: „Darf ich die Zeitschrift *Time* bekommen?" Wir verstanden beide, was geschehen sollte. Die Wollust hatte sich nicht nur zu erkennen gegeben, sondern sie hatte auch schon unsichtbare Signale der Zustimmung ausgestrahlt.

Mit der körperlichen Befriedigung hatte die Wollust auch nichts zu tun. Sie konnte nie befriedigt werden. Sie forderte vielmehr immer mehr Macht über immer mehr Körper, während sie immer weniger Erfüllung gönnte. Gottes Plan für den Sex sah, was mich sehr freute, ganz anders aus. Er kann zu der befriedigendsten körperlichen Beziehung in diesem Leben führen, wenn er unter dem Segen Gottes steht und ausschließlich innerhalb der Ehe vollzogen wird.

Wie war es also möglich, daß trotz der überströmenden Liebe, die ich bei Lory hatte, sie gerade in letzter Zeit bemerkt hatte, wie ich gewisse Körperteile anderer Frauen so anschaute, wie ich es früher getan hatte? Das hatte zu mehreren Auseinandersetzungen geführt, da sie meistens eifersüchtig wurde. Man könnte sogar bei ihr einen „Geist" der Eifersucht vermuten. Die Wollust und die Eifersucht waren doch, aus dem Blickwinkel des Teufels gesehen, ein ideales Paar, nicht wahr? Ganz natürlich. Sie nährten einander — die Wollust reizte die Eifersucht. Böse Geister erleben niemals einen schönen Tag.

Das ist alles lächerlich, dachte ich. *Wollte ich etwa zu irgendeinem ausgeflippten Dämonenjäger werden? Vielleicht sollte ich doch lieber diesen Gedanken an eine „Befreiung" aufgeben.*

Aber einen Augenblick später zwang ich mich, vorwärtszukommen. Mit erhobenen Händen neben dem Bett kniend, betete ich: „Vater, danke für alles, was Du schon getan hast, um mich zum wahren Leben zu befreien. Ich komme jetzt zu Dir, um im Namen Jesu zusätzliche Befreiung und Freiheit zu suchen."

„Heiliger Geist, ich heiße Dich bei mir willkommen. Wenn ich in meinem Herzen gegen irgend jemanden einen Groll hege, bitte ich Dich, es mir sofort zu zeigen. Wenn es irgendeine Bitterkeit gibt oder wenn irgendwelche Ressentiments vorhanden sind oder wenn Satan irgendwo in meinem Leben Boden gewonnen hat, laß mich jetzt daran denken."

Ich wartete vor dem Herrn. Und dann kam mir mein Vater in den Sinn. Ich hatte ihm schon für jede vergangene Gefühllosigkeit mir gegenüber, ob echt oder nur eingebildet, vergeben, da ich als Junge darunter gelitten hatte, aber jetzt sprach ich noch einmal laut vor Gott meine Vergebung aus.

Dann wartete ich wieder. Plötzlich fuhr mir ein unglaublich sinnliches Bild durch den Sinn. Das war kein ganz neues Vorkommnis. Bald nachdem ich Jesus als meinen Herrn angenommen hatte, geschah es jedesmal, wenn ich betete, so daß ich gezwungen worden war, Satan wiederholt zu schelten, bevor mein Verstand klar und frei wurde und ich mich ungestört dem Gebet hingeben konnte. Jetzt erkannte ich, daß auch dies kein Zufall und auch keine Entscheidung war, die ich selber getroffen hatte. Warum sollte auch jemand, der sich entschlossen hat, im Gebet zu Gott zu kommen, sich bewußt anstrengen, seinen Verstand mit schmutzigen Szenen zu füllen? Nein, dies war ein besonderes Werk meines Widersachers, des Teufels.

Ich sagte fest: „Im Namen Jesu Christi sage ich jedem Geist ab, der nicht von Gott kommt! Wollust, Hexerei, Okkultismus, jede geheime Kunst, die meinen Charakter geprägt haben kann — ich schelte euch und sage euch ab im Namen Jesu. Ihr habt keine weitere Gewalt über mein Leben!"

Jetzt wurde ich erst recht unruhig, da mir der kalte Schweiß ausbrach. Ich wollte am liebsten im Zimmer umhergehen, blieb aber doch auf den Knien.

„Im Namen Jesu beanspruche ich die Autorität über jeglichen Dämon oder bösen Geist, der mich bedrängt. Ich gebiete euch, mir euren Namen zu sagen!"

Sofort kamen mir die Worte Furcht, Schuld, Aggressionen, Ehrgeiz, Niedergeschlagenheit, Wollust, Selbstmitleid und Selbstmord in den Sinn. Es waren acht. O Herr, acht! Keine Legion zwar, aber gewiß ein ruchloses Peloton. Und ich erkannte, daß jedes einzelne von ihnen tatsächlich einen zerstörerischen Einfluß auf meinen Charakter gehabt hatte.

Ein Gefühl äußerster Sinnlosigkeit überschwemmte mich. Es wäre niemals möglich, von diesen Machenschaften der Hölle frei zu werden. Es war doch nutzlos, so zu tun, als ob ... Warum meine Zeit mit einer sinnlosen Scharade vergeuden? Und ein Geist des Zweifels schien die Oberhand zu gewinnen.

Ein Geist des Zweifels? Natürlich! Da war schon der nächste! Ich hörte schon wieder auf Satan. Aber, Gott sei Dank, 50 Prozent des Sieges über Satan besteht darin, ihn zu entlarven. Daß ich den Zweifel für das erkannt hatte, was er wirklich war, gab mir plötzlich neue Kraft.

„Zweifel, ich sage dir im Namen Jesu ab!" sagte ich. „Fahre jetzt aus mir aus!"

Mein Magen zog sich zusammen und entspannte sich wieder, und mein Körper schüttelte sich wie ein Hund nach einem Regenguß. Gleichzeitig stieß ich einen kurzen Seufzer aus. Und jetzt war ich nicht mehr mit Zweifeln, sondern mit Kraft erfüllt.

„Geist der Niedergeschlagenheit, ich sage dir ab! Im Namen Jesu, fahre aus!"

Nichts passierte. Stattdessen ergriff ein schleichendes Gefühl der Übelkeit mein Bewußtsein und wogte unbarmherzig durch mich hindurch. Mein Herz wurde voll von Gedanken an Hinterhöfe und Kirschbäume, an liebe Verstorbene und an unschuldige Jugendtage, die außerhalb der Reichweite meines Gedächtnisses waren. Zuhause; vertraute Gänge und Zimmer; zärtliche, nutzlose, verletzte Gefühle aus in die Brüche gegangenen Romanzen; die hoffnungslose Aussicht, halbvergessene Träume niemals verwirklichen zu können; meine Mutter, als sie noch jung und schön war; Vergessenes, verborgene und tröstliche Begebenheiten, die auf ewig verloren waren — all das kam durch meinen Verstand gepurzelt. Sie alle waren zu irgendeinem Zeitpunkt benutzt worden, um meine Seele von ihrer machtlosen Sterblichkeit zu überführen.

„Geist der Niedergeschlagenheit, laß mich los!" forderte ich. „Du hast hier keine weitere Autorität. Ich binde dich im Namen Jesu und treibe dich aus. Laß mich los, jetzt!"

Ich begann zu weinen — oder „es" begann in mir zu weinen. Und einen Augenblick lang empfand ich, daß alles, was mir lieb und teuer geworden war, verschwinden würde, wenn ich das Recht aufgäbe, traurig zu sein.

„Im Namen Jesu, laß mich los, du Geist der Niedergeschlagenheit!" Beinahe leidenschaftlich stieß ich die Worte aus. „Du hast in mir keinen Raum. Fort mit dir! Fort mit dir!"

Mein ganzer Leib zitterte. Ein zitterndes Stöhnen entfuhr meinen

Lippen, und etwas in meinem Inneren wurde befreit. Ich war frei. Ich wußte es; ich fühlte es in meinem Inneren: Ich war frei! Jesus hatte das Gefängnistor aufgemacht!

„Danke, Herr Jesus!" rief ich aus. Und die Freude am Herrn stieg wie eine Sinfonie in mir hoch. „Halleluja, Vater! Danke für Deinen Sieg! Danke, Jesus! Danke!"

Die Niedergeschlagenheit war weg. Sogar meine Fähigkeit, die Gegenstände um mich herum wahrzunehmen, wurde anders. Die Möbel sahen deutlicher aus. Ein Schleier, ein Dunst hatte sich gehoben. Mein Augenlicht wurde klar. Und was noch wichtiger war: Ich empfand in meinem Inneren ein unerschütterliches Vertrauen, daß die Niedergeschlagenheit nie wieder über meine Persönlichkeit die Kontrolle ausüben würde. Die Kraft des Namens Jesu hatte mich befreit, und Er war sowohl fähig als treu, mich zu bewahren.

Ich erlaubte Jesus, auf ähnliche Weise und mit gleichem Erfolg mit den Aggressionen, mit der Schuld, mit der Furcht und mit den anderen Geistern fertig zu werden, bis ich mit der Wollust eine Konfrontation hatte. Vielleicht war sie tiefer verschanzt, oder ich bedauerte vielleicht mehr, sie zu verlieren. Auf jeden Fall betete und rang ich beinahe eine ganze Stunde, aber sie war immer noch fest verankert, sich zäh an das Fleisch meines inwendigen Menschen festklammernd.

Erst zwei Monate später, als ich mit einem anderen Bruder zusammen betete und offen beichtete, wurde ihr dämonischer Griff schließlich gelöst.

Aber gelöst wurde er! Ich wurde — Preis sei Gott! — von allem befreit. Natürlich versucht der Teufel zurückzukommen. Jesus hatte ja gesagt: „Wenn der unreine Geist von einem Menschen ausgefahren ist, so durchstreift er öde Stätten, sucht Ruhe und findet sie nicht. Dann sagt er: Ich will wieder in mein Haus zurückkehren, aus dem ich fortgegangen bin" (Matthäus 12, 43—44).

Aber wenn er zurückkommt und das Haus der Seele bis zum Überfließen erfüllt findet mit einem anderen Geist — mit dem Heiligen Geist, der von unermeßlicher Kraft und Liebe, voller Trost und Wahrheit ist —, wird er wieder torkelnd in die übernatürliche Sphäre hinausgetrieben, nicht vor siegreicher Schadenfreude kichernd, sondern schwächer und gedemütigter als zuvor.

„Wenn euch nun der Sohn frei macht, so seid ihr wirklich frei", (Johannes 8, 26)!

Zwei Monate später, als ich in der Gemeinde mit meinem Freund betete und von der Wollust befreit wurde, entdeckte er noch einen Geist, den ich übersehen hatte — einen Mordgeist. Ich hatte zwar keinen Mord begangen, doch hatte ich es des öfteren tun wollen.

Als ich über den Gemeindeparkplatz ging, erkannte ich, daß meine Unbehaglichkeit in der Gegenwart anderer, insbesondere Fremder, nicht so war, wie ich sie bisher immer ausgelegt hatte, nämlich als die Furcht vor dem, was ein anderer mir antun könnte. Es handelte sich vielmehr um die Furcht vor dem, was ich anderen antun könnte. Wie in so vielen anderen Angelegenheiten hatte ich die Knechtschaft erst erkannt, als ich davon befreit wurde.

Die Bibel sagt, daß ein vom Heiligen Geist bestimmtes Leben neun Früchte aufweist: Liebe, Freude, Friede, Geduld, Freundlichkeit, Güte, Treue, Sanftmut, Selbstbeherrschung.

Als ich nach Hause fuhr, empfand ich, daß ich mit allen erfüllt war. Und ich fühlte mich in der Lage, die Verheißungen aus Jesaja zu empfangen, die all denen gelten, die auf den Herrn warten:

„Weißt du nicht? Hast du nicht gehört? Der *Herr,* der ewige Gott, der die Enden der Erde erschaffen hat, wird nicht müde noch matt, sein Verstand ist unausforschlich. Er gibt dem Müden Kraft und Stärke genug dem Unvermögenden. Männer werden müde und matt, und Jünglinge straucheln und fallen; aber die auf den *Herrn* harren, kriegen neue Kraft, daß sie auffahren mit Flügeln wie Adler, daß sie laufen und nicht matt werden, daß sie wandeln und nicht müde werden“ (Jesaja 40, 28—31).

Kapitel 19

Herzklopfen eines Dieners

Wir verbrachten die nächsten Monate damit, wie Adler aufzufahren, da auch Lory Befreiung erfuhr. Unsere Auseinandersetzungen wurden immer seltener; ich geriet nicht mehr in einen Zustand der Depression; und wir vergaben einander schnell.

Etwa um diese Zeit hörten Lory und ich an einem Sonntagabend eine Botschaft, der wir uns beide widersetzten: über die Unterordnung. Lory konnte sich Gott leichter unterordnen als ihrem Mann. Und was von mir als Mann gefordert wurde, ob sich meine Frau unterordnete oder nicht, schien überhaupt nicht annehmbar.

Das Wort Gottes bestimmt, daß ein Mann über sein Haus „regieren“ soll, und im Laufe der Jahrhunderte haben die Männer diesen Befehl Gottes als Freibrief verstanden, im eigenen Heim den Diktator zu spielen. Aber das griechische Wort, das in der Bibel mit „regieren“ wiedergegeben wird, vermittelt eher die Idee des „Sich-davor-Stellens“. Also soll der Mann durch seine vor-bildliche Beziehung zu Gott seiner Familie vor-stehen: keine leichte Aufgabe.

Noch schwerer ist es, Jesu Wort an alle Gläubige auf die Ehe zu beziehen: „Wer unter euch groß sein will, der soll euer Diener sein“ (Matthäus 20, 26).

Diener ist ein Wort, das der heutige freiheitsliebende Mann nur sehr ungern hört; und *sich unterordnen* ist ein Wort, auf das zu hören sich die heutige Feministin weigert, da sie lieber auf ihr Recht pocht, in die irregeleitete Fußtapfen des Mannes zu treten.

Die Frau ordne sich ihrem Mann unter, sagt die Bibel. Hier ist wiederum der zusätzliche Tiefgang der ursprünglichen Sprache von Bedeutung.

Das Wort *sich unterordnen* wurde in der griechischen Sprache in Verbindung mit der in Schlachtordnung aufgestellten römischen

Legion benutzt. Die Soldaten *ordneten sich* gegenseitig *unter,* damit sie nicht vom Feind überwältigt wurden. In gegenseitiger *Unterordnung* aufgestellte Kampftruppen konnten unmöglich von einem feindlichen Heer in der Flanke gefaßt werden. Weil sie in einer korrekten, gegenseitigen Beziehung standen und sich einander *unterordneten,* konnten sie nicht besiegt werden.

Das gleiche Prinzip gilt innerhalb einer Ehe. Wenn eine Frau sich ihrem Mann *unterordnet* und der Mann, der Heiligen Schrift gehorsam, seine Frau mehr liebt als sein eigenes Leben, kann das Paar unmöglich auseinandergetrieben werden. Das ist bloß ein schwer erreichbares Ziel, da wir es alle vorziehen, unseren eigenen Willen durchzusetzen.

Der ausgewogene biblische Standpunkt zielt auf die Vollendung der Beziehung. Der Mann wird zum Vorbild, wenn er seiner Frau und Familie dient. Und die Frau ordnet sich ihrem Diener gern unter. So werden sie unzertrennlich zusammengefügt: zwei ganze Menschen, die nicht auseinanderzureißen sind.

Das hörte sich aber regelrecht unmöglich an, zumal wir uns schon der Gehirnwäsche eines auf Ehescheidungen vorprogrammierten Amerika unterzogen hatten, laut derer jeder an seiner persönlichen Identität festhalten und zum anderen eine gewisse Distanz bewahren müsse. Und Lory und ich bezweifelten, daß ein Umsteigen auf einen aus der Unterordnung und der Dienerschaft bestehenden Lebensstil, wenn sich das überhaupt verwirklichen ließe, wirklich erfolgreich wäre.

Als mich David Frost drei Jahre zuvor interviewte, hatte ich gesagt: „Die Ehe ist eine überholte Einrichtung. Heute verlangt die Gesellschaft etwas viel Flexibleres."

Aber der Herr verlangte von mir, mich Lory genauso verbindlich hinzugeben, wie Er sich mir hingegeben hatte, als Er sagte: „Ich will dich nicht verlassen und nicht von dir weichen" (Hebräer 13, 5).

Gott hatte mich berufen, meine Frau auf diese Weise zu lieben. Auf Dauer. Für immer. In einer derartigen Beziehung blühen Frauen auf, und Männer werden zu Führungspersönlichkeiten statt Gigolos.

Aber ich — ein Diener? Und Lory — untergeordnet? Sie hatte schon immer ihren eigenen Willen durchgesetzt, seitdem sie im Alter von 17 Jahren ihr von Armut geplagtes Zuhause in West Virginia verlassen hatte. Mit 30 Dollar, die sie sich als Bedienung beim Chuck-Wagon-Autokino bei Oak Hill zusammengespart hatte, stieg sie in einen Bus, der nach Detroit fuhr. Als sie ausstieg, waren ein ganzer Tag und eine Nacht vergangen, und es war dunkel.

Eine blinkende Neonreklame zeigte an: ,,Washington Hotel", und ein seltsamer, kränklicher Empfangschef teilte ihr ein Zimmer direkt hinter der Leuchtreklame zu. Am nächsten Tag ging sie auf eine Annonce in der Zeitung ein und bekam eine Stelle als Stenotypistin bei einer Versicherungsgesellschaft. Eine Woche später arbeitete sie auch nachts als Verkäuferin von Süßigkeiten in einem Kino.

Mit 18 war sie verheiratet. Mit 19 brachte sie Michael zur Welt. Fünf Jahre später war sie eines der führenden Fotomodelle bzw. Mannequins in Detroit und wurde immer wieder von den wichtigsten New Yorker Produzenten verlangt.

Nach zwei Jahren mit großen Erfolgen als New Yorker Fotomodell wurde sie von Universal Pictures engagiert. Da sie jetzt von ihrem Mann getrennt lebte, brachte sie Michael nach Hollywood, wo sie in rund 60 Fernsehshows auftrat und eine Rolle in einer Dauerserie hatte. Zwei Jahre später beschloß sie, eine Karriere als Schauspielerin sei doch nicht das, was sie wollte, und wurde stattdessen zur versierten Verfasserin verschiedener Drehbücher.

Lory war schon immer eine eigenwillige Frau gewesen. Ich hatte es nötig, mich durchzusetzen; und sie hatte es nötig, sich von jeglicher Autorität und jeglichem Zwang frei zu fühlen. Es war genau das Gegenteil des göttlichen Planes.

Also stritten wir uns, als wir unterwegs waren, um für einen an Krebs leidenden Bekannten zu beten. Wir stritten uns, während Lory ein herrliches Feinschmecker-Abendessen für zwei Homosexuelle zubereitete, die nach einem Ausweg suchten. (Sie fanden ihn trotzdem.) Wir stritten uns auf dem Weg ins Fernsehstudio, wo wir an einer Sendung zugunsten hungernder Flüchtlinge teilnehmen sollten. Alles schreckliche Zeitpunkte, sich zu streiten, denn wir werden dadurch weniger effektiv als Zeugen des Lebens in Jesus Christus. Auch nachdem wir erkannt hatten, daß es kein Zufall war, waren wir dennoch nicht in der Lage, das Problem zu bewältigen.

Dann fing mein Puls an, unregelmäßig zu schlagen.

Früher hatte mein Herz auf die Reize, die ich heute als Schuld, Aggressionen und Niedergeschlagenheit erkannt habe, immer heftig reagiert. Jetzt fing es an, nach unseren Auseinandersetzungen zu hüpfen, dann schlug es weniger schnell und klopfte zwei oder drei Tage lang heftig, was sowohl Lory als mir schlaflose Nächte bereitete. Schließlich wurde ich so besorgt, daß ich unseren Arzt die volle Palette von EKGs und Streßuntersuchungen durchführen ließ.

,,Dean, Ihrem Herzen fehlt überhaupt nichts", verkündete

Dr. Kovowitz. „Dieses Klopfen ist eine häufige Erscheinung und ist harmlos. Nur sind einige Menschen den Reaktionen ihres Körpers gegenüber empfindlicher als andere. Haben Sie sich mit Lory gestritten?"

Die Sonnenstrahlen ergossen sich durch die neu eingebauten Fenster an der Südseite des Hauses in den Frühstücksraum. Seit dem Brand waren mehr als sechs Monate vergangen, aber erst jetzt fing das Haus wieder an, wie unser vertrautes Heim auszusehen. Lorys Geschick bei der Dekoration ließ es schöner aussehen als je zuvor.

Viele der Bücher aus unserer beschädigten Bibliothek beschäftigten sich mit dem Thema Zauberei und Okkultismus, und der Brand hatte uns eine ideale Gelegenheit gegeben, die Sammlung durchzuforsten und alles, was sich als geistlich bösartig erweisen könnte, aus dem Haus zu entfernen. Wir verkauften einige fein geschnitzte Hindugötzen, die Lory aus Indien mitgebracht hatte, und wir tauschten einige altägyptische Bronzefiguren, die ich in Spanien erworben hatte, gegen frühchristliche Kunstwerke aus.

Im Haus fühlte sich alles sauber an! Es war ja durchs Feuer gegangen.

An diesem bestimmten Vormittag hatten wir gerade eine kleinliche Auseinandersetzung beendet, bei der wir beide auf vom Ur-Ich stammende, kindische Verhaltensweisen zurückgegriffen hatten. Mein Herz hatte angefangen, erst zu rasen, dann zu hüpfen, dann Pausen einzulegen. Keine Schmerzen. Keine Benommenheit. Eigentlich kein Problem, außer, daß ich mich während der Pausen fragte, ob es wieder zu schlagen anfangen würde.

Wenn der Streß so etwas beim Herzen hervorrufen konnte, steckten vielleicht der Groll und die Unversöhnlichkeit hinter einigen anderen Leiden, die die Menschheit quälen? Was auch immer Gott ansonsten sagen wollte, ich verstand ganz gewiß die Botschaft, daß ein derartiges Verhalten nicht zu Seinem paßte.

„Ich traue es dir nicht zu, meine Entscheidungen für mich zu treffen", sagte Lory leise. „Wenn ich die eigenen Entscheidungen treffe und sie sich als verkehrt erweisen, dann ist das mein Pech. Aber die Unterordnung ist etwas mächtig Schmerzhaftes. Es zerreißt meinen ganzen Körper — nicht nur verstandes- oder gefühlsmäßig, sondern es entstehen tatsächlich physische Schmerzen."

Damit konnte ich mich identifizieren. Wenn Aufregung und

mangelnde Vergebungsbereitschaft in meinem Herzen eine Reaktion hervorriefen, dann war es durchaus möglich, daß der in Lory stattfindende Kampf zwischen dem Vertrauen und der Unabhängigkeit auch ihren Leib schmerzen ließ. Ein wahrer, liebevoller Diener müßte eigentlich wissen, mit einer derartigen Situation fertig zu werden.

Himmlischer Vater, fragte ich mich, *wann erreicht dieser Formungsprozeß seinen Abschluß?*

Ich kannte aber schon die biblische Antwort: niemals. War es vielleicht ein Teil des Problems, daß ich keine untergeordnete Lory um mich haben *wollte?* Würde das nämlich bedeuten, daß ich es aufgeben müßte, den eigenen Willen durchzusetzen; daß ich selbstloser, freigebiger werden müßte?

Wenn sie sich unterordnete, wäre ich dann dafür verantwortlich, im biblischen Sinn zu „regieren", d. h. noch ein besseres Vorbild zu werden. Ich kannte eine Ehe, in der der Mann so sehr von seiner Frau abhängig war, daß er sich umgebracht hätte, wenn sie sich jemals untergeordnet hätte. Keine Frage, er hatte dermaßen Angst vor der Verantwortung.

„Schatz, ich habe es nötig, weniger ichsüchtig zu sein", sagte ich. „Ich konkurriere mit dir, weil ich immer das Bedürfnis habe, im Recht zu sein."

Lory nickte.

„Der Herr möchte uns vorwärts bringen, in eine neue Stellung hinein", fuhr ich fort.

Wiederum nickte sie und zeigte so, daß sie einverstanden war.

„Wußtest du, daß nach 1. Mose 5 Gott sowohl den ersten Mann als auch die erste Frau *Adam* nannte?" fragte ich.

„Do-o-och", sagte Lory. „Und es war Adam, der sie als erster Eva nannte. Adam wollte als erster von ihr getrennt sein."

„Vermutlich. Aber bevor sie rebellierten, waren sie vollkommen eins. Und das müssen auch wir werden."

„Ach, Schatz, ich weiß es", sagte Lory mit feuchten Augen und sanfter Stimme. „Ich liebe dich so sehr."

In diesem Augenblick wußte ich, daß ich bereit war, physisch für meine Frau zu sterben, und ich flehte um die Gnade Gottes, die ich brauchte, wenn ich dem Bedürfnis, stets im Recht zu sein und meinen eigenen Willen durchzusetzen, absterben sollte.

„Ich liebe dich auch, mein Engel", begann ich, „und wir werden beide . . ."

Aber Lory hatte ein Ohr direkt gegen mein ungleichmäßig pochendes Herz gedrückt und lauschte.

„Psst! Warte!“ sagte sie.

Ich hob mit festem Griff ihren Kopf, aber sie zog sich zurück und schaute mich an. „Dein Herz schlägt furchtbar unregelmäßig. Geht es dir nicht gut?“

„Meinem Herzen fehlt nichts. Laut dem alten Doktor Kovowitz befindet es sich in einwandfreiem Zustand.“

„Aber es klopft so seltsam!“ sagte sie. „Kam das durch unseren Streit?“

„Liebling, es ist egal, wie es kam. Der Herr kann es heilen, okay?“

„Amen“, sagte Lory zustimmend, während sie ihre Hände auf meine Brust legte und anfing zu beten.

Aber mitten im Gebet hörte sie plötzlich auf und sagte: „Ich glaube, der Herr zeigt mir gerade, daß ein Geist der Furcht es auslöste.“ Und zum Schluß sagte sie: „Laß uns die Ältesten bitten, mit dir zu beten.“

Am nächsten Mittwochabend während des Gottesdienstes, als Jack Hayford die Menge bat, zu dritt oder zu viert kleine Grüppchen zu bilden und für die vorhandenen Nöte zu beten, sagte Lory: „Ich meine, du solltest Jack bitten, für dein Herz zu beten.“

Während sich also die ganze Gemeinde in kleine Gruppen aufteilte, gingen wir nach vorne; und, Wunder aller Wunder, wir fanden unseren Pastor ohne Beschäftigung.

„Jack, haben Sie einen Augenblick Zeit? Wir möchten, daß Sie für uns beten“, sagte ich.

„Aber sicher“, sagte er.

„Mein Herz hat in letzter Zeit einen recht seltsamen Rhythmus, was ziemlich ärgerlich war. Wir möchten den Herrn bitten, dem ein Ende zu setzen.“

Jack legte mir eine Hand auf die Brust und die andere auf den Rücken, dann fing er zu beten an. Dann hielt er inne.

„Der Herr gibt mir gerade zwei Bibelverse“, sagte er. „In dem ersten, Lukas 21, 26, spricht Er davon, daß das Herz der Menschen vergehen wird vor Furcht. Und der zweite ist 1. Johannes 4, 18: »Die vollkommene Liebe treibt die Furcht aus.« “

Dann sagte er: „Dean, Sie sollten in Ihrer Beziehung zu Lory mehr Geduld aufbringen. Und Sie, Lory, sollten zu Dean mehr Vertrauen haben.“

Wir schauten uns an.

Jack nahm seine Hände weg. „Schauen Sie her, ich bete gern für

Ihr Herz, wenn Sie meinen, das wäre das Richtige, aber eigentlich empfinde ich etwas anderes.“

„Was denn?“ fragte ich.

„Dies soll für Sie keine Last bedeuten, Lory“, sagte er, „aber Ihre Liebe wird Deans Herz heilen.“

Große Tränen traten Lory auf einmal in die Augen.

„Das akzeptiere ich, Jack“, sagte sie. „Ich weiß, daß das stimmt.“

Jack wußte nichts von unseren Auseinandersetzungen, doch hatte der Herr ihm den richtigen Rat mitgeteilt. Wenn ich in meiner Beziehung zu Lory mehr Geduld aufbrächte und sie mir gegenüber die heilende Liebe des Vaters zeigte, wäre mit unseren Auseinandersetzungen Schluß.

Jack hatte die Gemeinde vor persönlicher Prophetie, d. h. vor „Botschaften“ vom Herrn, die sich an Einzelpersonen richteten, gewarnt, wo diese nicht von der ganzen Versammlung gehört und beurteilt wurden. Aber als wir zu unseren Sitzplätzen zurückkehrten, bezweifelten weder Lory noch ich, daß das persönliche Wort, das wir eben empfangen hatten, vom Herrn kam. Unsere Auseinandersetzungen waren für mein Herz *furchterregend.* Sie verrieten mein früheres Versagen im Bereich der zwischenmenschlichen Beziehungen und wiesen bedrohlich auf die Zukunft hin.

Wenn uns jemand einfach gesagt hätte, wir sollten aufhören, uns zu streiten, hätten wir vielleicht die Weisheit der Ermahnung anerkennen können, aber die Kraft nicht gehabt, darauf einzugehen.

Aber der heilige Geist hatte etwas Tiefergreifenderes getan, als uns nur zu ermahnen. Das Herzklopfen bedeutete, daß wir aufpassen mußten; und die Eigenschaften der Geduld und der Liebe und des Vertrauens, an sich schon wünschenswert, begehrten wir desto mehr, als wir merkten, daß sie zu einem vollkommen rhythmischen Herzschlag führten.

Wollte Gott uns etwa mit Gewalt zwingen, geduldig und liebevoll zu werden? Nein, aber Er ließ uns wissen, weshalb die von Ihm erschaffene „Maschine“ nicht mehr den technischen Angaben des Herstellers entsprechend funktionierte. Als der Streß vorbei war, hörte mein Herz auf zu hüpfen und schlägt bis heute gleichmäßig. Gottes Wege sind nicht unsere Wege!

Zuerst hatte weder Lory noch ich das schwierige Prinzip der Unterordnung mit meinem Herzklopfen in Verbindung gebracht. Aber viele Monate danach sagte sie, daß der Hauptgrund, warum sie damit begonnen habe, sich mir unterzuordnen, mein Herz gewesen sei. Und ich erkannte, daß der Anfang meiner geduldigen Dienerschaft in unserem Heim auf den gleichen Zeitpunkt zurückzuverfolgen war.

Kapitel 20

Er wacht über einen Sperling

Während Lory und ich Meter um Meter auf dem Pfad der geistlichen Entdeckung vorankamen, mußten wir fortwährend Niederlagen einstecken, wenn es darum ging, für andere zu beten. Als wir zum Glauben gekommen waren, war es uns vorgekommen, als würden wir alles empfangen, worum wir beteten. Aber in letzter Zeit hatten wir für mehrere Bekannte gebetet, die danach nicht nur ins Krankenhaus eingeliefert werden mußten; zwei von ihnen haben nicht einmal überlebt.

Einer dieser Bekannten war mein alter Fahrer und Kumpel beim Bergsteigen, der ehemalige Ringer Ted Christy. Obwohl sich Ted die meiste Zeit seines Lebens fanatisch für die Reformkost einsetzte, hatte diese ihn nicht vor dem satanischen Zugriff einer multiplen Myelose bewahren können, infolge derer er binnen weniger Wochen zusammenschrumpfte und starb.

Fast seine letzten Atemzüge nutzte er jedoch dazu, Jesus anzunehmen. „Deano", hatte er geflüstert, „sag mir, wie ich beten muß." Und bei seiner Beerdigung vollzogen acht der 25 anwesenden ehemaligen Catcher die gleiche Lebensübergabe.

Wir hatten den Herrn gebeten, Ted zu heilen und ihm mehr Zeit zu geben. Und als das nicht geschah, machte uns nicht nur der Verlust betroffen; wir fühlten uns auch noch von Gott abgelehnt. Offensichtlich mußten wir auf diesem Gebiet noch um einiges wachsen; und, wie gewöhnlich, empfand Lory das tiefer als ich.

Dann entschloß sich ein Ehepaar, das zu uns in die Seelsorge gekommen war, sich doch noch scheiden zu lassen. Zwei Tage später betrank sich wieder ein alter, trunksüchtiger Schulfreund, für den wir beteten, und wäre beinahe umgekommen, als er auf dem San Diego Freeway mit dem Auto einen Unfall baute und der Wagen in Flammen aufging. Was war mit all den bestätigenden Gebetserhörungen passiert?

Als ich mich eines Tages fertig machte, bevor ich das Haus verließ, fühlte ich mich aufgrund der Probleme anderer niedergedrückt. Da ich gerade an der Amplified Bible (Bibelübersetzung mit erklärenden Zusätzen) vorbeiging, klappte ich sie in der Absicht, nur einen Vers zu lesen, auf.

„Herr, zeige mir etwas Ermutigendes", murmelte ich, war dabei aber nicht auf die Schlagkraft dessen, was ich sah, vorbereitet:

„Ich habe geschickte und Gott gefällige Weisheit nicht gelernt, daß ich die Erkenntnis oder die Last des Heiligen haben sollte" (Sprüche 30, 3).

„Die Last des Heiligen?"

Lieber Gott, ich habe versucht, Deine Last auf meinen Schultern zu tragen!

Ich kann nicht beschreiben, auf welch dramatische Weise diese Erkenntnis meine Perspektive revolutionierte. Daß ich in einem einzigen Augenblick von der Last unerhörten Gebets befreit wurde, scheint als Aussage zu unglaublich zu sein.

Aber so war es. All die Weisheit, die wir auflasen, auch durch gesalbte Lehrbotschaften, konnte uns niemals dafür ausrüsten, „die Last des Heiligen" zu tragen. Diese Last würde jeden Sterblichen zerdrücken. Mein Fehler war im Licht jenes einzelnen Verses offenbar geworden.

Unsere Aufgabe besteht nicht darin, für Gottes Gebetserhörungen oder für die Reaktion der Welt auf die Wahrheit die Verantwortung zu übernehmen, sondern einfach als Werkzeuge zu funktionieren, die Sein Leben ausbreiten und die Folgen Ihm überlassen. Das Wort war wirklich wie ein zweischneidiges Schwert: „Ich habe geschickte und Gott gefällige Weisheit nicht gelernt, daß ich die Erkenntnis oder die Last des Heiligen haben sollte."

Ich erlebte den ganzen Tag über eine Erneuerung meiner Freude. Als ich aber an jenem Abend Lory begeistert meine Entdeckung mitteilte, schien sie nicht in der Lage zu sein, das gleiche Maß an Freiheit zu empfangen.

„So können Gläubige in den Flüchtlingslagern in Kambodscha dienen", erklärte ich. „Auf diese Weise kann Mutter Teresa angesichts des Todes auf den Straßen Kalkuttas ihre Ausstrahlung beibehalten. Solche Menschen erlauben es dem Heiligen Geist, sie als Kanäle zu gebrauchen, ohne daß sie das fürchterliche Gewicht der um sie herum stattfindenden satanischen Wirkungen auf sich nehmen."

„Jene Bibelstelle ist wirklich wunderschön, Schatz", sagte Lory, aber ich konnte ihr am Gesicht ablesen, daß die Wahrheit in ihrem Herzen noch keine Wurzeln geschlagen hatte.

Am nächsten Morgen, während unserer Andacht, betete Lory: „Herr, in Deinem Wort heißt es, daß es ohne Glauben unmöglich ist, Dir zu gefallen. Und ich muß leider bekennen, daß mir mein Glaube zu diesem Zeitpunkt minimal vorkommt. Ich weiß, daß Du meinen Horizont erweitern möchtest; und obwohl ich keine Wunder brauche, um weiterhin glauben zu können, sehne ich mich wirklich danach, daß Du mir den Glauben mehrst."

Zwei Tage später, nachdem wir Lorys Gebet ganz und gar vergessen hatten, befanden wir uns gerade im Schlafzimmer und machten uns zum Ausgehen fertig — wir waren zum Mittagessen eingeladen worden, als — *peng!* — ein kleiner Sperling mit Höchstgeschwindigkeit gegen die Glasschiebetür flog und auf den mit Ziegelsteinen gepflasterten Gehweg fiel.

Gelegentlich kam es vor, daß, wenn sich der Garten draußen in der Glastür spiegelte, die Vögel das Spiegelbild für einen Teil der Landschaft hielten, gegen das Glas prallten und getötet wurden. In der Hoffnung, Lory werde nicht übermäßig reagieren, öffnete ich jetzt die Tür und hob den kleinen Sperling auf, in der Absicht, ihn in einen der Mülleimer zu werfen.

„Schatz, wir treffen uns vor dem Haus", sagte ich und machte die Tür wieder zu.

„Warte, Liebling, bist du dir denn sicher, daß er tot ist?" fragte sie.

„Schau seinen Hals an, Liebling", sagte ich mit einem Anflug von Endgültigkeit und hielt ihr den Vogel entgegen.

Sie schob die Glaswand zurück und trat nach draußen. „Gib ihn mir."

„Nein, Schatz, es ist zwecklos. Wenn der kleine Kerl nur benommen wäre, wäre er inzwischen wieder zu sich gekommen. Wir müssen jetzt los, es wird zu spät."

„Bitte", sagte sie und berührte mich am Arm. „Vielleicht will Gott ihn heilen."

Ich seufzte etwas ungeduldig.

„Das ist mein Ernst", sagte sie. „Was wäre, wenn Er es will, und wir nicht beten? Er bemerkt jeden Spatzen, der fällt. Für Ihn sind sie nicht unbedeutend."

Wenn man in Betracht zieht, welch beredter Anwalt den kleinen Vogel vertrat, hatte ich keine andere Wahl, als ihn herzugeben.

Sanft nahm sie das leblose Bündel Federn, kniete sich auf den gepflasterten Gehweg und begann leise zu reden, als hätte sie Angst davor, ihn zu wecken.

„Vater, Du hast gesagt: »Kranken werden sie die Hände auflegen, und sie werden gesund werden.« Hilf mir, Herr, daran zu glauben. Ich weiß, daß Du gerade jetzt dieses Vögelchen siehst. Und was auch immer verletzt oder gebrochen sein mag, bitte ich Dich, es wiederherzustellen und es wieder fliegen zu lassen."

Während ich Lory beobachtete, überkam mich die Gewißheit: Wenn ich das „Haupt" der Familie war, so war sie das „Herz". Ich wünschte mir eine Kamera mit Weitwinkelobjektiv, um auf beiden Seiten die Rosen einzufangen, wobei Lory und der kleine Sperling überragt wurden von der riesigen Platane dahinter. Welch ein Bild! Und welch glücklicher Mann war ich, der ich eine derart schöne, zärtliche, mitleidvolle Frau hatte.

Sie betete mehrere Minuten lang, aber nichts passierte. Am Ende legte ich ihr einen Arm um die Schultern. „Wir müssen jetzt los, Schatz."

Ihr flossen Tränen die Wangen hinunter.

„Deine Schöpferkraft ist so erstaunlich, Vater. Es muß wunderbar sein, das Leben schaffen zu können. Du hast diesem Vögelchen das Leben gegeben, und nur Du kannst es ihm wiedergeben. Wenn Du nicht hörst und erhörst, Herr..."

Ihre Tränen und die Ernsthaftigkeit ihres Gebetes rührten mich, und auch ich begann zu beten.

„Herr Gott, es steht bei uns nicht zur Debatte, daß Du die Kraft hast, diesen kleinen Vogel wieder fliegen zu lassen. Wir sprechen diesem Sperling im Namen unseres Herrn Jesus Christus die Heilung zu."

Aber ich gab schnell wieder auf, während Lory weiterhin den Thronsaal Gottes bestürmte. Nach weiteren fünf Minuten sagte ich: „Schatz, wir müssen jetzt unbedingt los. Wir kommen ohnehin schon zu spät."

Es waren zehn oder zwölf Minuten verstrichen, seitdem der Sperling gegen das Glas geflogen war; aber Lory betete nicht nur weiter, sondern sie fing an, „Wehen" zu erdulden.

„Herr Jesus, ich bekenne, daß ich dieses Gebet eher um meines eigenen Glaubens als um dieses Vögelchens willen ausspreche", rief sie. „Vergib mir, Herr. Ich habe nicht genug Glauben, um einen Menschen in Deinem Namen zu heilen, aber vielleicht habe ich genug für einen Vogel. Ich glaube, Du kannst ihn wieder fliegen lassen, Herr! Ich glaube, Du *wirst* ihn wieder fliegen lassen! Erwecke ihn zum Leben, geliebter Herr!"

Plötzlich wandte sie schnell den Kopf und rief aus: „Er bewegt sich! Danke, Herr! Er hat sich bewegt!"

Ich warf schnell einen Blick auf das erbarmungswürdige kleine Geschöpf. Natürlich hatte es sich nicht bewegt. Es sah genauso aus wie vorher; sein Kopf lag, seitwärts ausgestreckt, flach auf Lorys Handfläche.

Aber genau in dem Augenblick, als wir ihn beide so beobachteten, öffnete sich urplötzlich sein äußeres Augenlid, so daß das innere, weiße Gewebe, das die Pupille bedeckte, sichtbar wurde. Konnte es wirklich sein? Während ich erwartungsvoll in der Nähe herumstand und Lory gespannt den Herrn pries, glitt das weiße Gewebe zurück, und mit einemmal starrte uns ein glänzendes, kleines Sperlingauge unmittelbar an!

„Ach, du bist wunderbar, Vater!" rief Lory aus. „Danke, Herr! Gib ihm Kraft, Herr Jesus!"

Der Hals des Vögelchens wurde sofort gerade; und seine zerdrückten Läufe streckten sich plötzlich in einem absurd-lustigen Winkel aus. Es lebte ganz gewiß!

Wir lachten beide. „Danke, Jesus!" rief Lory. Dann versuchte der Sperling mit aller Würde, die er noch aufbringen konnte, sich zitternd auf ihrer Hand aufzurichten.

„Stell ihn auf den Boden hin!" sagte ich.

Sie legte ihn auf den gepflasterten Gehweg hin, wo er einen Augenblick flach auf dem Bauch lag; dabei starrten seine weitgeöffneten Augen voller Staunen zu uns hinauf.

„Mach doch!" sagte Lory. „Du kannst fliegen. Flieg zu deinen Freunden zurück und sag ihnen, daß du tot warst und nun lebst!"

Das Vögelchen richtete sich mit einem Sprung auf und hüpfte ein-, zweimal, hielt dann aber inne. Wieder neigte es den Kopf und schaute uns an.

„Sag ihnen, daß Jesus dich geheilt hat!", sagte Lory.

Daraufhin sprang das kleine Kerlchen in die Luft, flatterte mit den Flügeln und flog direkt in die große Platane hinauf. Und in dem Augenblick wurde der ganze Baum lebendig, als Hunderte von Sperlingen zu schilpen anfingen.

Wir hatten sie bisher noch gar nicht bemerkt. Aber jetzt flogen sie wie verrückt hin und her in ihrem Laub, wobei das Schlagen ihrer Flügel den Tumult ihres Gezwitschers angenehm ergänzte.

Während Lory gebetet hatte, hatte eine Todesstille geherrscht, als hätten sie stillschweigend zugeschaut und auf das Ergebnis gewartet. Aus dem Lärm, den sie jetzt aufwirbelten, konnte man nur schließen, daß das Ergebnis ihnen sehr gut gefiel!

Durch Freudentränen hindurch lachte Lory und sagte: „Wetten, sie schreien alle: »Preis dem Herrn, Halleluja, Halleluja!«“

„Alles, was Odem hat, lobe den Herrn!“ stimmte ich mit einem Zitat aus den Psalmen ein.

Während wir dort standen und die Sperlingsschar in unserer Platane beobachteten, war es uns gleich, daß wir zu unserer Verabredung zu spät kommen würden. Lory legte mir zärtlich einen Arm um die Taille.

„Der Herr hat mir genug Glauben geschenkt, um einen kleinen Vogel zu heilen“, sagte sie, und an ihrem Gesicht waren die Spuren der Tränen noch deutlich zu erkennen. „Vielleicht werde ich irgendwann einmal genug Glauben haben, um im Namen Jesu einen Bekannten heilen zu können.“

Kapitel 21

Mit einer Fanatikerin verheiratet

Jeder, der das Neue Testament ernst nimmt, wird sich irgendwann einmal mit dem Phänomen der sogenannten Glossolalie oder der ,,Zungenrede'' auseinandersetzen müssen.

In Markus 16, 17 sagte Jesus, daß dieses Phänomen zu den übernatürlichen Zeichen gehöre, die denen folgen, die an Ihn glauben; und ganz gewiß, diese Erfahrung war in der neutestamentlichen Gemeinde allgemein üblich. Wo immer der Apostel Paulus Gläubige vorfand, die diese besondere Kraftausrüstung des Heiligen Geistes noch nicht empfangen hatten, sorgte er schnellstens dafür, daß sie sie erhielten.

In Ephesus taufte er einmal eine Gruppe von Jüngern:

,,Und als Paulus ihnen die Hände auflegte, kam der Heilige Geist auf sie, und sie redeten in Zungen und weissagten. Es waren aber zusammen etwa zwölf Männer'' (Apostelgeschichte 19, 6—7).

Diese Erfahrung muß auch sehr wohltuend gewesen sein, sonst hieße es nicht in der Bibel: ,,Hindert niemand, in Zungen zu reden'' (1. Korinther 14, 39).

Aber schon die Tatsache, daß Paulus es für nötig hielt, diese Worte zu schreiben, beweist, daß es damals — wie auch heute — Menschen gab, die genau das taten: Sie hinderten die Gläubigen daran, in Zungen zu reden.

Und das konnte ich gut verstehen. Die Gemeindeversammlungen in Korinth waren aufgrund des allgemeinen Zungenwirrwarrs zeitweise so unordentlich, daß Paulus die Christen warnen mußte, Außenstehende könnten sie für ,,wahnsinnig'' halten. Darum beschnitt er diese Tätigkeit in den öffentlichen Versammlungen und erlaubte nur noch höchstens drei Ansprachen in Zungen, die auch stets ausgelegt werden mußten.

Paulus erklärte ebenfalls, daß Menschen, die in Zungen reden, sich selbst erbauen; wenn sie aber weissagen, erbauen sie dadurch andere.

Okay, sagte ich mir, dann muß es eigentlich egoistisch sein, in Zungen zu reden. Und da die Bibel sagt, daß wir den Heiligen Geist bekommen, wenn wir Jesus annehmen, brauche ich diese Zungen sowieso nicht. Das Zungenreden war ja nicht einmal, nun, nicht einmal *intelligent.*

Andererseits aber erfuhr ich um diese Zeit, daß geistliche Wahrheiten sich mit dem Verstand allein nicht erfassen lassen. Wir entdecken Gott nicht durch unseren Verstand, sondern Er teilt sich vielmehr unserem *Herzen* mit. Ob nicht die zunehmende Kluft zwischen der Einfalt der großen Heiligen und der Kompliziertheit des modernen Menschen auf unsere beinahe gottesdienstliche Verehrung von Fakten und Informationen zurückzuführen wäre? War nicht unser vollgepfropfter Verstand mit unserer aufgeblähten Arroganz tatsächlich in der Lage, einer sinnvollen Erkenntnis alles dessen, was höher ist als wir selbst, im Wege zu stehen?

Im Lichte dieser Überlegungen fand ich es interessant, daß Jesus gelehrt hatte, daß es, um in das Reich Gottes einzugehen, notwendig sei, wie ein kleines Kind zu werden. Bei diesem Prozeß wäre das Zungenreden bestimmt hilfreich.

Wenn ich in Zungen redete, würde ich praktisch zu Gott sagen: „Vater, ich weiß nicht einmal, was ich sage; aber ich weiß, mit wem ich mich unterhalte, und ich habe ein so großes Vertrauen zu Dir, daß ich mit allem, was Dein Heiliger Geist durch mich betet, einverstanden sein kann."

Beängstigend.

Unser Pastor hatte jedoch seine Gemeinde dazu aufgerufen, die vollständige Partnerschaft mit Gott aufzunehmen. Das „Beten im Geist" würde eine Gebetspartnerschaft mit Gott bedeuten. Ob ich so etwas nicht bekommen wollte?

Vielleicht doch. Aber mußte ich denn wirklich mein Gehirn fahren lassen, von dem ich sowieso nur 5 Prozent gebrauchte? Ich stellte mir vor, wie Jesus im schönsten jüdischen Dialekt geantwortet hätte: „Probier es einmal aus! Es wird dir gefallen!"

Eines Abends aßen wir zusammen mit unserem Pastor und seiner Frau Anna im Smokehouse Restaurant, als Lory erwähnte, daß wir immer noch keine Gebetssprache empfangen hätten.

„Es sei denn, unser Lachen zählt mit“, sagte ich schnell. „Wir lachen nämlich sehr viel.“

„Ich glaube, der Herr erkennt alle Laute des Lobpreises an, die wir von uns geben“, sagte Jack mit einem Lächeln.

„Aber ich möchte in Zungen reden“, sagte Lory.

„Das wirst du auch, wenn Gottes Zeit kommt“, warf ich schnellstens dazwischen.

„Wenn Sie möchten, können wir auf der Stelle darum beten“, sagte Jack.

„Hier im Restaurant?“ fragte ich mit weitgeöffneten Augen. Der Raum war vollgepfropft mit Menschen.

„Sie werden wohl irgendwo hier noch ein leeres Zimmer haben“, sagte Jack.

Ich geriet in Panik und stellte mir vor, ich würde mich vor aller Augen, während entsetzte Kellner mit Tabletts und Speisen eilig vorbeiliefen, in unzusammenhängendem Kauderwelsch ergehen. Dann würde sich bestimmt das Gerücht bald verbreiten: Dean Jones ist ein Jesus-Spinnner.

„Oder Sie könnten nach dem Essen zu uns nach Hause kommen“, sagte Anna.

Danke, Herr, für Anna, dachte ich. „Ja, das wäre prima“, sagte ich.

Ich war schon davon überzeugt, daß das Zungenreden nirgends besonders schön wäre. Am Ufer des Jordans oder auf einem Berg in Galiläa vielleicht; aber nicht im Smokehouse Restaurant! Den Burbank-Studios gegenüber! Sicher wäre es Gott nicht möglich, uns hier zu begegnen!

„Jack“, sagte ich und versuchte dadurch, eine peinliche Pause zu überbrücken, „könnten Sie uns noch mehr über diese Angelegenheit mit der geistlichen Sprache erzählen?“

„Es handelt sich um einen Willensakt“, erwiderte Jack, seine vollbeladene Gabel in der Schwebe haltend. „Und das muß man unbedingt betonen: Es handelt sich *nicht* um die unfreiwillige Reaktion eines geistlichen Roboters. Es hat nichts mit Menschen zu tun, die in einen hypnotischen Trancezustand geraten und irgendeine ekstatische Äußerung von sich geben. Nein, es geschieht bei vollem Bewußtsein.“

„Aber wo entstehen dann die Silben, die unbekannten Vokabeln?"

„Der Heilige Geist gibt sie uns ein", sagte er. „Das Zungenreden ist nur eine der vielen Wohltaten, die der Herr gebrauchen möchte, um uns als Gläubige zu verschönern; Er fördert dadurch unsere geistliche Entwicklung und bringt uns weiter. Das Zungenreden ist aber auf keinen Fall ein Siegel Gottes, das uns als besondere Menschen auszeichnen würde. Zungenredner gehören nicht zu irgendeinem Klub für besonders Heilige. Aber die Gabe selbst ist unglaublich wohltuend."

„Ich weiß, daß wir sie zum Gebet und zum Lobpreis gebrauchen können", sagte Lory, während Jack die Gelegenheit wahrnahm, sich etwas in den Mund zu stecken.

„Richtig", sagte er dann zustimmend. „Und ein weiterer, wichtiger Faktor ist die Tatsache, daß man dadurch erbaut wird. In Judas Vers 20 heißt es: »Gründet euch — bauet euch — auf euren allerheiligsten Glauben (d. h. macht Fortschritte, werdet — wie ein im Bau befindliches Haus — immer höher) und betet im Heiligen Geist.« Man kann sich selbst Tatsachen aneignen, Bibelstellen kann man sogar auswendig lernen. Aber man wird erst dann von einer geistlichen Wahrheit wirklich gepackt, wenn das durch den Heiligen Geist geschieht. In der Gemeinde empfangen Sie Lehre", fuhr er fort, „Sie lesen auch in der Bibel. Die ganze Zeit nehmen Sie Wahrheiten auf. Nun, wenn Sie Ihre Gebetssprache empfangen, nimmt sich der Heilige Geist dieser bruchstückhaften Erkenntnisse an und formt sie in Ihrem Inneren zu etwas Festem. Immer und immer wieder werden Sie, wenn Sie aufgrund geistlicher Müdigkeit niedergeschlagen sind oder wenn Sie mit der Furcht konfrontiert werden, Ihre Gebetssprache benutzen und dabei den erbaulichen Dienst des Heiligen Geistes erleben. Die Angst wird vertrieben, der Druck läßt nach. Hören Sie gut zu", sagte er dann mit einem Lächeln, „denn es ist mein Ernst: Der Herr Jesus Christus ist der Große Arzt; und ich glaube von ganzem Herzen, daß der Heilige Geist der Große Psychiater ist. Wirklich!"

„Nun, ich habe oft gemeint, einen Psychiater zu brauchen", sagte ich. „Also hat der Herr dafür gesorgt, daß ich einen bekomme."

Wir lachten alle, und Lory drückte mir die Hand.

„Das stimmt", sagte Jack. „Manchmal geschieht es zwar auf einer Ebene, die tiefer liegt als unser Verstand, aber wir haben alle irgendwelche geistige tote Winkel, Probleme oder alte Wunden, die in der Tat an unserer Persönlichkeit zehren. Und der Heilige Geist verfügt über ein wunderbares therapeutisches Mittel, wenn wir es Ihm nur erlauben wollten, uns allen Ernstes zu behandeln. Dadurch, daß ich persönlich die geistliche Sprachengabe ausübe, konnte mich Gott immer und immer wieder erfrischen und erneuern und Seinen Frieden in meinem Inneren wiederherstellen."

„Jack", sagte ich, „ich hörte Sie einmal sagen, es gebe eine direkte Beziehung zwischen der ungehemmten Freisetzung des Lebens Gottes in und durch uns und dem ungehemmten Fließen des Heiligen Geistes. Besteht auch eine solche Beziehung zwischen diesem ungehemmten Fließen des Heiligen Geistes und der geistlichen Sprachenrede?"

„Ich glaube, man kann nicht umhin, wenn man vor dem Wort Gottes ehrlich bleibt, zu der Schlußfolgerung zu kommen, daß eine solche Beziehung besteht", erwiderte Jack. „Wer das Reden in Zungen verbietet, blockiert in gewisser Hinsicht den Heiligen Geist. Auch die Bibel entstand als Ergebnis des Fließens des Heiligen Geistes. Das Wort Gottes wurde ja in alter Zeit heiligen Gottesmännern durch den Heiligen Geist eingegeben. Wenn heute dieses Wort einen Menschen persönlich anspricht, dann erlebt auch er ein Fließen des Heiligen Geistes. Nicht der gedruckte Buchstabe auf dem Papier kann das bewirken", fuhr er fort. „Aber wenn im Inneren eines Menschen das gedruckte Wort durch den belebenden Einfluß des Heiligen Geistes beflügelt wird, dann wird es lebendig — und bewirkt in jenem Menschen eine Heilung. Nun, nehmen wir einmal beides zusammen: Das durch den Geist lebendiggewordene Wort und die das Leben freisetzende Sprachenrede. Durch diese beiden Ausdrucksmöglichkeiten für das Fließen des Heiligen Geistes hat man ein unübertreffliches Werkzeug zur Befreiung der menschlichen Persönlichkeit. Es ist dann, als hätte man einen Wasserhahn aufgedreht."

Wir unterhielten uns im Smokehouse weiter, bis es fast Mitternacht war, dann fuhren wir zur den Hayfords nach Hause. Während Jack im Kamin ein Feuer aufbaute, schaute ich mich in ihrem holzgetäfelten Wohnzimmer um. Friedlich, das war das richtige Wort dafür. Man konnte es regelrecht fühlen, daß hier Gottesmenschen wohnten. Es machte mir nicht so viel aus, in dieser Umgebung meinen „Wasserhahn" aufzudrehen, obwohl ich immer noch die Befürchtung hegte, Gott könne etwas tun, das ich nicht würde kontrollieren können.

Im Restaurant hatte Jack aus einem Bibelabschnitt zitiert, in dem recht deutlich gesagt wird, daß Geistesgaben weder in der öffentlichen Gemeindeversammlung noch in der persönlichen Andacht wahllos oder unordentlich ausgeübt werden dürfen. Am Ende des Abschnitts steht, daß der Heilige Geist stets „ehrbar und ordentlich" wirkt.

Nachdem er mich gebeten hatte, im Wohnzimmer zu bleiben, während Lory in der guten Stube wartete, sagte Jack: „Dean, in Matthäus 5, 6 heißt es, daß die Menschen, die nach der Gerechtigkeit hungern und dürsten, *satt werden.* Wenn Sie die Fülle des Heiligen Geistes für sich in Anspruch nehmen möchten, steht sie Ihnen zur Verfügung."

„Das möchte ich."

Mich neben einem großen Fauteuil niederkniend, wiederholte ich Wort für Wort, was Jack mir vorbetete.

„Herr Jesus, ich danke Dir dafür, daß Du mir Deine Verheißung gegeben hast. Ich darf die Fülle des Heiligen Geistes empfangen. Ich komme jetzt zu Dir und bitte Dich um diese Fülle, weil ich Deine Liebe, Dein Leben und Deine Treue in meinem Leben noch besser zum Ausdruck bringen möchte. Als ich noch verloren war, kam ich zu Dir als meinem Erlöser, und Du vergabst mir, obwohl ich es nicht verdient hatte. Genauso komme ich jetzt zu Dir und bitte Dich, mich mit Deinem Heiligen Geist zu taufen. Erfülle mich, Herr Jesus. Erfülle mich bis zum Überfließen mit neuer Anbetung, mit neuem Lobpreis, mit neuer Kraft und neuer Gnade. Gerade jetzt nehme ich Deine Verheißung in Anspruch; und noch bevor ich irgendein Zeichen empfange, will ich jetzt damit anfangen, Dich zu preisen. Ich vertraue darauf, daß ich Deinem Wort gemäß mit dem Heiligen Geist erfüllt werde. Gepriesen sei Dein Name, Herr Jesus, mein Erlöser . . ."

„Loben und preisen Sie weiter den Herrn, während ich mit Lory bete", sagte Jack und verließ den Raum.

„Ich liebe Dich, Herr", fuhr ich fort. „Du bist heilig und gerecht . . ."

Der Buchstabe „s" stellte sich unüberhörlich in meinem Verstand ein, ihm folgte eine ganze Silbe: „Schal."

Ich sagte: „Danke für Deinen Frieden, Herr."

Dann fuhr mir eine ganze Gruppe von Silben unwiderstehlich durch den Sinn. Ob das ein Wort war: „Schalamontee"? Oder ob ich es nur erfunden habe? Wenigstens hatte ich mich nicht angestrengt. *Schalamontee.*

Ich setzte meinen Lobpreis auf englisch fort, aber das neue Wort machte einen immer stärkeren Eindruck auf meinen Verstand. *Schalamontee.*

Wann sollte dieses Wort denn ausgesprochen werden, vorausgesetzt, es gehört tatsächlich zu einer Gebetssprache? Dann erinnerte ich mich daran, daß Jack gesagt hatte, das Beten in Zungen sei ein bewußter Willensakt. Der Heilige Geist würde mich nicht dazu zwingen. Ich mußte mich schon selbst entscheiden, das Wort auszusprechen.

Also entschloß ich mich: *„Schalamontee."*

Nur wurde es jetzt von weiteren Silben begleitet: „Schalamontee ibu santos!"

Es war eine Gebetssprache. Ich redete in Zungen!

In dem Augenblick hörte ich vom anderen Zimmer her, wie Lory begann, einen wunderschönen Strom lieblicher, flüssiger Laute auszusprechen. Im Gegensatz zu den meinen waren sie zahlreich und vielfach facettiert und setzten sich ununterbrochen fort. Ich hatte nur acht Silber bekommen, aber während ich sie wiederholte, wußte ich plötzlich, was sie bedeuteten.

Schalamontee ibu santos bedeutete: „Ehre sei Gott in der Höhe!" Ich lobte den Vater in einer neuen, sauberen Sprache, die durch meine Vorurteile über die englischen Wörter für *Ehre, Gott* und *Höhe* nicht berührt worden war. Der Heilige Geist sprach für mich mit einer Klarheit und Genauigkeit, die ich mit meinem begrenzten Intellekt niemals hätte erreichen können.

„Schalamontee ibu santos!"

Ich wiederholte freudig die acht Silben — immer und immer wieder. Die Frische dieses wunderbaren neuen Zugangs zum Vater erfüllte mich mit Erstaunen. Und einen Augenblick lang merkte ich, wie ich meinen Verstand nach mehr von diesem Geistesfließen, nach weiteren Strömen des Lobpreises absuchte. Aber jene acht Silben blieben allein.

Stellten sie eine vollkommenere Anbetung dar? Eine reinere Liebe? Selbstlosere Gefühle?

Ich wußte nur, daß mein Bewußtsein eines Sterblichen, von den Überresten Tausender von Madison Avenue-Werbesprüchen und halbvergessener Gotteslästerungen überschwemmt, eingespannt worden war, damit mein Geist ungestört diesen Schrei äußern konnte: „Schalamontee ibu santos! Ehre sei Gott in der Höhe!"

Ich stand von den Knien auf und ging in die Küche, wo Anna gerade dabei war, Tee zu kochen. Sie sagte, sie spreche oft in ihrer geistlichen Sprache, während sie für die Familie das Essen zubereite-te. So könne sie ihre Zeit doppelt ausnutzen. Mit der Teekanne, den Tassen und dem Zubehör gingen wir zur guten Stube, wo Lory immer noch in die Anbetung und den Lobpreis Gottes vertieft war.

Wir blieben an der Tür stehen und schauten zu. Es war faszinierend. Lory hörte nicht nach acht oder achtzig oder nach gar achthundert Silben auf. Sie schöpfte aus einem Brunnen, der allem Anschein nach niemals austrocknen würde. Unbekannte Vokabeln flossen in Strömen von ihren Lippen, plätscherten übereinander und sprangen hier und dort kräftig in die Höhe, bevor sie wieder in sich zusammenfielen und einen tiefen, schimmernden Teich mit leise gemurmelten Lauten füllten.

„Anna“, flüsterte ich, teils als Scherz, teils ehrfürchtig, „meine Frau redet in Zungen.“

„Sie Armer“, erwiderte Anna mit schelmischer Sympathie. „Sie sind mit einer Fanatikerin verheiratet.“

Kapitel 22

Wenn jeder Tag der 4. Juli wäre

Endlich, nach zweijähriger beruflicher Inaktivität, erhielt ich die ersten Arbeitsangebote. Beim ersten ging es um ein Musical in New York, von dem ich wußte, daß es nicht das Richtige war; darum lehnte ich es ab. Beim nächsten handelte es sich um einen Film, der in Europa gedreht werden sollte; dann ging es um eine unabhängige Produktion in Los Angeles. Beide enthielten anstößige Szenen.

„Suchen Sie weiter", sagte ich zu Mike Rosenfeld, meinem Agenten. Mike, ein alter Bekannter, hatte zusammen mit vier Geschäftspartnern, die mir alle gegenüber stets verständnisvoll und hilfreich waren, eine Vermittlungsagentur gegründet, die den Namen *Creative Artists Agency* (CAA) trug. Endlich fanden sie einen Film, in dem ich zu erscheinen bereit war: *Zotti — das Urviech* von Disney.

Danach trat ich bei zwei Sondersendungen im Fernsehen als Moderator auf. Dann flogen Lory und ich nach Paris, wo ich einen weiteren Disney-Streifen drehte: *Der tolle Käfer in der Rallye Monte Carlo.*

Zwischenzeitlich erhielten meine Agenten mehrere Angebote, die es mir möglich gemacht hätten, in einer Fernsehdauerserie zu erscheinen. In der einen aber hätte ich einen Psychiater darstellen müssen, der als Heilmittel für seine eigene zerbröckelnde Ehe den Ehebruch empfiehlt. Wenn ich unbedingt „predigen" mußte, dann bestimmt nicht zu diesem Text. Diesen Betrug kannte ich nur zu gut.

Nach mehreren weiteren Möglichkeiten, für die ich mich aber nicht begeistern konnte, tauchte ein Drehbuch auf, das so wunderschön konzipiert und geschrieben war, daß ich es ernsthaft in Erwägung ziehen mußte. Es handelte sich dabei um eine einstündige Komödie, bei der die Witze ehrlichen Situationen und echten Charakteren entsprangen; es waren auch keine zerstörerischen Elemente vorhanden. Da aber der Herr uns angewiesen hatte, über alles zu beten, gleich, ob es unserem Verstand gut oder schlecht vorkam, brachte ich auch dieses Projekt vor Ihn.

Das Angebot, die künstlerischen Gestalter, die Produktionsgesellschaft waren alle erstklassig, aber ich fühlte mich unwohl. Ich hatte einfach in meinem Herzen keinen Frieden darüber.

Laut Kolosser 3, 15 sollen wir bei allen Entscheidungen den Frieden Christi als „Schiedsrichter" fungieren lassen. Wenn wir Seinen Frieden haben, dann dürfen wir uns vorwärts bewegen; haben wir ihn aber nicht, dann stimmt etwas nicht.

Zum Schluß teilte ich der CAA mit, ich könne das Angebot nicht annnehmen.

„Warum denn das?" fragte Ron Meyer, einer der Teilhaber der Agentur. „Wir dachten, wir hätten endlich etwas gefunden, das Ihnen zusagen würde."

Ich lachte verlegen. Unter meinen Agenten wuchs das Gefühl, leicht verärgert zu sein.

„Es ist ein großartiges Drehbuch, Ron", sagte ich. „Und es wäre ein Vergnügen, mit diesen Leuten zusammenzuarbeiten. Aber ich kann es einfach nicht annehmen."

Obwohl Ron es gewohnt war, mit den Eigenarten von Schauspielern, Regisseuren und Autoren fertig zu werden, hatte er mit dem von seiner Warte aus gesehen unberechenbaren Verhalten, das ich in letzter Zeit an den Tag gelegt hatte, nicht gerechnet.

Am nächsten Tag rief Mike Rosenfeld an.

„Man hat sich wegen dieser Serie noch einmal mit uns in Verbindung gesetzt", sagte er. „Man bietet mehr Geld und verschiedene andere Anreize, die die ganze Sache um ein Beträchtliches versüßen. Ich glaube, Sie sollten es sich noch einmal durch den Kopf gehen lassen."

Vielleicht sollte ich das, dachte ich. *Was wäre, wenn ich nicht richtig auf den Herrn gehört habe?*

„Okay, Mike", erwiderte ich. „Wir können uns morgen früh noch einmal unterhalten."

Im Schlafzimmer streckte ich mich mit dem Gesicht nach unten auf dem Fußboden aus — das ist die Stellung, die der ursprünglichen Bedeutung des althebräischen Wortes für *Anbetung* entspricht — und unterhielt mich mit dem Herrn. Ich schilderte Ihm, wie wünschenswert es sei, für das Fernsehen etwas Wertvolles zu produzieren — so, als hätte Er diesen Standpunkt noch nie in Betracht gezogen.

,,Vater, im Drehbuch finde ich keinen Grund, das Angebot abzulehnen", sagte ich. ,,Aber ich bin bereit, es anzunehmen oder es zu lassen. Darüber sollst Du entscheiden."

Während ich wartete, kam eine sanfte Unruhe über mich. Die Antwort lautete immer noch: Nein.

Ich fragte mich, wie meine Agenten in ihrer Welt harter Verhandlungen reagieren würden, falls ich ihnen sagte, wie ich dazu gekommen war, mich gegen diese Serie zu entscheiden. Für seltsam gehalten zu werden machte mir nichts mehr aus, aber ob es nicht, wenn ich es ihnen sagte, so aussehen könnte, als wollte ich für ,,fromm" gelten?

Also erwähnte ich keine Gründe, als ich mit Mike sprach. Ich sagte ihm einfach, daß ich auf die Serie verzichten müsse. Er war unglücklich darüber. Am nächsten Tag waren Ron und er beide an der Strippe.

,,Wir reden jetzt von $ 600.000,— in der ersten Saison, wenn alles klappt", sagte Mike. ,,Das sollten Sie sich nicht einfach mir nichts dir nichts entgehen lassen."

,,Mit großzügigen Tantiemen", fügte Ron hinzu. ,,Dies wird für mindestens ein Jahr Ihre letzte Chance sein, im Fernsehen aufzutreten. Die Saison für neue Programmversuche ist schon zu Ende."

Ron und Mike sprachen gleichzeitig: ,,Wirklich sehr hoch ... Die Statistik für diese Shows ... Die Differenz beträgt mehr als ... Hervorragende Autoren ..."

Ich hörte aufmerksam zu, aber die Botschaft, die schon bei mir angekommen war, lautete: ,,$ 600.000,—". Bei einer derartigen Gage sollte ich vielleicht doch noch einmal beten.

Stell dir einmal vor, wieviel Gutes du tun könntest, wenn du jährlich zwei Millionen Dollar absahntest, sagte ich mir, während ich ins Schlafzimmer zurückging. *Für derartige Moneten wird der Herr sich doch bestimmt nicht weigern, ein Stück Seines Friedens herzugeben.*

Ich lag wieder mit dem Gesicht nach unten.

Während ich betete, fragte ich mich, wieviel mir der Friede Gottes wert sei. $ 600.000,—? Eine Million vielleicht?

,,Vater, es gibt auf diesem ganzen Planeten nicht genug Geld, um Deinen Frieden zu ersetzen", sagte ich. ,,Es fällt mir ja dermaßen stark auf, wenn Du ihn mir wegnimmst, weil ich so lange versucht habe, ohne ihn zu leben."

Nachdem ich die Autorität des Namens Jesu benutzt hatte, um Satan wegen seines Versuchs, meine Gedankenwelt zu beeinflussen, zu schelten, fuhr ich fort:

„Herr Jesus, Du bist alles, was ich brauche. Du bist genug für mich. Du hast mich geschaffen, wie ein Mensch einen Motor erfindet, und hast mich mit Dir selbst als Brennstoff gefüllt. Obwohl ich es jahrelang versuchte, mit Ersatzmitteln zu arbeiten, hatte ich zum Schluß keine andere Wahl mehr, als Dich anzuerkennen als die unerläßliche Quelle meiner Existenz. Es gibt nichts, was mir wichtiger wäre als Du. Da ich das anerkenne, frage ich Dich jetzt noch einmal wegen dieses Fernsehprogramms."

Das Wissen kam mir sofort und unverkennbar ins Herz. Also sprach ich wieder mit Mike und Ron.

„Leute, ich kann diese Show nicht machen", sagte ich ihnen, „aber eine bessere kommt. Sehr bald, glaube ich."

Und nach einer kurzen Debatte entschloß ich mich, ihnen zu erzählen, wie ich gebetet hatte, und zu erklären, wie der Friede Gottes in Übereinstimmung mit der Bibel als Werkzeug Seiner Führung dient.

„Ich glaube, daß das, was Sie gefunden haben, großartig ist", sagte Ron. „Ich verstehe das zwar nicht alles, aber wenn Sie dadurch Frieden haben, ist es wundervoll."

„Das stimmt", sagte Mike. „Und wenn Sie den Eindruck haben, es wäre nicht richtig, diese Show mitzumachen, dann gibt es nichts mehr zu sagen."

„Daß aber noch etwas anderes kommt", fügte Ron hinzu, „glaube ich nicht. Es wird in dieser Saison keine neuen Programme mehr geben."

„Laßt uns anrufen und Bescheid sagen, wie es um diese Serie steht", sagte Mike.

„Was wollen Sie ihnen denn erzählen, Ronny?" sagte ich mit einem Lächeln.

„Darüber brauchen Sie sich keine Sorgen zu machen, ich werd' es schon hinkriegen", erwiderte er unerschrocken.

Ich war gerührt. In einer unbarmherzigen Industrie, die die besten Menschen verbittern ließ, blieben diese Männer gutherzig und ehrlich. Täglich mußten sie sich die Kritik von Klienten einerseits, von Produzenten andererseits gefallen lassen. Wenn sie die schöpferische Verkaufstechnik anwandten, um einen Schauspieler zu vermitteln, dann ließ er sich nicht vermitteln; und war eine Fernsehanstalt hinter einem Klienten her, sagte der Klient nein. Kein Wunder, wenn Agenten Magengeschwüre bekommen!

„Nun, lassen Sie sich bloß nicht entmutigen", sagte ich. „Etwas ist im Kommen."

„Hören Sie mal", erwiderte Ron fest. „Lassen *Sie* sich nicht entmutigen. Wir sind nicht entmutigt. Wir werden schon etwas finden, das richtig ist. Machen Sie sich keine Sorgen."

Ich hätte beinahe meine Rolle vergessen: Die Tradition verlangte, daß der Schauspieler entmutigt sein müsse und daß der Agent ihn ermuntere. Ein weiteres ungeschriebenes Gesetz schrieb vor, daß sich der Schauspieler beklagen müsse, sonst würde sich sein Agent keine Mühe machen.

Dank sei Gott für die Befreiung aus dem System dieser Welt.

Zwei Wochen später sprach ich am Telefon mit einer jungen Frau aus meiner Agentur.

„Auf meinem Schreibtisch liegt das perfekteste Drehbuch der Welt", sagte sie, und ihre piepsige Stimme hörte sich so an, als wäre sie etwa zwölf Jahre alt. „Darf ich es Ihnen zuschicken?"

Das perfekteste Drehbuch der Welt?

„Wie war Ihr Name noch mal?" fragte ich.

„Amy", sagte sie mit glockenähnlicher Deutlichkeit. „Amy Grossman. Ich sage Ihnen, Dean, es wird Ihnen bestimmt gefallen. Es heißt: *Wenn jeder Tag der 4. Juli wäre.* Sie spielen einen jüdischen Rechtsanwalt. Er verteidigt einen Taubstummen, der 1938 in Bridgeport, Connecticut, wegen Mordes angeklagt wurde." Die Worte kamen mit entgegengeschüttet. „Das Opfer des Mordes war einer der Zeugen aus dem berühmten Sacco-Vinzetti-Prozeß. Aber sie müssen es einfach selbst lesen."

Die Rolle eines jüdischen Anwalts? Das käme hin; Heiden, die ihr Vertrauen auf den jüdischen Messias setzen, werden zu „geistlichen" Juden, sagt die Bibel; also wäre es nur recht, wenn ich einen jüdischen Rechtsanwalt darstellte.

„Sind Sie sich darüber im klaren, daß Sie nicht Elliot Goulds Nummer gewählt haben?" fragte ich.

„Dean, glauben Sie mir, Sie sind für diesen Film ideal. Es soll ein Fernsehfilm werden, möglicherweise sogar eine Serienproduktion."

„Ich dachte, Ron hätte gesagt, es werde in dieser Saison keine neuen Shows mehr geben."

„Diese tauchte einfach auf!" sagte Amy Grossman begeistert. „Niemand hat damit gerechnet."

„Schicken Sie das Drehbuch her", sagte ich mit einem inwendigen Lächeln.

An jenem Nachmittag durfte ich den Höhepunkt meines Lebens als Leser von Drehbüchern erleben. *Wenn jeder Tag der 4. Juli wäre* war ein kostbares Kleinod. Es hatte das sehnsuchtsvolle Tempo eines Sommernachmittags von damals, als man noch Kind war, zusammen mit großartig gezeichneten zwischenmenschlichen Beziehungen, und die atemlose Spannung eines Mordprozesses in der Kleinstadt.

Auf dem Titelblatt hieß es: „Dan Curtis Productions; verfaßt von Lee Hudson." Von beiden hatte ich noch nie was gehört, aber das war egal. Nach einem Gebet war es mir klar, daß dies das Projekt war, von dem mir der Herr gesagt hatte, daß ich darauf warten sollte. Und es war die beste Geschichte, die mir jemals angeboten worden war.

Nachdem ich mich mit Lory darüber unterhalten hatte, rief ich bei meiner neuen jungen Agentin an.

„Amy, Sie haben nicht übertrieben. Das ist *das* perfekte Drehbuch."

Sie war immer noch begeistert. „Ich weiß es! Ron und Mike sagten, sie hätten in all den Jahren, die sie in diesem Geschäft verbracht haben, nie etwas so Gutes gelesen."

Da sie mich an Ron und Mike erinnerte, fragte ich mich, warum nicht einer von ihnen angerufen hatte. Gaben sie mich jetzt, da ich ihre letzten drei Projekte abgelehnt hatte, an jemanden weiter, dessen Zeit nicht so kostbar war?

„Okay, Amy, wie sieht das Angebot aus? Wie heißt der Regisseur? Wann fangen sie mit den Dreharbeiten an?"

Ohne Pause sagte Amy: „Es gibt nur *ein* Problem, Dean, und ich mache mir keine Sorgen darüber. Aber der Produzent, Dan Curtis, weiß nicht, ob er Sie engagieren will."

„Wie bitte?"

Konnte ich dieses Kind mit der unschuldigen Stimme überhaupt für voll nehmen? Hatte ich das Drehbuch nur durchgelesen, um mich dafür zu begeistern? Kein Wunder, daß weder Ron noch Mike angerufen hatten. Es gab gar kein festes Angebot!

„Warten Sie einen Augenblick", sagte Amy. „Sie sind für diese Rolle wie geschaffen, und es liegt auf der Hand, daß Sie sie bekommen. Dan Curtis möchte Sie kennenlernen."

Es war kaum zu glauben! Ich sei für die Rolle „wie geschaffen", sagte sie. Nach zehn erfolgreichen Jahren bei Disney war ich also „wie geschaffen" für die Rolle eines jüdischen Anwalts in einem Film, dessen Produzent nicht einmal wußte, ob er mich engagieren wollte. Aber er wollte mich *kennenlernen?* Mit anderen Worten: Ich müßte wie ein junger Bursche, der eben erst in Hollywood angekommen war, eine Probe meines Könnens geben!

„Warum haben Sie mir das Drehbuch zugeschickt, wenn der Typ mich nicht einmal haben will!" rief ich aus.

„Dean, warten Sie einen Augenblick! Er ist sich seiner Sache nicht sicher, das ist alles. Glauben Sie mir!"

„Warum sollte ich Ihnen denn nicht glauben? Das ist doch gerade das Problem, oder? Daß er sich seiner Sache nicht sicher ist?"

„Sie werden diese Rolle bekommen", sagte Amy Grossman entschieden. „Wenn Sie sich mit ihm treffen, wird er es merken."

Er wird es merken?

Meine Agentin hatte eine eigenartige Art zu reden. Aber vielleicht hatte sie mehr Glauben an mich als ich selbst. Vielleicht hatte sie einfach mehr Glauben überhaupt.

Was dies der Film, von dem mir der Herr gesagt hatte, ich solle auf ihn warten? Ja? Warum erlaubte ich es dann dem Hochmut und dem Egoismus, meine Einstellung zu bestimmen? Hatte ich Angst davor, abgelehnt zu werden? Wenn es wirklich eine Fügung Gottes war, dann würde nichts und niemand in der Lage sein, mir die Rolle zu entreißen — ausgenommen vielleicht ich selber. Und wenn es keine göttliche Fügung war, dann wollte ich sowieso nichts mit dem Film zu tun haben, und sei er noch so perfekt.

Amy Grossman redete weiter. Ich fing an, den Klang ihrer Stimme angenehm zu finden. Wo kam sie eigentlich her?

„Wie lange arbeiten Sie schon bei der CAA?" fragte ich.

„Ich bin hier ganz neu."

„Wo haben Sie denn dieses Drehbuch aufgetrieben?"

„Draußen bei der Fox. Ist es nicht Spitze?"

„Doch, Amy, das ist das richtige Wort. Spitze."

Ich schüttelte den Kopf und lachte — nicht so sehr über Amy, als über meine eigene Torheit.

„Amy, ich bin Ihnen sehr dankbar, daß Sie mich für diese Rolle vorgeschlagen haben", sagte ich bezähmt.

„Die meisten Leute hätten mich dafür gar nicht erst in Betracht gezogen. Das ist die Wahrheit. Und nicht nur das, sondern Sie sind bereit, in der Agentur für mich den Kopf hinzuhalten, obwohl es bestimmt sicherer ist, sich nicht festzulegen. Wenn Sie mit Dan Curtis einen Termin abmachen könnten, würde ich ihn sehr gerne kennenlernen wollen."

„Großartig, Dean, Sie werden es nicht bereuen! Er wird sich für Sie begeistern. Es handelt sich nur um eine Formalität. Ich rufe Sie später noch mal an. Bis dann!"

Ich legte auf, schaute zu den dunklen Balken empor, die die Bürodecke stützten, und lachte noch einmal, aber nur noch halb so amüsiert.

„Danke, Herr, daß ich Dich jeden Tag besser kennenlernen darf und daß Du mir jeden Tag vergibst."

Kapitel 23

Dan und Norma

Eine Woche später fuhr ich in östlicher Richtung auf dem Pico-Boulevard und bog dann nach links ab auf das Grundstück der 20th Century-Fox, wo Dan Curtis sein Büro hatte.

Mir war bei der 20th Century-Fox noch nie etwas Gutes begegnet. Jahre zuvor, kurz nachdem ich aus dem Marineflugkorps entlassen worden war, wurde ich, während ich dorthin fuhr, um eine Probe meines Könnens zu geben, wegen zu schnellen Fahrens verhaftet. Als das Vorstellungsgespräch endlich stattfand, wurde ich abgelehnt. Im Laufe der Jahre war ich bei MGM in acht, bei Warner Brothers in zwei und bei Disney in zehn Filmen aufgetreten. Aber jedesmal, wenn bei der Fox etwas auftauchte, wurde ich abgewiesen.

Jetzt fuhr ich zwischen den riesigen Tonstudios auf das westliche Ende des Parkplatzes zu, lächelte über Gottes Sinn für Humor und staunte über die köstliche Veränderung in meinen Gefühlen. Früher hätte ich bei einem solchen Gespräch Aggressionen gehabt, die ich entweder mit einem lässig-coolen Gesichtsausdruck oder mit glasigen Augen und einem gestellten Lächeln zu verdecken versucht hätte.

Jetzt wußte ich um meine Identität. Ich war nicht bloß ein Schauspieler, der für seinen Lebensunterhalt von dem Beifall oder der Ablehnung der Filmproduzenten und des Publikums abhängig war; sondern ich war ein Kind Gottes, dessen Versorgung tief in den ewigen Hilfsquellen eines liebenden und großzügigen Vaters verankert war.

Dan Curtis saß in lässiger Haltung auf einem niedrigen Sofa im Vorzimmer seines Büros; sein Gesicht verriet eine Mischung aus Langeweile, Neugierde und Belustigung. Seine Augen funkelten schelmisch, was daher kam, daß er entweder viel über die eigenen Schwächen lachte oder die aller anderen Leute gut kannte. Oder vielleicht beides.

„Kommen Sie mit, wir gehen nach nebenan“, sagte er mit einem ansteckenden Lächeln.

Während wir den Flur hinuntergingen und ein schlicht eingerichtetes Zimmer betraten, spürte ich, daß Dan Curtis eine jener seltenen Persönlichkeiten war, die eine Kontaktfreudigkeit besitzen, die an die eigene Familie oder an jemanden, den man sehr gut kannte, erinnert. Er war einem sofort sympathisch.

Ich saß auf einem Sofa, er hinter einem Schreibtisch, und wir fingen an, uns zu unterhalten.

Bei diesem Film wollte er persönlich die Regie führen. Die Geschichte ging auf seine eigenen Kindheitserlebnisse in Bridgeport, Connecticut, zurück, und die führende Rolle war einer lebensechten Darstellung seines Vaters entnommen.

„Ich kann Ihnen ehrlich sagen, Dan“, sagte ich, „dies ist das beste Drehbuch, das ich je gelesen habe.“

„Ja, weiß ich“, sagte er schmunzelnd. „Ich wollte diesen Film schon seit Jahren drehen. Ich kann es kaum abwarten, diese Kinderbande, alle meine alten Schulfreunde, zu filmen, wie sie auf dem Nachhauseweg von der Schule einer nach dem anderen oben auf den Mauern entlangbalancieren.“

Die Art, wie er es sagte, mit derart offener, begeisternder Vorfreude, ließ die Aussicht auf den Film zu einer geteilten Erwartung werden. Seine leuchtenden, hellbraunen Augen, sein dichtes, welliges Haar und sein von der Sonne gebräuntes, faltiges Gesicht ließen ihn, während sein Gedächtnis durch die Jahre zurückwanderte und er sich an seinen Vater, an seine Freunde und an seine Kindheit erinnerte, wie eine unverkennbare Nachbildung des Jungen erscheinen, der er einst gewesen sein mußte.

Während Dan Curtis über die Bruchstücke von Wahrheit in der Geschichte redete, fing ich an zu erkennen, woher die im Drehbuch zum Ausdruck gebrachten schönen Gefühle stammten.

Obwohl er wie ein zäher Boxkämpfer aussah, war er tatsächlich ein sanftmütiger und höchst empfindsamer Mensch. Nicht, daß er gänzlich unvorsichtig oder unkompliziert wäre. Hinter einem etwas wachsamen Äußeren, das er vielleicht nur zum Zweck der Rollenverteilung aufsetzte, lag ein Tröpfchen Quecksilber verborgen, das immer wieder einen Augenblick lang sichtbar wurde und sich dann wieder meinem Blick entzog.

„Ruth!“ rief er seiner nebenan arbeitenden Sekretärin zu. „Bitten Sie Edie und Marsha herein!“

Die beiden Mädchen, die für die Rollenverteilung mitverantwortlich waren, sahen nicht älter aus als Carol oder Deanna. Die Diskussion setzte sich weitere zwanzig Minuten fort, ehe ein geistiger Wecker mich darauf aufmerksam machte, daß es Zeit war zu gehen.

Dan Curtis wußte inzwischen, ob er mich in dem Film, von dem er seit Jahren träumte, ihn zu drehen, seinen Vater darstellen lassen wollte. Und mehr noch, abgesehen vom Film und über alles Berufsmäßige hinaus, empfand ich, daß eine dauerhafte Beziehung zwischen uns entstanden war.

„Dan", begann ich langsam, mich auf dem Sofa zurücklehnend, „ich muß Ihnen etwas sagen. Auf die Gefahr hin, entweder töricht oder fanatisch zu erscheinen, muß ich Ihnen sagen, daß ich über dieses Projekt betete und daß für mich keinerlei Zweifel bestehen, daß ich diese Rolle übernehmen soll."

Dan Curtis' Augen verrieten sein Amüsement, aber er hörte aufmerksam zu. Die beiden jungen Damen starrten mich verblüfft an.

„Dies ist kein Versuch, Ihre Überlegungen zu manipulieren", fuhr ich fort. „Aber in meinem Geist wußte ich schon vor Wochen, daß mir dieses Projekt angetragen werden würde. Ich weiß, daß ich durch das, was ich sage, meine eigene Verhandlungsposition verschlechtere, wenn Sie sich tatsächlich entschließen sollten, mich zu engagieren. Aber es geht hier um mehr als nur ein Geschäft. Alles, was ich Ihnen sagen kann, ist, daß ich Ihren Vater darstellen soll."

Dan Curtis' Lächeln hätte bedeuten können: „Ich glaube, dieser Typ nimmt Rauschgift"; oder: „Das war der erfinderischste Beeinflußungsversuch, den ich bisher gehört habe"; oder sogar: „Ich glaube auch, daß Gott in die menschlichen Angelegenheiten eingreift."

Es war unmöglich herauszubekommen, was er in Wirklichkeit dachte. Es war jedoch ermutigend, zu bemerken, daß er nicht, als ich aufstand und ihm die Hand reichte, schnellstens einen Schritt zurückging.

Eine Woche verging, ohne daß ich etwas hörte. Dann rief an einem Dienstagmorgen Amy Grossman an.

„Dan Curtis möchte, daß Sie im Film mitwirken", sagte sie mit Begeisterung. „Es konnte nicht anders sein. Ich wußte, daß er es verstehen würde, wenn er Sie nur kennenlernte."

„Was verstehen?"

„Daß nur Sie für diese Rolle in Frage kämen."

Ich lachte. Jeder Schauspieler in der Stadt sollte mit solchen Agenten gesegnet sein!

„Amy, ich kenne sonst nur eine Person, die so davon überzeugt ist wie Sie, daß ich diese Rolle übernehmen sollte. Sie sind Jüdin, nicht wahr?"

„Bin ich", antwortete sie.

„Auch Er ist Jude", sagte ich.

Fünf Wochen später, früh an einem Freitagmorgen, fuhr ich in eine enge Wohnstraße im südlichen Teil der Stadtmitte von Los Angeles, wo die Häuser immer noch die Verzierungen und Schnörkel der Jahrhundertwende aufwiesen. Dan Curtis' Produktionsgesellschaft hatte für diesen Film mehrere Häuser angemietet, und verschiedene Veteranen aus den 30er Jahren waren schon auf den Einfahrten und entlang der Straße geparkt.

Nachdem ich einige der alten Automobile bewundert hatte, stieg ich die Treppe zum ersten alten Haus hinauf. Einige Arbeiter waren dabei, das Äußere des Hauses noch baufälliger aussehen zu lassen. Das Äußere sollte das Haus des Mörders zeigen, während das Innere des Hauses die Wohnung Ed Coopers, des Charakters, der von mir gespielt wurde, darstellen sollte.

Im Inneren des Hauses bereiteten Maler, Dekorateure und Elektriker fleißig die Filmarbeiten für den Montagmorgen vor. Aber da war etwas mehr, als die normale Geschäftigkeit. Ich blieb in der Eingangshalle stehen und schaute zum Treppenabsatz in der ersten Etage hoch, während ich mit dem Herzen intensiv zuhörte. Irgendetwas stimmte nicht in diesem Haus — auf geistlicher Ebene.

Immer häufiger machte mich in letzter Zeit der Heilige Geist auf spezielle Probleme, die die Menschen betrafen, aufmerksam. Dies war aber das erste Mal, daß ich dieses innere Unwohlsein in bezug auf ein Haus verspürte.

Ich ging durch das Erdgeschoß. Im Eßzimmer saß ein triefäugiger Betrunkener in einem alten Korbsessel. Um 9 Uhr morgens war das sogar nach Hollywooder Maßstäben ungewöhnlich. Keine drei Meter entfernt wurde ein anderer Mann gerade von einem Vorarbeiter mit den aggressivsten und beleidigendsten Worten ausgeschimpft, die ich seit meiner Marinezeit gehört hatte; und als ich vorbeiging, wandte sich der Vorarbeiter mir zu, und seine Augen funkelten vor lauter Haß. Dann erkannte ich die Furcht.

Im Wohnzimmer sah ich mich einem andern früheren Geheimpartner, der Wollust, gegenüber. Sie schaute mich aus den Augen einer Tapeziererin an, und ihre Redeweise war die gleiche geblieben: *Tu es mit ihr, Mann, mach schon, befriedige dich, konsumiere!* Die Chancen stehen zehn zu eins, dachte ich, daß bei einer näheren Untersuchung dieses Zimmers die neuesten Porno-Hefte zum Vorschein kommen werden. Dann bemerkte ich drei oder vier davon unter dem Tisch.

Sowohl oben als auch unten war das Haus mit Gotteslästerungen erfüllt. Das war zwar bei Filmaufnahmen zu erwarten, aber ich hatte sie noch nie so häufig gehört. Ich dachte an Barry McGuire, der, noch bevor er zum Glauben kam, einen seiner Kumpel gefragt hatte: „Warum benutzen wir immer diesen Namen Jesus Christus zum Fluchen? Warum schreit nicht einer, der sich in den Finger geschnitten hat: »O Buddha!« ?“

Später beantwortete Barry seine eigene Frage: „Weil es der einzige Name ist, durch den die Menschen gerettet werden können, und weil Satan ihn durch allzu häufigen, unwürdigen Gebrauch abnutzen möchte.“

Wieder draußen, fragte ich den Herrn, was ich tun sollte. Und das, was mir in den Sinn kam, hätte ich vielleicht als nutzlosen Aberglauben abgetan, wenn es keinen biblischen Präzedenzfall gegeben hätte: Ich sollte einfach um das Haus laufen, wie die Juden um die Stadtmauer Jerichos gelaufen waren.

Ich ging langsam zum linken Winkel des Grundstücks, blieb stehen, betete und bat Gott, alles, was mit dem Film zu tun hätte, unter Seine Herrschaft zu bringen, damit sich Freiheit, Liebe und Gnade frei entfalten könnten. Ich betete, daß der Herr Jesus Christus selbst anfangen möchte, angeschlagene Persönlichkeiten wiederherzustellen und Herzen, die voller Wut und Verzweiflung waren, zu befreien.

Ich fühlte mich aber noch nicht bereit, um das Haus herumzugehen.

„Herr“, betete ich, „laß das teure Blut Deines Sohnes an die Türpfosten dieses Hauses gestrichen werden, genauso, wie Dein Volk in Ägypten Blut an ihre Türpfosten strich, damit der Todesengel vorüberginge.“

Dann bat ich um den Schutz der ganzen Waffenrüstung Gottes: um den Helm des Heils, um den Schild des Glaubens, um den Panzer der Gerechtigkeit, um die Schuhe des Evangeliums des Friedens, um das Schwert des Geistes. Und endlich, umgürtet mit Wahrheit, fing ich an, mich planmäßig um die Grundstücksgrenze herumzubewegen.

Ich schalt den Satan und nahm die Autorität des Namens Jesu in Anspruch über alle ,,Fürstentümer, Gewalten und Mächte" — diese Worte werden in der Heiligen Schrift immer wieder benutzt, um die unsichtbaren, höllischen Einflüsse in unserer natürlichen Welt zu beschreiben.

Als mir mehrere Tischler aus einem Nebenschuppen entgegenkamen, begann ich mich für den Baustil des alten Gebäudes zu interessieren und fing dabei an, leise in meiner geistlichen Zungensprache zu singen.

Wahrscheinlich denken sie, ich würde für eine italienische Oper üben, dachte ich. *Oder wenn sie Italienisch können, denken sie vielleicht, daß ich ein Jesus-Spinner bin, der, in Zungen singend, einen Jericho-Marsch um ein von Dämonen geplagtes Haus macht. Schauspieler sind sowieso ein verrückter Klüngel!*

Ich setzte den Rundgang fort, stand wieder vor der Vorderfront des alten Hauses und schaute hinauf. Einen Augenblick lang schien mir dieses Haus ein Mikrokosmos der ganzen Welt zu sein, voll, wie es schien, mit allen möglichen Menschen, die danach trachteten, zu leben und zu arbeiten, und blind waren gegen die unsichtbaren Mächte um sie herum.

Ich meinte, ich würde jetzt erst anfangen, vieles von dem, was sich im alten Haus abspielte — den Haß, das pervertierte Denken, die Zauberei, die Furcht — zu verstehen, und es wurde mir plötzlich klarer denn je, warum der Zimmermann aus Nazareth die Hoffnung der Zivilisation ist: Er ist der einzige reine Brunnen, aus dem man trinken kann. Und Seine Leute, mit all ihren Fehlern und all ihrem Versagen, sind die einzigen Menschen, die gegen den Widersacher der Menschheit zu kämpfen versuchen.

Als ich in meinen Wagen stieg, schaute ich noch einmal auf den alten Bau zurück. Die Vorstellung, daß ich erst vor kurzem meinem eigenen dunklen Haus entronnen war, durchdrang mich zutiefst.

Aber kein dunkler Ort sollte mich jemals wieder gefangenhalten. Jetzt stand ich draußen, ein erklärter Gegner jedes verderblichen Geistes innerhalb jener Mauern, und ich würde mich mein Leben lang jedesmal freuen, wenn ein anderer Mensch zum Fenster hinausschaute, die Schönheit und die Freiheit, die draußen im Sonnenschein Gottes auf ihn wartete, erkannte und begann, sich zum Ausgang hin durchzukämpfen.

Bis 11 Uhr am folgenden Montag hatte Dan Curtis schon eine dreiseitige Szene aufgenommen, und wir saßen in Schaukelstühlen auf der Veranda des alten Hauses und warteten darauf, daß der Aufnahmedirektor die richtigen Lichtverhältnisse für die nächste Szene schuf.

Bei den Dreharbeiten war es schon den ganzen Vormittag über wie in einem Tollhaus zugegangen, dem hektischsten meiner Karriere, obwohl mich vielleicht meine wohlbehütete Vergangenheit bei Metro und Disney an ein gemächliches Tempo gewöhnt hatte, das bei Fernsehfilmen nicht möglich war.

Bei den relativ knappen Terminplänen und den hohen Produktionskosten mußten sich alle darauf einstellen und sich schnell bewegen. Ich hoffte nur, daß die Anmut und die sanfte Schönheit des Drehbuchs nicht bei all der Geschäftigkeit verloren gehen würden.

Norma Curtis, Dans Frau, war zu einem kurzen Besuch ins alte Haus gekommen und war den ganzen Vormittag geblieben. Schlank und lächelnd, trug sie den neuesten Beverly-Hills-Hosenanzug, gekrönt mit einem flotten Filzhut, den sie keß bis über die Augen gezogen hatte.

„Die Atmosphäre hier ist besser als bei jedem anderen Film, den Dan gedreht hat!" sagte sie begeistert. „Normalerweise kann ich nicht länger als eine halbe Stunde dableiben. Es ist zu brutal. Aber bei diesem Film ist es anders."

Dank der Konzentration, die für die Arbeit an jenem Morgen erforderlich gewesen war, hatte ich die kurze geistliche Schlacht vom vergangenen Freitag vergessen. Die „Atmosphäre" war besser geworden.

„Danke, Jesus", flüsterte ich.

Norma Curtis blieb da und aß mit uns allen zu Mittag; erst gegen drei Uhr an jenem Nachmittag ging sie wieder fort. Dan freute sich sehr.

„Sonst bleibt sie nie da", sagte er mit einem fröhlichen Lächeln, während wir wieder einmal zwischen den Szenen eine Pause einlegten.

„Sie sagt, die »Atmosphäre« sei hier gut", bemerkte ich.

Dan nickte mit dem Kopf. „Für so etwas war Norma schon immer empfindlich."

„Das ist gut so. Der größte Unsinn, der heute in der Welt geschieht, ist die Folge einer geistlichen Beeinflussung, wovon die meisten Menschen keine Ahnung haben", sagte ich. „Der Selbstmord ist beispielsweise ein Geist."

Dan schaute mich scharf an. „Warum haben Sie das gesagt?"

„Ich wollte nur ein Beispiel nennen. Ich meine, der Selbstmord ist ein geistliches Problem. Es gibt auch gerade hier, wo wir jetzt arbeiten, eine Menge geistlichen Müll."

Dans Gedanken wanderten.

„Sie würden nicht glauben, was sich alles in meinem Haus in Beverly Hills abspielt", sagte er. „Sie würden es einfach nicht glauben."

„Was wollen Sie damit sagen?"

„Wir ließen die Gebäude von Medien untersuchen. Wir hielten spiritistische Sitzungen ab. Aber es nützte nichts."

„Haben Sie es schon mal mit Gebet ausprobiert?" fragte ich.

Dan blickte ungläubig, dann löste sich sein Gesicht in neugieriges Amüsement auf.

„Vielleicht sollten *Sie* herüberkommen und selber beten", erwiderte er.

„Wir sind fertig, Dan", sagte ein Regieassistent.

„Ich bin jederzeit bereit, hinzufahren, Dan", sagte ich. „Aber früher oder später werden Sie dem selbst entgegentreten müssen. Sie sind dort selbst die Autoritätsperson. Sie sind dort der »Hohepriester«, heißt es in der Bibel."

„Hohepriester!" sagte er schnaubend. Er stand auf, und bei jenem Zwinkern zog sich sein Gesicht in Falten. „Richtig. Hoher Priester! Laß uns an die Arbeit gehen!"

In den ersten paar Tagen war es anstrengender, mit Dan zusammenzuarbeiten, als ich es mir vorgestellt hatte. Er war veränderlich, ungeduldig und arbeitete die meiste Zeit mit hohem Tempo. Aber trotz allem entdeckte ich, daß ich ihn immer sympathischer fand.

Und er war ein weit besserer Regisseur, als ich es mir gedacht hatte. Er legte vielleicht zuviel Wert darauf, daß alles perfekt wurde. Während er an diesem Film arbeitete, von dem er geträumt hatte, erlebte er neu seine eigene Vergangenheit, seine Kindheit — und das Endprodukt mußte der Vision in seinem Kopf gleichkommen.

Mitten im wilden Durcheinander der Dreharbeiten hatte jeder eine Not: Der Vater des Kindes, das meine Tochter spielte, erkrankte an Krebs. Eine junge Schauspielerin war wegen einer bitteren Scheidung verzweifelt. Und ein Statist, der seine Beziehung zu Gott verloren hatte, übereignete Ihm sein Leben von neuem. „Ich bin wieder da, Herr!" rief er unter Tränen. „Ich bin wieder da!" Es erstaunte mich, wie selbstverständlich diese Episoden in die täglichen Dreharbeiten paßten.

Ein dünner, dunkelhaariger junger Mann, der für einen großen Hollywooder Kostümhersteller arbeitete, besuchte mich in meinem Ankleideraum.

„Ich bin Homosexueller", sagte er. „Ich weiß, daß Sie Christ sind. Was halten sie von Menschen wie mir?"

„Ich glaube, Sie sind genauso wie ich", sagte ich. „Ich bin Ehebrecher, Sie sind Homosexueller. Wir brauchen beide den Herrn."

Fünfzehn Minuten später hatte man mich immer noch nicht für die nächste Aufnahme gerufen, obwohl das Bühnenbild beinahe fertig gewesen war, als ich wegging. Der junge Mann suchte ehrlich nach einem Sinn für sein Leben und wollte beten, aber er war noch nicht bereit, sich Gott ganz anzuvertrauen, aus Furcht, er könnte vielleicht den hohen Maßstäben nicht gerecht werden, die Gott von ihm fordern könnte.

Wir hatten gerade darum gebetet, daß der Herr ihm den Geist der Weisheit und der Offenbarung geben möchte, damit er die finsteren Mächte überwinden könnte, die ihn gegen die Wahrheit blind machen wollten, da, als ich gerade „Amen" sagte, drang die Stimme des Regieassistenten in den Ankleideraum: „Sagt Dean Bescheid, daß wir fertig sind."

Ich halte dieses göttliche Timing nicht für selbstverständlich, vielmehr bin ich voller Ehrfurcht und Dankbarkeit angesichts dieser Tatsache. In früheren Jahren, als ich für niemanden Zeit hatte als nur für mich selbst, hatte ich mich so gefühlt, als würde ich unter Druck stehen und war ängstlich. Jetzt, da andere im Mittelpunkt standen, war ich voller Freude, fühlte mich wohl und hatte Frieden.

„Dies ist gewiß für Dan Curtis ein ganz andersartiger Film", bemerkte gerade einer der Elektriker.

„Jawohl", sagte ein Kameramann. „Keine Vampire, keine Dämonen."

„Dreht er denn sonst solche Filme?" fragte ich.

„Sicher. Er führte bei *Landhaus der toten Seelen* zusammen mit Oliver Reed die Regie. In einem anderen seiner Filme stellt jemand einen Dämon her, indem er Ton und Menschenblut vermischt. Das Ding wird auch lebendig, und der Typ kniet sich dann nieder und betet es an."

Unfreiwillig zog ich eine Grimasse. „Ja. Dann nehme ich an, daß dieser Streifen sicher ganz anders wird."

Am Freitag kamen die Dreharbeiten gut voran. Es war zwar immer noch das chaotische Bühnenbild in der Fernsehwelt, aber bei keinem anderen Film hatte ich ein derart großes Vertrauen zum Material gehabt. Ich versuchte, jede Gemütsregung so ehrlich zu machen wie möglich; versuchte, das Ganze zu vereinfachen, indem ich jegliche übertriebene Gestik ausschaltete, die die Eigenschaften hätte beeinträchtigen können, welche der Drehbuchautor auf großartige Weise dem Charakter zugeschrieben hatte.

Für einen Schauspieler war es ein Traum von Drehbuch, und wenn ich klug wäre, dann müßte ich es zur Geltung kommen lassen.

An jenem Wochenende besuchten Lory und ich in der Gemeinde den Spätgottesdienst; und während sie sich gerade im Living Way Buchraum aufhielt, stellten sich mir auf dem Parkplatz ein junger Mann und seine Frau vor.

„Arbeiten Sie gerade an einem Film?“ fragte er.

„Ja, ich arbeite an einem Fernsehfilm für Dan Curtis.“

Als Dans Name fiel, richtete sich der Kopf der jungen Frau mit einem plötzlichen Ruck nach oben, als hätte jemand sie zwischen die Schulterblätter geschlagen. Ihr Lächeln verging, und ihre Augen gingen weit auf.

„Kennen Sie denn Dan?“ fragte ich verwirrt.

„Nein“, antwortete sie, „aber ich kannte seine Tochter.“

„Er hat doch zwei Töchter, oder?“

„Er hatte drei. Linda beging Selbstmord.“

„Wie bitte?“

„Doch, sie brachte sich um. Im Pasadena-College war ich ihre Freundin.“

Ich war wie benommen.

Wir unterhielten uns mehrere Minuten lang, aber ich registrierte nichts mehr. Ich sagte schweigsam auf Wiedersehen und holte Lory am Buchladen ab.

„Ich fühle mich persönlich angegriffen“, sagte ich, während wir nach Hause fuhren. „Als würde es sich um Carol oder Deanna handeln.“

Lory hatte weder Dan noch Norma kennengelernt, doch wischte sie jetzt Tränen ab, weil sie ihren Schmerz mitempfand.

„Eines der ersten Dinge, die ich letzte Woche zu Dan sagte, war: »Selbstmord ist ein Geist.«“

„Wir müssen beten“, sagte Lory.

„Ich erfuhr auch, daß Dan mehrere Filme über okkulte Themen gedreht hat“, fuhr ich fort. „Er und Norma haben bei spiritistischen Medien geistliche Kraft gesucht.“

„Dann müssen wir für Norma und für die anderen beiden Töchter beten", sagte Lory.

„Stimmt", sagte ich.

„Sie sind wie eine unbewachte Stadt", sagte Lory, „deren Mauern zerstört sind und wo Satan ungehindert kommen und gehen kann."

Während wir anfingen, um Schutz und Befreiung für sie zu beten, stellten wir uns, wie es in der Bibel heißt, „in die Bresche"; wir setzten den Willen Gottes in ihrer Situation frei und banden das Werk des Feindes.

Dann wurde mir plötzlich klar: Ich war in dieser Saison davon abgehalten worden, in anderen Shows mitzuwirken, bis *Wenn jeder Tag* fertig war. Gott hatte uns genauso zu diesem Film „geschickt", wie er vielleicht ein anderes Mal einen Missionar in den ecuadorianischen Dschungel „berufen" könnte.

Gott kannte das Herz von Dan und Norma und hatte sie sehr lieb. Wie demütigend war es zu wissen, daß er Lory und mir genügend vertraute, um uns zu senden, damit wir Seinen Schutz über sie herabflehten!

Kapitel 24

Keine große Sache

Am Dienstagnachmittag, während ich mit Dan zusammen zum alten Haus zurückging, kam eine gute Gelegenheit, ihm von meiner Begegnung mit der Freundin von Linda zu berichten.

Ich war überrascht, als er die Information mit kaum mehr als einem traurigen Kopfnicken zur Kenntnis nahm. Möglicherweise rührte ihn der Gedanke an seine Tochter kaum; oder er hatte es gelernt, alle Gefühle im Hinblick auf die Tragödie zu unterdrücken; oder vielleicht war etwas in ihm einfach vertrocknet und gestorben.

„Beten Sie jemals für Ihre Familie?“ fragte ich.

„Nein“, antwortete Dan ziemlich verärgert.

„Warum fangen Sie nicht damit an?“

Er schaute mich intensiv an.

„Es wird in Ihrem Leben sehr viel ausmachen“, fuhr ich fort. „Lory weiß es, wenn ich tagsüber für sie bete. Wenn ich nach Hause komme, sagt sie: »Danke für deine Gebete« oder: »Warum hast du heute nicht für mich gebetet?«“

Dan sagte nichts, aber ich war dabei zu lernen, daß er dann, wenn er nicht reagierte, am intensivsten zuhörte.

Und so war es auch, denn am nächsten Morgen sagte er: „Ich weiß nicht, ob es was bringen wird, aber ich habe gebetet.“

„Schön“, sagte ich. „Es *wird* was bringen, Dan. Warten Sie nur ab.“

„Das Schreckliche daran ist . . .“ begann er, dann hielt er inne. „Ich möchte nicht einmal darüber reden.“

„Sie müssen nicht darüber reden“, sagte ich. „Beten Sie. Vertrauen Sie sich Gott an. Er wird mehr für Sie tun, als Sie es sich jemals vorstellen könnten.“

Am Samstagabend waren wir zu Dan und Norma eingeladen,

und zwar zu einer Dinner-Party. Ihr Haus hatte 14 Zimmer und war im Normandy-Tudorstil gebaut und, in einem der wunderschönsten Viertel von Beverly Hills gelegen, von einer üppigen Gartenlandschaft umgeben. In der mit Terrakottafliesen ausgelegten Eingangshalle hing ein Ölgemälde von Matisse neben einem Stilleben aus dem 18. Jahrhundert. Im Wohnzimmer, einem Raum mit hoher, gleichmäßiger Decke, standen riesige Sessel, und zwei mit leichtem, sardischen Leinen bezogene Sofas standen sich vor dem Kamin gegenüber.

Der gute Geschmack war überall reichlich vorhanden. Norma liebte offensichtlich Antiquitäten. Und das Haus war ein harmonisches Zusammenspiel vieler Zivilisationen und Zeitperioden, wobei überall eine besänftigende Frische und Zwanglosigkeit zum Tragen kamen.

Die Dinnergäste, zusammen etwa 40 Personen — Direktoren von Fernsehanstalten, Schauspieler, Produzenten —, waren fast alle auf irgendeine Weise mit dem verbunden, was die Nation im Fernsehen oder im Kino zu sehen bekam. Es war ein vergnügter Abend, die Gespräche begeistert und das Gelächter ungezwungen.

Als wir gerade fortgingen, fragte Norma, ob wir nicht länger bleiben könnten, da ein Handwahrsager für jeden Gast die Zukunft voraussagen wollte. Ich lehnte höflich ab und machte mir eine geistige Notiz, mit Dan über die Gefahren sprechen zu müssen, die entstehen, wenn jemand Informationen über die Zukunft aus okkulten Quellen sucht. Es sollte sich herausstellen, daß dieses Gespräch eher nötig wurde, als ich es mir gedacht hatte.

Am Sonntagabend, als ich bei ihnen anrief, um eine Frage über die Arbeit für den Montag zu stellen, nahm Norma ab.

„Niemand hat die letzte Nacht hier geschlafen“, sagte sie. „Der Spuk fing wieder an.“

„Welche Art von Spuk?“

Die Frage schien sie zu überraschen. „Dan sagte, er hätte es Ihnen schon gesagt.“

„Er sagte mir, daß Sie Schwierigkeiten haben, aber die Einzelheiten kenne ich nicht.“

„Ach, die Türen knallen zu, und man hört jemanden auf dem Flur auf und ab gehen, obwohl niemand da ist. Sogar Traceys Bett wird geschüttelt. Dann verschwinden manchmal Sachen, wie Schmuck zum Beispiel. Heute spielten wir gerade mit dem *Ouija-Brett*, als etwas wirklich Beängstigendes geschah.“

„Was war es?"

„Wir stellten Fragen, und als wir fragten: »Wer bist du?«, buchstabierte es in wahnsinnigem Tempo: »Linda«. Dann buchstabierte es: »Hilf mir«, und als wir fragten, wie wir denn helfen sollten, hieß es: »Verlaßt das Haus«. Das versetzte Tracey sehr in Schrecken."

„Sie spielte auch mit dem Ouija-Brett?"

„Ja."

„Und Dan auch?"

„Ja."

„Wo war denn Kathy?"

„Sie ist im Internat. Wir riefen nachher ein Medium an, und sie sagte, ihr Geist werde ins Haus kommen, dann werde alles in Ordnung sein."

„Norma, darf ich mit Ihnen Fraktur reden?"

„Bitte."

„Der einzige Geist, den Sie in Ihrem Haus brauchen, ist der Heilige Geist Gottes. Hören Sie bitte auf, mit dem Okkultismus herumzuspielen. Werfen Sie jenes Ouija-Brett weg. Verbrennen Sie es. Schaffen Sie es ab."

„Warum das?"

„Sie sind doch Jüdin, für Gott abgesondert. Er möchte, daß Sie es Ihm zutrauen, Ihnen alles zu geben, was Sie brauchen. Er ist Ihr Versorger und Ihr Schild."

Dann zitierte ich die Bibelstelle, wo es heißt: „Wenn sich jemand zu den Geisterbeschwörern und Zeichendeutern wendet, daß er mit ihnen Abgötterei treibt, so will ich mein Antlitz gegen ihn kehren und will ihn aus seinem Volk ausrotten" (3. Mose 20, 6).

Ich wollte ihr keine Angst einjagen, aber jetzt war keine Zeit für sanfte Überredungskünste. Die Heilige Schrift bringt jegliche Form spiritistischer und okkulter Aktivität immer wieder konsequent mit dem Tod in Verbindung. Außerdem fühlte ich, wie in meinem Herzen die Liebe zu Dan und Norma überfloß.

„Norma, wollen Sie nicht etwas für mich tun? Ob Sie nicht damit anfangen möchten, in der Amplified Bible zu lesen, die ich Dan schenkte? Und wissen Sie noch, daß Lory vor ein paar Abenden ein kleines Andachtsbuch mit dem Titel »Gott ruft« mitbrachte?"

„Ja."

„Fangen Sie an, auch darin zu lesen, jeden Tag, Sie und auch Tracey, ja?"

„Okay."

„Es gibt allerlei Quellen geistlicher Kraft, Norma. Aber die einzige, die nicht letzten Endes zerstörerisch wirkt, ist Gott.“

Die Dreharbeiten der folgenden Woche sausten an mir vorüber, eine wirbelnde Mischung aus Gesichtern, Lichtern und Dialogen. Im Hinblick auf die einzelnen Szenen hatte ich ein gutes Gefühl, aber bevor ein Film endgültig zusammengeschnitten wird, ist er auf hundert verschiedenen Ebenen allen möglichen Mißgeschicken ausgesetzt.

Und das, was alles andere in den Schatten stellt und ein durchschnittliches Werk zu einem schöpferischen Meisterstück erheben oder auch das beste Drehbuch und die begabtesten Darsteller in das Elend der Mittelmäßigkeit verbannen kann, ist die Arbeit des Regisseurs. Da sich Dan Curtis auf niemanden verließ, außer auf sich selbst, und da er bei diesem Film sowohl der Produzent als auch der Regisseur war, würden sein Urteilsvermögen und seine Fähigkeiten über die Qualität des Endprodukts entscheiden. Nachdem ich zwei in nur sehr grober Form zusammengeschnittene Szenen gesehen hatte, freute ich mich darüber, daß die Schönheit und die Genialität, die Sensibilität und der Tiefgang seiner Regiearbeit zum Vorschein kamen.

Am nächsten Samstagabend waren Dan und Norma noch dabei, sich anzuziehen, als wir bei ihnen zu Hause ankamen. Wir vier wollten gemeinsam essen gehen. Solange sie noch nicht fertig waren, hatten Lory und ich die ideale Gelegenheit, durch das Erdgeschoß zu wandern und „zu binden und zu lösen“ — den Satan zu binden und den Heiligen Geist freizusetzen — und um Gottes Segen für ihre Familie zu bitten.

Später, im Palm-Restaurant, hatten wir uns alle in eine energische Diskussion über die örtlichen Immobilienpreise verwickelt, als Norma den Namen Jesus Christus als Schimpfwort benutzte.

„O Verzeihung“, sagte sie dann schnell.

„Nicht wir sind es, mit dem Sie es zu tun haben, Norma“, sagte ich.

Norma richtete ihren Blick nach oben, zur Decke hin, und sagte mit der Stimme eines kleinen Mädchens: „Es tut mir leid. Es ist eine dumme Angewohnheit, und ich will ab sofort damit aufhören.“

Wir lachten alle, und Lory machte eine Bemerkung darüber, daß das Gebot, Gottes Namen in Ehren zu halten, nicht deswegen gegeben wurde, damit wir Gottes „Ego“ massieren, sondern damit wir Seine Gegenwart genießen können.

,,Wissen Sie, was in letzter Zeit in mir vorgegangen ist?" fragte Dan. ,,Wenn ich auf dem Golfplatz höre, wie jemand flucht, wird mir ganz anders. Ohne daß ich es will." Er fing zu lachen an. ,,Ich tue es manchmal noch selbst, aber nicht wie früher. Und wenn ich höre, wenn es andere tun, geht es mir wirklich auf den Geist!"

Ich glaube, Dan und Norma hielten uns anfänglich für eine Art Medien oder Spiritisten und meinten, sie könnten durch uns mit der Quelle einer Kraft, die sie brauchten, in Berührung kommen. Aber Gott hatte angefangen, ihnen auch ohne unsere Hilfe einiges zu zeigen. Natürlich wollten sie, wie die meisten von uns, all den Segen genießen, der davon kommt, daß wir Gott kennen, aber keine der Pflichten erfüllen.

,,Sehen Sie, Dean", sagte Dan. ,,Fühlen Sie sich deswegen nicht beleidigt, aber ich möchte nicht so werden wie Sie, okay? Ich meine, mit diesem Jesus werde ich nicht fertig!"

,,Gott möchte auch nicht, daß Sie so werden wie ich, Dan", entgegnete ich. ,,Er möchte, daß Sie völliger sich selbst ähnlich werden!"

Am gleichen Abend erfuhren wir, daß ihre Tochter Linda nicht der einzige Selbstmordfall in der Familie gewesen war. Auch Normas Schwester hatte sich das Leben genommen.

,,Warum mußt du unbedingt meine Schwester erwähnen?" fragte Norma Dan. ,,Warum mußt du immer den Abend verderben?"

Als sie unter Tränen den Tisch verließ, folgte ihr Lory und sie verbrachten 20 Minuten in der Damentoilette. Während sie fort waren, verfluchte sich Dan wiederholt selbst, während ich zu erklären versuchte, daß der Hang zum Selbstmord genauso wie körperliche Eigenschaften von den Großeltern auf die Kinder und dann auf deren Kinder übergehen kann; die Sünden der Väter werden bis in die dritte und vierte Generation heimgesucht.

,,Zu irgendeinem Zeitpunkt", sagte ich, ,,muß die Kette durchbrochen werden."

,,Wie macht man das denn?" fragte Dan.

,,Es nennt sich »Befreiung«", antwortete ich. ,,Man muß dem Geist im Namen Jesu entgegentreten. Ein Mann, der seine Frau prügelt, wird nicht unbedingt einen Sohn zeugen, der auch seine Frau prügelt, aber wenn nicht dieser Geist ausgeschaltet wird, ist es sehr wahrscheinlich, daß er es tun wird. Das gleiche gilt für den Selbstmord. Der geistliche Erbfaktor muß durchbrochen werden."

Lory und Norma kehrten zum Tisch zurück.

„Es tut mir leid", sagte Norma. „Das macht Dan immer."

Aus Dans Gesichtsausdruck, der nichts verbarg, erkannte ich, daß er für den Rest des Abends das Schlimmste erwartete.

„Ich möchte es nicht noch schwieriger machen für Sie, Norma", sagte ich, „aber die Trauer, die Sie um Ihre Schwester tragen, liegt stets unter der Oberfläche, ob Dan sie erwähnt oder nicht."

„Und der Herr möchte diese innere Wunde ein für allemal heilen", sagte Lory. „Er möchte Sie von diesem Schmerz befreien und Sie von dieser Furcht erlösen, die der Selbstmord in Ihrem Inneren erzeugt hat. Dann werden Sie nicht so viel Energie dafür aufbringen müssen, um alles zuzudecken. Ich kenne das." Lory streichelte ihr die Schulter. „Ich beherrschte selbst einmal die Kunst, meine Gefühle zu verbergen."

Daraufhin entspannte sich Norma sichtbar.

„Und der großartigste Teil Seines Planes für Sie", fuhr ich fort, „besteht darin, daß Er jene Stelle in Ihrem Inneren, die jetzt gerade so schwach ist, nehmen und sie in etwas Starkes verwandeln möchte. Nicht nur, um Sie selbst zu segnen, sondern damit durch Sie alle Menschen, die Sie kennen, gestärkt werden."

„Das kommt mir unmöglich vor", sagte Norma und erklärte daraufhin, wie sie selbst einmal geplant hatte, Selbstmord zu begehen. „Nach Jahren des Kummers", fügte sie hinzu, „bin ich immer noch wie eine Amputierte."

Später, als wir wieder bei ihnen im Wohnzimmer waren, bildeten wir einen kleinen Kreis zum Gebet und taten für alle unsere Kinder Fürbitte. Ich hatte eigentlich noch nicht die innere Freiheit wegzugehen, aber wir stiegen trotzdem ins Auto und fingen an, rückwärts die Einfahrt hinunterzufahren. Dann erinnerte sich Lory daran, daß Norma gesagt hatte, sie habe in letzter Zeit nicht schlafen können.

Also fuhren wir wieder vor dem Haupteingang vor, obwohl es schon nach Mitternacht war, und klingelten.

„Was ist los?" fragte Dan.

„Nichts. Beruhigen Sie sich. Wir haben einfach das Bedürfnis, in Ihrem Schlafzimmer zu beten und den Herrn zu bitten, Norma eine gute Nachtruhe zu schenken."

„Okay, gut", sagte Dan. „Folgen Sie mir."

Norma, die überrascht war, als Sie uns die Treppe hinaufsteigen sah, lud uns trotzdem ein, das Schlafzimmer zu betreten. Dort beteten wir, daß der Herr seine Engelwacht schicken und über ihr Herz und ihren Sinn wachen möchte, noch während sie schlief. Wir beteten ebenfalls, daß Er anfangen möchte, sich ihnen auf eine Art und Weise, die sie klar verstehen könnten, zu offenbaren.

Es überraschte uns, daß Gott so schnell antwortete. Am nächsten Tag rief Norma bei Lory an und erzählte, sie habe noch nie so gut geschlafen.

„Und noch etwas", fuhr sie begeistert fort. „Erinnern Sie sich noch daran, daß mein Schmuck regelmäßig aus dem Haus verschwindet? Nun, ich suche schon seit zwei Jahren nach einer Diamantbrosche, die zu meinen Lieblingssachen gehörte. Ich habe überall danach gesucht. Während ich aber heute am Toilettentisch saß, entschloß ich mich, das auszuprobieren, was sie mir gesagt hatten. Sie sagten, ich sollte, wenn ich etwas brauchte, Gott darum bitten. Also tat ich genau das. Ich bat um die verlorene Brosche. Und Sie glauben nicht, was dann geschah. Ich machte die dritte Schublade auf der rechten Seite auf — ich hatte schon hundertmal in jener Schublade gesucht —, und dort lag die Brosche ganz oben, ganz leicht zu sehen. *Ganz oben!* Ich sagte: »Preis dem Herrn!« Ich konnte gar nicht anders. Es hörte sich so an wie bei Ihnen. »Preis dem Herrn!« sagte ich immer wieder."

Lory rief mich im Studio an, um mir die Geschichte zu erzählen, und ich lachte so laut, daß ein Regieassistent rufen mußte: „Ruhe im Hintergrund!"

„Eine Diamantbrosche!" rief Lory durch die Leitung. „Es gibt nichts, was Norma noch klarer hätte begreifen können. Gott hat doch einen großartigen Sinn für Humor!"

„Heute eine Diamantbrosche", sagte ich, „morgen die ganze Welt!"

Auch nachdem die Dreharbeiten für *Wenn jeder Tag der 4. Juli wäre* abgeschlossen waren, trafen wir uns weiter mit Dan und Norma. Sie fühlten sich zu uns hingezogen, konnten jedoch nicht akzeptieren, daß Jesus der Messias sei. Voller Furcht lehnten sie es ab, eine Gemeinde zu besuchen, wo sie hätten unterwiesen werden können, oder in eine messianische Synagoge am Ort zu gehen, die in jeder Hinsicht jüdisch war, außer daß man dort Jesus als den Christus anerkannte.

Also, da sie aus keiner anderen Quelle Informationen bezogen, brachten wir die Gemeinde jedesmal, wenn wir zusammen essen gingen, zu ihnen.

Die ganze Zeit meinten wir, wir könnten leicht übereifrig werden und sie dadurch in die Flucht treiben. Aber wir hatten nicht mit Gottes Art gerechnet, die Menschen direkt anzusprechen.

Während wir eines Abends zu dem Restaurant „Jack's at the Beach" fuhren, war Dan ungewöhnlich still. Ich saß auf dem Beifahrersitz, während Lory und Norma sich auf dem Rücksitz pausenlos unterhielten.

„Ich überlege, ob ich Ihnen etwas erzähle", sagte er schließlich. „Aber wenn ich es Ihnen erzählen soll, müssen Sie versprechen, keine große Sache daraus zu machen."

„Worum geht es denn?" fragte ich.

„Versprechen Sie mir erst, daß Sie keine große Sache daraus machen", forderte er.

„Sie haben mein Wort."

Dan starrte den Santa-Monica-Boulevard hinunter, während er fuhr.

„Ich hatte einen Traum", sagte er.

Plötzlich wurde auf dem Rücksitz alles leise. Aber anscheinend widerstrebte es Dan, fortzufahren.

„Was haben Sie geträumt?" fragte ich, um das Schweigen zu unterbrechen.

„Sie werden eine große Sache daraus machen", sagte er und schaute mißtrauisch zu mir hinüber. „Ich weiß es."

„Ich sage Ihnen aber, Dan, daß ich keine große Sache aus Ihrem Traum machen will. Vorausgesetzt, ich darf sagen: »Ja, das war ein sehr netter Traum«, oder: »Das ist der schlimmste Traum, den ich jemals gehört habe«, oder: »Ich wünschte, ich könnte selbst so einen Traum haben«, ohne daß Sie das für eine große Sache halten."

„Gut, aber denken Sie nur daran", sagte er und holte tief Luft. „An einem Tag in der letzten Woche wurde im Studio alles besonders schlimm. Ich meine, unglaublich schlimm. Es war mir noch nie so schlecht gegangen."

Ich wußte ungefähr, worauf er sich bezog: Ein neues Großprojekt für eine andere Fernsehanstalt, bei dem die Drehbücher eine Katastrophe waren; die Dreharbeiten waren schon im Gang, bevor das Bühnenbild hergerichtet werden konnte; und Millionen von Dollar wurden vergeudet.

„Alle schrien durcheinander", sagte er, „und ich, der große Mann, ich wollte die Sache aus dem Feuer holen und den großen Held spielen." Er schüttelte den Kopf. „Sämtliche Aufnahmen vom ersten Tag wurden im Labor kaputt gemacht. Unmöglich, aber sie haben es geschafft. Dann wurden die Hintergrundvorhänge falsch gefärbt, so daß man von mir erwartete, die Szenen vor einer drei Meter breiten Leinwand zu verfilmen! Unglaublich!"

Dan beruhigte sich einen Augenblick, dann fuhr er fort: „Jedenfalls betete ich an jenem Abend, aber es hat nichts gebracht. Dann hatte ich diesen Traum."

Er schaute bedrohlich zu mir hinüber.

„Sie haben mein Wort", sagte ich und hielt beide Hände hoch.

Seine Stimme wurde sanfter. „Ich sah einen Tisch. Er war wie die Tische, die ich auf Bildern vom Abendmahl gesehen habe, nur waren keine Menschen da, und der Tisch war mit Speisen beladen. Ich meine wirklich beladen — mit allen denkbaren Arten von Fleisch und Fisch, von Gemüse und Obst. Während ich mir diesen Tisch anschaute, überkam mich ein großartiger Friede. So einen Frieden habe ich sonst nie verspürt."

Er hielt lange Zeit inne.

„Das wäre es", sagte er nüchtern. „Das war der Traum. Und als ich morgens aufwachte, verspürte ich immer noch diesen unglaublichen Frieden. Er blieb den ganzen Tag bei mir."

Dann schaute er hinüber und durchbrach die Stimmung mit halb spöttischem Gelächter. „Für immer blieb er natürlich nicht!"

Ich wartete, dann sagte ich leise: „Er kann es aber, Dan."

„Ich wußte es!" platzte er heraus. „Ich wußte es. Ich hätte es Ihnen nie erzählen dürfen!"

„Augenblick mal. Hören Sie doch zu. Ich will nur sagen, daß Sie diesen Frieden die ganze Zeit erleben können. Ist das denn so eine große Sache?"

„Doch, das ist eine große Sache! Ich wußte, ich hätte es Ihnen nie erzählen sollen!"

„Nun, ich sage kein Wort mehr über den Traum."

„Gut."

„Außer . . ."

„Ich wußte es!"

„Nein, nein! Das stimmt nicht . . ."

„Jetzt kommt's. Ich hab's die ganze Zeit gewußt."

„Nein, hören Sie zu. Alles, was ich sagen will, ist dies: Der Herr hat mir die Auslegung Ihres Traumes geschenkt."

„O Mann!"

„Laß doch Dean reden, Dan!" sagte Norma.

„Ich sage die Auslegung nicht", warf ich schnell dazwischen.

Dan reagierte nicht.

„Ich möchte nur, daß Sie wissen, daß ich sie habe", fügte ich hinzu.

Wir fuhren schweigend weiter.

„Über den Traum sage ich nichts mehr, wiederholte ich.

Wir hielten nahe dem Restaurant vor einer Ampel. Niemand sprach. Dann fragte Dan leise: „Wie ist die Auslegung?"

Lory brach in Jubel aus, und Norma sagte etwas, was ich nicht verstehen konnte, und das Auto war auf einmal wieder voller Lärm. Ich starrte Dan an.

„Sie möchten wirklich, daß ich sie Ihnen sage?"

„Ja, ja, wie lautet die Auslegung?" sagte er laut.

„Erst müssen Sie mich von meinem Versprechen befreien, keine große Sache daraus zu machen", sagte ich nur halb im Scherz.

„Los, los!" rief Dan und trat das Gaspedal durch.

Der Wagen schoß vorwärts, obwohl die rote Ampel erst umsprang, als wir schon mitten auf der Kreuzung waren.

„Zunächst", sagte ich, „sind Sie sich wahrscheinlich schon der Tatsache bewußt, daß Gott zur Zeit der Bibel durch Träume mit den Menschen sprach. Und in der Bibel heißt es auch, daß diese Art des Redens Gottes »in den letzten Tagen« zunehmen wird. »Eure Söhne und eure Töchter werden weissagen. Eure Jünglinge werden Gesichte sehen, und eure Ältesten werden Träume haben ...«"

„Okay, okay", sagte Dan ungeduldig. Dann verlangsamte er das Tempo und fragte: „Glauben Sie also, daß mein Traum von Gott kam?"

„Ja, gewiß, und ich glaube, die Auslegung ist wie folgt: Der Tisch war beladen mit Speisen. Sie stellen Liebe, Freude, Hoffnung, Vergebung, Befreiung von Furcht dar — all die Eigenschaften, die Gott Seinem Volk schenken möchte. Er zeigte sie Ihnen. »All das ist dir zugänglich«, wollte er Ihnen damit sagen. Dann ließ Er Sie eine von ihnen kosten. Er erfüllte Sie mit Frieden. Er ließ Sie diesen Frieden sogar einen ganzen Tag lang verdauen, um Ihnen anhand eines Beispiels zu zeigen, welche Art von Leben Er Ihnen bietet."

Dan reagierte nicht.

„Einer der Namen des Messias heißt *Friedefürst*", warf Lory vom Rücksitz aus dazwischen.

Ich hielt inne und wartete darauf, daß Dan etwas sagte. Als er es aber tat, begann er über ein Thema zu reden, das mit seinem Traum nicht das geringste zu tun hatte, ohne auch nur mit einem Wort auf die Auslegung einzugehen. Ich hätte mich beinahe verletzt gefühlt, aber das war für Dan typisch. Was auch immer er in seinem Inneren empfand, das würde er erst dann sagen, wenn es ihm paßte — falls es ihm überhaupt paßte.

In den darauffolgenden Wochen arbeitete ich an einer besonderen Fernsehsendung für CBS; dann flogen wir nach Afrika, um für ein Buch, das Lory schreiben wollte, Recherchen anzustellen. Und wir sahen Dan und Norma erst zwei Monate später wieder.

Kapitel 25

Entscheidungen, Entscheidungen

Eine Woche nach unserer Rückkehr rief Norma an, um uns zu berichten: Vor einigen Nächten habe sich in ihrem Haus der „Spuk" wieder eingestellt. Traceys Bett sei wieder geschüttelt worden. Sie sei daraufhin sehr ängstlich geworden. Dann habe sie sich an die Worte aus dem Andachtsbüchlein erinnert, das Lory ihnen geschenkt hatte: „Euer Herz erschrecke nicht und fürchte sich nicht" (Johannes 14, 27).

Tracey hatte ihrer Mutter erzählt, daß ihr, nachdem sie gebetet und das Bett zu beben aufgehört hatte, weitere friedevolle Worte in den Sinn gekommen seien — Worte, „an die ich von mir aus niemals gedacht hätte".

Dan und Norma waren in derselben Nacht von zuknallenden Türen, Schritten und dem Klang klirrenden Metalls geweckt worden. Obwohl sie das Haus gründlich durchsuchten, machten sie keine mögliche Quelle dieser Geräusche ausfindig.

„Ich rufe Dean an", sagte Dan.

„Nein", erwiderte Norma. „Du bist die Autoritätsperson in diesem Haus, weißt du noch? Bete du doch darum, daß Gott hier den Frieden einkehren lassen möchte."

Dan zögerte nur einen Augenblick, bevor er anfing, laut darum zu beten, daß die Gegenwart des Allmächtigen kommen und dort wohnen möchte.

Er war dann betend durch das Studierzimmer, die Küche, Traceys Zimmer und durch all die anderen Räume des Hauses gegangen, auch durch die Unterkünfte der Dienerschaft, da sie gerade frei hatte. Als er fertig war, führte er Norma und Tracey an der Hand in die gute Stube, wo er ein Gebet der Danksagung aussprach für den neuen Frieden und für die neue Liebe, an denen sie sich jetzt in ihrem Heim erfreuen würden.

„Es ist alles anders geworden“, erzählte Norma Lory am Telefon. „Wir merken es alle. Ich glaube nicht, daß unser Heim jemals wieder belästigt wird.“

Und sie hatte recht. Die Macht Satans, die die Curtis-Familie beherrscht hatte, zerbröckelte.

Wenn jeder Tag der 4. Juli wäre erwies sich als erstaunlich schöner Film, als wir ihn bei der Fox in einem Projektionszimmer sahen. Dans Fähigkeiten hatten alle unsere Erwartungen übertroffen.

An jenem Abend informierte er uns beim Abendessen, daß die Fernsehanstalt die Show als Serienproduktion abgelehnt habe: „Kein Sex“ und „zu weich“. Einer der Direktoren sagte ihm, es sei einer der besten Filme, den er jemals gesehen habe, fügte aber hinzu, daß es unmöglich sei, jede Woche im Fernsehen derartigen Qualitätsansprüchen gerecht zu werden.

„Aber warum soll man den Film ablehnen, wenn er so gut ist?“ fragte Dan. „Warum nicht mit der höchsten Qualität anfangen, die wir zu erreichen imstande sind?“

Einer Fernsehanstalt eine Serienproduktion zu verkaufen ist bestenfalls wie ein teures Würfelspiel. Von 2000 Darbietungen, die CBS in einem Jahr in Betracht zog, wurden 70 Versuchsdrehbücher in Auftrag gegeben, wovon nur sieben verfilmt wurden. Von den sieben wurden nur zwei ausgestrahlt, und keine der beiden überlebte die Saison.

Dan war sehr enttäuscht.

„Ist doch gut so“, sagte ich und versuchte dabei, unbesorgt zu klingen. „Wir haben einen wunderschönen Film gedreht. Das reicht doch.“

Obwohl ich auch enttäuscht war, wußte ich tief in meinem Herzen, daß das wichtigste Element unserer Beziehung nicht von *Wenn jeder Tag der 4. Juli wäre* abhängig war.

In der Woche zum 22. Oktober 1979 führte Lory mit Norma ein denkwürdiges Telefongespräch.

„Keine bebenden Betten und Geräusche mehr im Haus seit der Nacht, als Dan betete“, sagte Norma. „Aber wissen Sie, Lory, ich kann immer noch nicht verstehen, wie ein Gebet im Namen Jesu so viel ausmachen kann. Es gibt doch nur einen Gott, oder?“

„Richtig“, sagte Lory zustimmend.

„Nun, ich glaube an Gott. Warum muß ich denn an Jesus glauben? Ich meine, ich glaube schon daran, daß Er existierte und daß Er ein guter Sittenlehrer war — aber nicht, daß Er Gott war."

„Aber wie könnte jemand, der von sich behauptete, der Messias zu sein, es aber in Wirklichkeit nicht war, ein Sittenlehrer sein?" erwiderte Lory. „Er wäre dann entweder ein Lügner oder ein Wahnsinniger. Sie müssen sich entscheiden: Entweder war Er der, für den Er sich ausgab, nämlich der Sohn Gottes, der Messias, oder Er war verrückt."

„Aber wie weiß man, daß Er der Messias war? Nur, weil Er es behauptete?"

„Weil alle alttestamentlichen Weissagungen in Jesus, das heißt durch sein Leben, in Erfüllung gingen."

„Ob nicht auch andere Menschen diese Weissagungen hätten erfüllen können?"

„Jesus war der einzige, der es tat. Beispielsweise bei der Kreuzigung. Jesaja sagte sie, über 700 Jahre bevor sie geschah, voraus."

Lory fing an, aus ihrer Bibel vorzulesen:

„Aber er ist um unserer Missetat willen verwundet und um unserer Sünde willen zerschlagen. Die Strafe liegt auf ihm, auf daß wir Frieden hätten, und durch seine Wunden sind wir geheilt. Wir gingen alle in die Irre wie Schafe, ein jeder sah auf seinen Weg. Aber der Herr warf unser aller Sünde auf ihn..." (Jesaja 53, 5—6).

„Warten Sie mal", sagte Norma. „Stammt das aus der Bibel, die ich in der hebräischen Schule studierte?"

„Doch."

„Ich kann mich nicht daran erinnern."

„Kann sein, daß Jesaja 53 in der hebräischen Schule nicht an die große Glocke gehängt wird", sagte Lory lachend.

„Vermutlich nicht", antwortete Norma. „Gibt es noch mehr solche Abschnitte?"

„Ja, viele", erwiderte Lory. „Ich lese Ihnen jetzt aus Sacharja 9, 9 vor: »Du, Tochter Zion, freue dich sehr, und du, Tochter Jerusalem, jauchze! Siehe, dein König kommt zu dir, ein Gerechter und ein Helfer, arm und reitet auf einem Esel, auf einem Füllen der Eselin.« "

„Und tat Jesus das?" fragte Norma. „Er ritt tatsächlich auf einem Esel nach Jerusalem?"

„Richtig geraten. Soll ich es Ihnen aus dem Neuen Testament vorlesen?"

„Nein, nein, ich glaube es Ihnen so", sagte Norma, wobei ihre Gedanken flogen.

„Der Messias sollte in Bethlehem geboren, von einem seiner Nachfolger verraten und im Grab eines reichen Mannes begraben werden."

„Das erfüllte sich in *Jesus von Nazareth.*"

„Auch die Einzelheiten wurden vorausgesagt, beispielsweise, daß man um seine Kleidung würfelte. Markus, der eines der neutestamentlichen Evangelien verfaßte, berichtet, daß die Soldaten, die Ihn kreuzigten, über Seine Kleidung das Los warfen, um zu sehen, was jeder bekommen sollte."

„Nun aber, wie... Ich meine, wie kann jemand *nicht* glauben, daß Jesus der Messias ist?" fragte Norma erstaunt.

Lory schwieg und erlaubte es dem Heiligen Geist, die Kontrolle zu übernehmen.

„Jedenfalls, ich glaub' daran!" erklärte Norma. „Ich glaube, daß Er der Messias ist!"

„Wirklich?"

„Ja!"

„Nun, Preis sei Gott!" rief Lory aus.

„Als ich das sagte, bekam ich eine Gänsehaut", sagte Norma.

Lory lächelte. „Möchten Sie beten und Ihren Messias bitten, auch Ihr Herr zu sein?"

„Wie mache ich denn das?"

„Bitten Sie Ihn nur, all die Fehler, die Sie in der Vergangenheit gemacht haben, zu vergeben, und sagen Sie Ihm, daß Sie daran glauben, daß Er Gottes Sohn ist. Sagen Sie Ihm, Sie möchten, daß Er in Ihr Herz kommt und es ausfüllt und daß Er Sie in eine vollständige Beziehung zu Gott dem Vater bringen soll. Sie können ein Gebet wiederholen, daß ich Ihnen vorspreche, oder Sie können ganz allein für sich beten."

„Ich mach's allein", sagte Norma. „Ich rufe wieder an! Bis dann!" Und sie legte auf.

Später rief sie zurück und erzählte begeistert: „Ich hab's getan! Ich betete zu Gott und sagte Ihm, ich würde jetzt an Jesus glauben. Ich bat Ihn, mir zu vergeben, und ich bat Jesus, in mein Leben zu kommen, und jetzt fühle ich mich... Es ist schwer zu erklären. Ich fühle mich..., als wäre ich ein neuer Mensch."

„Wissen Sie denn, wie Ihr Erlebnis in der Bibel genannt wird?"

„Nein, wie denn?"

„Die Wiedergeburt."

Norma jauchzte. „Das ist es genau! Genauso fühle ich mich — als wäre ich wie ein neugeborenes Kind!"

„Ach, Norma, ich bin so froh", sagte Lory unter Tränen.

„Sie und Dean haben für mich gebetet, stimmt's?" fragte Norma, als wollte sie uns beschuldigen, und Lory lachte. „Jetzt müssen wir alle für Dan beten! Auch er muß das kennenlernen, worüber wir uns unterhalten. Und Lory, warum ist noch niemand auf die Idee gekommen, es den Juden in Israel zu sagen. Das müssen sie doch auch kennenlernen!"

Lory lachte. „Ich bin mir sicher, daß es ihnen schon jemand gesagt hat."

„Warum *glauben* sie denn nicht daran? Jemand muß es ihnen *erklären*. Sie würden daran glauben, wenn jemand es richtig erklärte."

„Vielleicht sollten Sie es ihnen sagen."

„Vielleicht sollte ich es", erwiderte Norma. „Vielleicht *werde* ich es auch!"

Beim Erntedankfest fragte Normas Tochter Kathy, die vom Internat Urlaub machte: „Was ist mit dir passiert, Mutter? Ich habe dich noch nie so friedlich gesehen!"

Und eine Weile danach entschloß sich auch ihre jüngste Tochter Tracey, dem Herrn nachzufolgen.

Dann, eines Abends, nachdem wir vier mit dem Essen fertig waren, lud uns Dan ein, das Haus in Brentwood zu besichtigen, an dem Norma arbeitete. Nachdem wir die wunderschönen architektonischen und dekorativen Einfälle Normas bewundert und den spektakulären Ausblick über die Stadt genossen hatten, setzten wir uns im Wohnzimmer hin mit der Absicht, nur ein paar Minuten zu bleiben. Stattdessen redeten und lachten wir weitere zwei Stunden.

Die meiste Zeit diskutierten wir Dans laufendes Projekt. Er war gleichzeitig Produzent und Regisseur bei Herman Wouks *Winds of War*. Dies war der großartigste und teuerste Film in der Geschichte des Fernsehens und sollte eine Woche lang auf ABC die Hauptsendezeit ausfüllen.

An einem bestimmten Punkt im Gespräch, als ich anfing, eine Geschichte über Jesus nachzuerzählen, sagte ich: „Ich weiß, daß Sie nicht an Jesus glauben, Daniel, aber als Er einmal..."

„Warum sagen Sie denn das?" unterbrach mich Dan.

Ich hielt inne. „Warum sage ich denn was?"

„Daß ich nicht an Jesus glaube."

„Weil Sie — Sie sagten, Sie hätten Schwierigkeiten, Jesus als den Messias zu akzeptieren."

„Stimmt nicht. Ich habe keine", sagte er unschuldig.

Wir starrten ihn alle an.

„Du glaubst *nicht,* daß Er der Messias ist!" erklärte Norma.

„Doch, das glaube ich wohl!" entgegnete Dan sofort. „Wie kannst du es wissen?"

„Ich weiß, daß du mir nie was davon erzählt hast!"

„Nun, das tue ich doch jetzt!"

Während sich Dan und Norma stritten, fing Lory zu lachen an. „Nun, Dan, wenn Sie das glauben, sollten Sie ihn doch gerade jetzt als ihren Erlöser annehmen."

„Das habe ich schon *getan",* sagte Dan sehr bestimmt.

„Das hast du nicht!" rief Norma.

„Das habe ich doch!"

„Wann denn?"

„Wenn er sagt, daß er es getan hat, dann hat er es getan", sagte Lory und lachte.

„Augenblick mal!" rief ich. „Hören Sie zu, Dan! Einen Augenblick. Glauben Sie, daß Jesus Christus der Sohn Gottes ist?"

„Ja!" rief er zurück.

„Glauben Sie, daß Sein Tod Ihre Sünden und Ihr Versagen zudeckt?"

„Ja!" rief er noch lauter.

„Glauben Sie, daß Er von den Toten auferstanden ist?"

„Ja! Ich glaube alles!" sagte er. „Machen Sie doch keine so große Sache daraus!"

Jetzt kam ich an die Reihe zu lachen.

„Halleluja!" rief Lory.

„Aber ich gehe nicht in den Gottesdienst!" rief Dan.

Er hörte sich genauso an wie ich vor vier Jahren.

„Warum sollten wir Sie mit in den Gottesdienst schleppen?" fragte ich. „Da würden Sie sowieso nur einem Haufen von Fanatikern wie Ihrer Frau begegnen!"

Dan war aufgestanden und schritt jetzt im Zimmer auf und ab. Die freudige Stimmung ließ auch mich aufstehen.

„Sie sind gläubig, lieber Bruder, das müssen Sie einsehen", sagte ich. „Wie Sie die Dinge auch drehen mögen, die Beschreibung paßt genau."

„Wann denn?" fragte Norma, immer noch skeptisch. „Wann kamst du zum Glauben?"

„Während Dean darüber sprach", sagte er.

Norma brach in Gelächter aus.

„Dean redet seit 18 Monaten darüber", sagte sie. „Ich frage danach, wann du *anfingst*, daran zu glauben."

„Es ist nicht lange her!" sagte Dan auf seine gereizteste Art und gab damit zu verstehen, daß er *wirklich* explodieren würde, wenn wir weiter in ihn drangen. „Es war keine große Sache!"

„Groß genug, um die Engel feiern zu lassen", sagte Lory.

Und wieder sprachen alle drei auf einmal.

Ich ging um das Sofa herum, kaum fähig, meine Begeisterung zu unterdrücken. Mein Gedächtnis machte einen Sprung und führte mir einen Augenblick vor Augen, als ich, viele Jahre früher, spät abends im Wohnzimmer meiner Eltern gesessen und überlegt hatte, wie es sein würde, Prediger, Pastor oder Hirte eines Teils der Herde Gottes zu sein. Ich hatte an jenem Abend ein starkes Verlangen danach gespürt, erinnerte mich aber noch, wie ich es durch eine bewußte Entscheidung verworfen hatte.

Jetzt, mitten in diesem Tumult, beobachtete ich, wie Dan vor dem Fenster hin und her schritt, wobei Los Angeles ungewöhnlich hell im Hintergrund funkelte, und dachte, vielleicht müsse es sich in etwa so anfühlen, Pastor zu sein — Pastor von Schafen, die keinen Hirten haben, vielleicht von Schafen, die nicht einmal einen Hirten haben *wollten*. Daß ich als Jugendlicher die Berufung Gottes in den Predigtdienst abgelehnt hatte, hatte Gott nicht daran gehindert, auf andere Weise Seine Einladung ergehen zu lassen.

„Es ermüdet Sie, daß ich aus allem eine große Sache mache", sagte ich schließlich zu Dan, „aber wenn Sie es mir nicht erlauben wollen, über Ihre Erfahrung zu sprechen, dann rede ich über meine eigene. Gott hat diesen niedergeschlagenen, egoistischen, völlig leeren Menschen angenommen und mich mit der Fähigkeit erfüllt, über mich selbst hinaus zu lieben. Er hat mich euch alle drei mehr lieben lassen als mein eigenes Leben. Und das ist ein Wunder, das größte Wunder, das man sich vorstellen kann!"

„Wenn ich jemals ein Buch schreibe", fuhr ich fort, werde ich versucht sein, als Titel *Jesus rettet* zu wählen und auf dem Deckel einen kaputten Wegweiser an irgendeiner Straße in den Südstaaten abbilden zu lassen. Die Menschen verspotten und verfluchen Ihn ständig und einige menschliche Ausdrücke Seiner Wahrheit sehen recht verblaßt und abgenutzt aus. Aber Jesus heilt und befreit heute genauso völlig, wie Er es schon immer tat."

Kurz bevor wir nach Beverly Hills zurückfuhren, gingen Dan und ich durchs Haus, um sicherzustellen, daß alle Türen und Fenster abgeschlossen waren. Dann traten wir in der zweiten Etage auf einen Balkon hinaus, um uns noch ein letztes Mal die Lichter der Stadt anzuschauen.

Nach einem Augenblick sagte er leise: „Wissen Sie, Sie und Ihre Frau, Sie hatten immer Angst, wir könnten denken, Sie wollten uns in irgendeine »religiöse Falle« locken."

Dann wurde seine Stimme noch leiser. „Aber wir wußten die ganze Zeit, daß Sie uns nur für die gute Sache gewinnen wollten, die Sie selber erlebt hatten."

Ich lächelte, und mein Herz schlug mir.

Der Herr hatte meinen Freund verfolgt, wie Er auch mich verfolgt hatte. Auch Dan hätte sein ganzes Leben lang „durchs Gewölbe der Jahre" fliehen können, wie auch ich mich hinter einer Karriere „schallenden Lachens" hätte verstecken können. Aber es gab kein Entkommen. Er hatte uns verfolgt — und gefunden.

„Norma sagt, daß das, was in ihr vorgeht, ehrfurchtgebietend ist", sagte Dan, beinahe nur vor sich hin. „Ich nehme an, es gibt kein anderes Wort dafür: ehrfurchtgebietend." Dann fügte er hinzu: „Wie war es möglich, daß dies alles geschah, ohne daß ich davon die leiseste Ahnung hatte?"

Normas Stimme drang von unten zu uns hinauf. „Danny?"

„Wir sind fertig, ihr Männer", rief Lory.

„Dort unten gibt es eine ganze Stadt voller Menschen, die auch keine Ahnung davon haben", sagte ich. „Es ist so schwer zu glauben, daß es möglich ist, Leere gegen Frieden, Niedergeschlagenheit gegen Freude, eine tote Vergangenheit gegen eine ausgefüllte Ewigkeit auszutauschen."

„Ein ziemlich unfairer Austausch", sagte Dan mit einem Lächeln, als er sich der Tür zuwandte.

„Jawohl", erwiderte ich zustimmend sein Lächeln. „Nur Gott kann es sich leisten, solche Geschäfte zu machen."

Weitere Veröffentlichungen aus dem
VERLAG C. M. FLISS, Lütt Kollau 17, D-2000 Hamburg 61:

Wandelt im Geist von Michael Harper

„Voll Heiligen Geistes" zu sein, ist erst der Anfang einer neuen Lebensdimension. Danach müssen wir es täglich lernen, „im Geist zu wandeln".

Engel in Aktion von Hope MacDonald

ist ein fesselnd geschriebenes Buch, das Sie daran erinnern will, daß Ihr Leben in Gottes Hand liegt.

Siegesklänge

Gesang bewegt die Herzen und öffnet sie für das Wort Gottes, Gesang ist jubilierendes Gebet. Vierstimmiger Notensatz und gut lesbarer Text machen diese beliebte Liedersammlung in der Praxis so wertvoll!

Glaube ist Gnade von Dr. Charles S. Price

Dieses Buch ist ein Klassiker der christlichen Glaubensliteratur. Der Autor gibt dem Leser eine völlig neue Vision des Glaubens!

Mit Lobpreis leben von Judson Cornwall

ist das ganz andere Lobpreisbuch. Judson Cornwall will Sie aktiv mit hineinnehmen in den Lobpreis Gottes. Sie sollen ein Mensch des Lobpreises werden.

Strahlende Herrlichkeit von Gordon P. Gardiner

Dieses Buch über Leben und Dienst von Martha W. Robinson enthält mehr als eine Biographie. Es kann uns helfen, die „Fülle des Christus", die Gnade und Kraft der vollen Erlösung in Jesus, klarer zu erkennen und tiefer zu erfahren.

Der Schrei des menschlichen Herzens —
ungekürzte Taschenbuchausgabe von „Christsein total"
von Juan Carlos Ortiz

Ein mitreißend geschriebenes Buch über innere Erneuerung durch Jesus Christus und konsequente Jüngerschaft.

Lobpreisstraße von Don Gossett

Für Sie ist in der Lobpreisstraße eine Wohnung reserviert. Ziehen Sie ein! Sie werden feststellen, daß der Lobpreis Gottes Ihr ganzes Leben verändern wird!

Von Gott erwählt von Dr. Charles S. Price

Lesen Sie diese Autobiographie von Dr. Price. Sein Leben ist ein eindrucksvolles Zeichen des Wirkens Gottes im Leben eines Menschen, der sich Gott total zur Verfügung stellt!

Völlige Erlösung für Geist, Seele und Leib von Dr. Charles S. Price
Diese Veröffentlichung stellt eine Weiterführung und Vertiefung der Bücher GLAUBE IST GNADE und VON GOTT ERWÄHLT dar.

Geistgewirktes Gemeindeleben von Th. F. Reid und D. Brendel
Für jeden aufrichtigen und engagierten Christen ist dieses Buch eine Herausforderung! Es wird dem Leser neues, geistgewirktes Leben bringen, die Gemeinden in Einigkeit, Hingabe und Liebe wachsen lassen.

Die Apostelgeschichte geht weiter ... Kapitel 29 von Jean Coleman
Eine amerikanische Hausfrau in Laurel, Maryland, begreift den Erlösungsweg, wird wiedergeboren zu einer lebendigen Hoffnung, tritt in ein geisterfülltes Leben ein und schreibt ihr eigenes Kapitel Apostelgeschichte. Lesen Sie selbst!

Leben aus dem Wort von Frances Hunter
ist das alternative Andachtsbuch. Es will Ihr ständiger Begleiter während vieler Jahre sein.

Feuer fällt in Los Angeles von Frank Bartleman
ist das fundamentale Buch über die geistliche Erweckung um die Jahrhundertwende, ein packender Augenzeugenbericht.

Die Verheißung gilt Dir von Michael Harper
Eine praktische Einführung in das Erleben der Kraft des Heiligen Geistes!

Ein Mann nach dem Herzen Gottes: Smith Wigglesworth
von Albert Hibbert
Ein Buch, das uns helfen will, das Geheimnis des Dienstes, der Vollmacht und der Kraft von Smith Wigglesworth zu erkennen.

Himmlische Fluten für dürstendes Land von Arthur Wallis
Was erwarten wir für die Zukunft? Eine gewaltige Erweckung, in der Gottes Volk von neuem anfängt, für Ihn zu brennen.

Jesus, hier bin ich, sende mich!
von Pearl G. Young — Autobiographie einer Chinamissionarin
Ein gesegnetes Zeugnis von einer Magd des Herrn, die sich übte, in Jesu Gegenwart zu leben und völligen Gehorsam zu leisten.